Rory M

FACE À LA VIOLENCE

Se préparer à l'inattendu

Avec justesse et probité • Émotionnellement • Physiquement • Sans finir en prison

Traduction de l'anglais par
Josette Nickels-Grolier

BUDO ÉDITIONS
77123 Noisy sur école - France

Publié avec l'accord de YMAA Publication Center, Inc.

Directeur de collection: Thierry Plée — *Texte*: Rory Miller — *Traducteur*: Josette Nickels-Grolier — *Correcteur*: Blandine Valtz et Stéphanie Dejoux — *Conception et photogravure*: Éditions de l'Éveil — *Imprimerie et brochage*: MultiPrint.

1-2 000-MP-01/17–2-2000-MP-05-2021

Édition papier: ISBN 978-2-84617-390-2
Édition numérique Pdf: ISBN 978-2-84617-678-1
Édition numérique ePub: ISBN 978-2-84617-771-9

FACE À LA VIOLENCE

Se préparer à l'inattendu

Rory Miller n'hésite pas à assener la vérité dans ce livre qui se veut un manuel de survie, à l'écriture précise et forte, où il est question de vie et de mort pendant et après une confrontation. Son livre, *Face à la violence*, devrait être une lecture obligée pour tous les instructeurs qui abordent la notion de menace, et traitent de l'esprit et du corps criminels. Pour tous ceux d'entre nous qui croient tout savoir, ce livre modifiera les règles du jeu, en aidant les élèves à appréhender la vérité sur les conséquences mentales, émotionnelles, physiques, et potentiellement financières indissociables de l'état de victime.

Al Dacascos, instructeur d'arts martiaux.

Rory Miller n'a pas seulement vu le monstre, il l'a regardé en face et il s'est nourri de ces confrontations. Il écrit sur la violence et l'autodéfense avec la sincérité brutale qui est propre à ceux qui ont vu le sang, les boyaux et les séquelles de leurs propres yeux. Quiconque étudie la self-défense devrait tenir compte des domaines abordés par Miller dans ce livre. Ils sont les composantes incontournables de l'entraînement à la self-défense. À ceux d'entre nous qui enseignent la self-défense, Miller propose des ressources inestimables pouvant nous aider à transmettre ces principes à nos élèves. Et si vous n'enseignez pas déjà ces éléments dans vos cours de self-défense, vous feriez bien de vous y mettre. Si vous voulez vraiment appréhender les réalités de la violence et de la self-défense, je recommande fortement ce livre.

Alain Burresse, J.-D., ancien instructeur de l'école des éclaireurs et tireurs d'élite de la 2e division d'infanterie de l'armée américaine. • Auteur du *Hard-Won Wisdom From the School of Hard Knocks*, et des DVD *Hapkido Hoshinsul*, *Street-fighting Essentials*, *Hapkido Cane* et de la série *Lock On: Joint Lock Essentials.*

Partie intégrante d'un enseignement sérieux des arts martiaux d'autodéfense aux adultes, l'accent est régulièrement mis dans nos cours sur l'importance de la préparation par exemple, être prêt à faire face à ci, à ça, ou à n'importe quoi d'autre même à l'imprévu. Une grande partie de ce qui est de l'ordre de l'imprévu avait été traitée en détail par le sergent Miller dans *Méditations sur la violence* (une lecture indispensable pour quiconque étudie les arts martiaux d'autodéfense, à paraître aux Éditions Budo). Cependant, il reste un domaine aux conséquences « imprévisibles » dans lequel beaucoup, même ceux bien entraînés à l'autodéfense, ne sont absolument pas préparés.

À savoir, l'imbroglio des enquêtes de police et des procédures judiciaires que le défendeur devra démêler par la suite en étant suffisamment préparé. Le nouveau livre de Miller, *Face à la violence*, étend la préparation du défendeur à ce qui peut tout à fait advenir après un usage réussi de la force à seule fin de vous protéger, vous, votre famille et vos amis.

Bob Orlando, instructeur d'arts martiaux, auteur.

Face à la violence **est un cadeau de Rory** destiné à ceux qui pourraient volontairement « passer de l'autre côté du miroir », comme il le décrit lui-même, leur proposant d'explorer la violence interpersonnelle. *Face à la violence* offre au lecteur un aperçu du style de Rory lorsqu'il veut faire entendre son point de vue : direct, fascinant, et souvent élégant. Il veut vous enseigner sept composantes de la violence, et il s'agit d'un projet ambitieux. Ce sont des choses importantes. Mais les détails ont également leur importance – faites attention à ces derniers ! Ne perdez pas de temps à chercher partout des « recettes toutes faites », découvrez dans ses explications le « pourquoi », le « quand » et le « qui ». Étudiez son analyse de la capacité par opposition à l'aptitude et son approche personnelle de la « théorie du chaos » alors qu'il est question de survivre à la violence physique, parmi d'autres, nombreuses, très nombreuses pépites. Lorsque vous aurez fini de le lire, relisez-le. De bout en bout.

Face à la violence n'est pas un livre « amusant ». Il n'a rien de ce que je qualifierai de « distrayant », dans le sens littéral. Il est important et intéressant, et se révélera des plus utiles pour ceux qui considèrent la possibilité que la violence s'invite un jour dans leurs vies, et qui ont choisi de s'y préparer.

Lieutenant Jon Lupo, police de l'État de New York, Albany, N.Y. Commandant auxiliaire affecté aux services exécutifs de la police d'État Capitale • Accrédité par la police de l'État de New York comme instructeur de police au sein de la division des services de la justice criminelle de New York • Instructeur diplômé de krav maga pour le respect de la loi.

« La société qui sépare ses érudits de ses guerriers verra sa pensée portée par des lâches et ses combats orchestrés par des fous » Thucydide.

Par chance pour notre société, Rory Miller est à la fois un guerrier et un érudit. Rory est l'un de ces rares hommes qui ont été confrontés à la violence, ont survécu, et sont rentrés pour partager avec nous leurs enseignements. Il existe de nombreux instructeurs talentueux qui peuvent vous rendre meilleur dans leur système. Rory est l'un des très rares qui enseigne des concepts qui vous rendront meilleur dans votre propre système, quel que soit ce système, et qui vous permettra d'appliquer ce système à la violence qui sévit dans le monde (en dehors du dojo). *Face à la violence* est un livre qui doit être lu par tous ceux qui enseignent aux autres comment affronter la violence et qui engagent leur responsabilité personnelle face à leurs élèves dès lors qu'ils leur font miroiter le fait qu'ils seront capables de survivre à des confrontations physiques, mentales, émotionnelles et légales.

Officier Kasey Keckeisen, Chef de groupe/coordinateur d'entraînement au SWAT du comté de Ramsey • Directeur technique de l'État du Minnesota en tactiques de combat au corps à corps • Directeur technique régional du Midwest en edo machi kata taiho jutsu • Ceinture noire 5e dan de jujitsu • Ceinture noire 3e dan de judo Kodokan traditionnel, ceinture noire 3e dan d'aïkido Yoshinkan, Dojo-cho du Keishoukan Dojo.

Le premier livre du sergent Rory Miller, *Méditations sur la violence* (à paraître chez Budo Éditions) a reçu des éloges extraordinaires d'éminents experts, mais aussi de « bleus » dont le travail les entraînait dans « l'univers de la violence. » La vérité est que les hommes aiment les perdants. Qui aurait pu gager que l'un des livres les plus significatifs en matière de violence aurait été écrit par un officier ayant fait carrière dans le milieu carcéral ? *Les méditations sur la violence* ont anéanti la notion confortable selon laquelle vingt-cinq ans d'entraînement dans les arts martiaux faisaient de vous un expert du combat en situation réelle ou qu'être un expert putatif dans un aspect de la violence faisait de vous un expert dans tous les types de violence.

Le nouveau livre de Miller, *Face à la violence*, est destiné à devenir un classique de la littérature traitant de la violence. Miller met au défi les lecteurs de pouvoir rester focalisés, et de maintenir une attention soutenue pour appréhender ces « diables de détails » qui émergent avant, pendant et après n'importe quel incident violent. Dans ce texte complet, à la psychologie sophistiquée et qui fait déjà autorité, Miller nous fait perdre les illusions dangereuses et les aveuglements qui sont les nôtres lorsqu'il est question de violence à travers un examen précis des sept composantes fondamentales de la violence.

Face à la violence requiert de nous que nous acceptions de n'être toujours que des débutants dans le domaine que nous appellerons « l'univers de la violence ». Miller met à mal la notion idiote et dangereuse qui veut que chacun de nous puisse prétendre être un expert en violence. Il met l'accent sur un besoin crucial d'humilité, d'autocritique sincère, de compassion, et d'un entraînement quotidien autour des sept fondamentaux de la violence, pour tous ceux dont le travail implique une plongée dans le vaste « univers de la violence ». Ce livre est un incontournable pour tout le personnel pénitentiaire, les officiers de police, les professionnels de la sécurité, le personnel militaire, et tous ceux qui se retrouvent dans des situations martiales.

Rory Miller est le proverbial perdant qui a émergé de l'ombre pour devenir cette voix forte, pertinente et brutalement honnête, qui fait aujourd'hui autorité pour ce qui est de la survie dans l'univers de la violence.

Dr Kevin Keough, psychologue clinicien de la police, docteur en psychologie clinique de l'université de Baylor, 1998 • Fondateur du Centre Mariage et Famille du Delaware • Initiateur d'une série d'interviews audio sur les traditions du guerrier pour le North Star Guardians • Artiste martial pratiquant les formes chinoises des animaux, le taïchi, le chin-na, le qigong martial, le wing chun, le taekwondo, et le vee-jitsu • Auteur de *La musique, la méditation et les arts martiaux dans la vie quotidienne.*

Miller possède assez d'expérience pour remplir une centaine de volumes, pourtant, il réussit à trancher au vif du sujet pour ne proposer qu'un seul et unique volume tout à fait extraordinaire. Sa capacité exceptionnelle à transformer des sujets extrêmement complexes en questions intéressantes et indispensables fait de ce livre un ouvrage que non seulement chaque artiste martial sérieux devrait posséder, mais aussi, une source à laquelle se référer encore et encore. Dans ce livre, vous découvrirez que la self-défense n'implique pas uniquement de se battre. En fait, si votre entraînement ne couvre pas chacun des sept principes, il se révélera dangereusement incomplet.

Lawrence Kane, auteur de *Surviving Armed Assault and Martial Arts Instruction*; coauteur de *The Way of Kata*, de *The Way of Black Belt*, et de *The Little Black Book of Violence*.

Lorsqu'il est question de self-défense, il existe sept sujets d'ignorance dont les conséquences peuvent être mortelles. Des sujets liés à la violence qui risquent de vous valoir d'être tué ou jeté en prison. Rory Miller n'hésite pas à dénoncer les publicités mensongères et la désinformation qui entourent les cours de self-défense, prétendument conçus pour vous apporter tout ce dont vous pouvez avoir besoin pour ne pas finir en statistique.

Miller s'est attaqué à un sujet extrêmement complexe et déroutant et l'a réduit à des informations directes, faciles à comprendre et par-dessus tout susceptibles de vous sauver la vie.

Si vous souhaitez ne pas finir en cadavre, ne pas devenir un handicapé ou ne pas visiter les douches de prison, vous devez lire ce livre.

Marc Animal MacYoung.

Une fois de plus Miller a tapé dans le mille. Sur la lancée de *Méditations sur la violence*, Miller propose un ouvrage qui ne devrait pas seulement se trouver sur les listes de référence de nos écoles de police et de nos académies militaires, mais faire intégralement partie de leurs programmes. Il est aussi bon que ça, et j'aurais souhaité qu'il ait participé de mon cursus. La principale leçon de *Face à la violence* est que la fortune, c'est-à-dire la survie, sourit aux esprits éclairés. C'est relativement simple. Mais Miller montre qu'une préparation efficace ne peut se limiter au dojo ou au camp d'entraînement. Pour être parfaitement préparé, nous devons réfléchir en termes de moralité, d'éthique et de légalité, des domaines qui sont rarement abordés en self-défense ou dans les programmes d'entraînement de tactiques défensives. Pourtant, ils devraient l'être. C'est un livre à la nourriture dense et j'ai commencé une deuxième lecture aussitôt après avoir terminé la première.

Robert Crowley, procureur et général à la retraite des Forces spéciales de l'armée des États-Unis d'Amérique.

Le sergent Rory Miller est un cartographe philosophe qui passe la majeure partie de son temps à dresser sur le papier la cartographie d'idées complexes. Dans son dernier livre, *Face à la violence*, ses descriptions audacieuses et honnêtes du monde de l'autodéfense rendent compte des difficultés de terrain et des barrières naturelles qui doivent être surmontées pour vivre une vie tranquille et sûre dans une société historiquement violente. Chemin faisant, il présente aux autres un paysage social précis dans lequel ils devront intelligemment naviguer. Miller possède la faculté unique de reconnaître que certains endroits existent vraiment, et qu'ils existent depuis longtemps même si la plupart des gens leur dénient toute existence. Certains des endroits où il entraîne ses lecteurs peuvent être existants, voire intéressants à explorer, alors que d'autres sont des lieux effrayants que la plupart d'entre eux tenteront à tout prix d'éviter.

Mais, malgré cela, sa description des chemins qui y conduisent est précise et ce qu'il offre en préparant une porte de sortie sécurisée, à la fois à l'aventurier insouciant et au navigateur égaré, est digne de respect. L'expertise de Miller dans les arts martiaux et sa connaissance du milieu carcéral l'ont aidé à construire un modèle de survie tri-dimensionnel complexe que les autres feraient bien de maîtriser à leur tour. Alors que certains peuvent déclarer que le monde de la violence est plat, il démontre efficacement que non, qu'il est tout à fait rond et *Face à la violence* est en fait le nouveau voyage au cœur de royaumes inexplorés, à la fois légaux, intellectuels et émotionnels, qui donne de la substance à la théorie qu'il propose.

Roy Bedard, Officier de police (Tallahassee, P.D.), consultant et entraîneur pour les services en charge du respect de la loi, ancien membre de l'équipe de karaté des États-Unis, président des systèmes RRB à l'international.

Vous avez besoin de ce livre. Pas seulement si vous êtes un flic, un soldat, un pratiquant d'arts martiaux, un videur ou un agent de sécurité, mais aussi si vous devez vous retrouver un jour dans une situation délicate. Miller connaît son affaire et si ce n'est pas votre cas, vous avez besoin de ce livre, ce que contient ce livre peut vous sauver la vie.

Steve Perry, New York, coauteur pour le *New York Times* de la série à succès de Tom Clancy sur la police du net.

Rory Miller est une voix qui doit être entendue par quiconque se trouve impliqué dans la violence du monde réel, que ce soit professionnellement ou de par son entraînement. Ce livre fonctionne parfaitement en tandem avec ses premières *Méditations sur la violence*, mais il se suffit aussi à lui-même. Rory présente des informations très sérieuses et déroutantes sous une forme facilement accessible à la fois au vétéran et au néophyte.

Faites bien attention à ce livre ; trop de gens ne se concentrent que sur les aspects physiques de la self-défense/du combat. Rory couvre cet aspect, mais plus important encore, il démêle les mécanismes internes de l'esprit qui assureront votre survie face à la violence du monde réel. L'ampleur de son expérience et sa capacité à la transmettre placent les livres de Rory en haut de la liste des livres que je conseille à mes élèves et pourtant la liste est courte.

Ce livre vous fournira des informations intéressantes et utiles chaque fois que vous le lirez.

Terry Trahan, Guru ; Le Silat appliqué à la self-défense/instructeur pour les cours de self-défense du MSCD • Ancien videur, agent de sécurité dans l'événementiel, concepteur de couteau, informateur, survivant.

C'est vraisemblablement le livre le plus complet sur la self-défense qu'il m'a été donné de lire. Avec le temps, j'ai constaté d'énormes lacunes dans ce qui est proposé sur le marché pour être de la self-défense, et ce livre fournit pratiquement une réponse à chacune d'elles. Les éléments relatifs à la légalité, l'éthique, la dynamique et les séquelles associées à la violence, tels que mis en avant par Rory, sont exactement les éléments que chaque instructeur de self-défense responsable devrait enseigner à ses élèves. Ce livre devrait être une lecture obligatoire pour tous les pratiquants d'arts martiaux.

Tim Brown, instructeur diplômé de défense réflexe (entraînement basé sur des scénarios) • Chef instructeur arts martiaux pour gardes du corps.

Le sergent Rory Miller a récidivé. Après ses riches et passionnantes *Méditations sur la violence,* nous pouvons maintenant nous plonger plus profondément dans les circonstances critiques qui entourent les confrontations violentes.

Si vous voulez sérieusement apprendre comment survivre à la violence au quotidien dans le monde moderne, ce livre sera pour vous un guide précieux, mettant l'accent sur toutes les choses que vous devez savoir en matière de confrontations violentes, comment elles surviennent et ce que vous devez faire dans de telles circonstances.

Toby Cowern, vétéran de la Marine Royale • Spécialiste de la sécurité militaire/de l'antiterrorisme • Expert de la survie arctique • Instructeur spécialiste de la survie dans la jungle urbaine internationale • Spécialiste de la sécurité opérationnelle • Conseiller en gestion du risque • Instructeur d'armes à feu • Instructeur CQB.

La majeure partie de *Face à la violence* est divisée en unités tutorielles discutant d'éléments spécifiques de la violence en situations d'autodéfense et montrant comment ils interviennent dans des séquelles individuelles chaotiques.

Face à la violence se présente, d'une certaine manière, comme une histoire. C'est une histoire de libération, de premiers pas vers la compréhension des fondements de la survie émotionnelle au-delà des conséquences physiques.

Van Canna, 9e dan du Uechi-ryu.

TABLE DES MATIÈRES

REMERCIEMENTS

Comme pour la plupart des livres et pour la plupart des recherches sur la condition humaine, *Face à la violence* n'est pas tout droit sorti de mon esprit. Le chemin a été pavé par de nombreux professeurs et le processus alimenté par de nombreuses personnes.

Parmi mes éminents professeurs, certains étaient des criminels. Le monde est tout sauf juste, pas plus qu'il n'est équilibré dans le sens où les êtres humains l'entendent. Les crimes étaient quelques fois terribles, les leçons souvent inestimables.

Marc MacYoung est devenu l'un de mes experts favoris en matière de criminalité. Les longues conversations au téléphone ou assis sur le bureau, à bluffer pour que le petit homme velu finisse par exprimer ses idées, sont un privilège. Il m'aide à réfléchir et met souvent le doigt sur des choses qui m'ont échappé. Merci, Marc.

Paul McRedmond (Mac) a contribué à m'ouvrir les yeux. Lorsque je considérais les principes, il les regardait toujours avec un peu plus de profondeur. Il réclamait toujours un cran de plus dans l'engagement, un pas de plus en profondeur.

Geoff senior m'a donné de bons conseils lorsque j'en ai eu besoin.

Steve et C.S. Cole, Mark Jones et K m'ont encouragé en fixant une date limite impossible à tenir pour la sortie de ce livre. Avec de véritables amis, l'impossible n'est pas si difficile.

Alain Burrese m'a gentiment proposé de revoir les aspects légaux afin de s'assurer que je n'étais pas en train de me fourvoyer.

Sifu Kevin Jackson, Rick Prowett, Kamila Miller et Orion Storm se sont gentiment prêtés au jeu des photos avec un vieux chauve sous la direction de ma belle et talentueuse Kami.

Que Karen Barr Grossman et David Ripianzi soient remerciés ici pour le travail inestimable qu'ils ont accompli à seule fin que ce manuscrit finisse par prendre la forme d'un livre.

Pour finir et le plus important : ce livre est dédié à Kami, qui a la dure responsabilité de toujours veiller à ce que je ne dérape pas.

PRÉFACE

Il existe de nombreux livres qui traitent des techniques mortelles des arts martiaux et des secrets des tueurs ninjas, ainsi que des anciens principes d'une variété d'arts de combat aujourd'hui disparus (je devrais le savoir – je possède la plupart d'entre eux). Mais il n'y a vraiment pas assez de livres sur la réalité de la violence : les signes avant-coureurs, les séquelles et tout ce qui survient entre-temps. *Face à la violence* s'intéresse à cette réalité.

Je me suis consacré aux arts martiaux depuis mon adolescence : la lutte à l'université, une ceinture noire de judo Kodokan, de vagues notions de karaté, de boxe et de jiu-jitsu brésilien. Et j'ai également suivi quelques entraînements des plus performants alors que j'appartenais à la CIA. Tous ces systèmes se sont révélés utiles – quelquefois extrêmement utiles – au moment crucial. Mais aucun ne m'a préparé aux signes, souvent ambigus, annonciateurs de violence (comme le bluff), ou aux effets déstabilisants de l'adrénaline (comme l'exclusion auditive et le rétrécissement du champ visuel), ou aux bouleversements et autres complications légales qui peuvent suivre. J'en ai découvert certains de la pire manière ; pour d'autres je me sens chanceux de les avoir étudiés chez des auteurs ayant choisi de s'appuyer sur la réalité comme Alain Burrese, Lawrence Kane, Marc MacYoung, Peyton Quinn, et d'autres – et maintenant, avec Rory Miller.

Si vous êtes en quête d'un traité technique, ce n'est probablement pas un livre pour vous. Si vous souhaitez étudier un ancien art de combat asiatique, vous feriez mieux de chercher ailleurs. Mais si vous voulez vous protéger de la violence en la comprenant mieux – en étant capable de percevoir les causes et les signes avant-coureurs, savoir comment entamer une désescalade, avoir un plan de rechange si la désescalade échoue, être préparé à faire face aux conséquences légales ou autres qui suivront – alors *Face à la violence* est un livre pour vous. Il est intelligent, réfléchi et il est même amusant et philosophique. Par-dessus tout, il est utile. Et c'est également une super bonne affaire, lorsqu'on considère ce que Rory a payé pour acquérir l'expérience qui lui a permis de l'écrire.

Barry Eisler
Auteur de la série de livres
à succès *John Rain.*

INTRODUCTION

Alors qu'en Irak, j'enseignais à un lieutenant kurde les techniques du combat rapproché à l'arme de poing, il lança soudain les mains en l'air et m'invectiva. Il semblait en colère. Je me suis tourné vers mon interprète en soulevant un sourcil interrogateur.

Mon interprète traduisit : « Il dit : "Je suis tellement en colère. Tout ce qu'ils nous ont appris était faux." »

Ce n'était pas vrai. Il avait été bien entraîné suivant le modèle américain – les mêmes techniques que celles enseignées aux États-Unis à un futur officier avant qu'il ne sorte de l'académie militaire. Les techniques n'étaient pas mauvaises, mais elles étaient incomplètes.

Apprendre à tirer en toute sécurité n'est pas la même chose que d'apprendre à tirer rapidement. Savoir viser une cible sur un pas de tir bien délimité et bien éclairé en se tenant debout dans une posture stable est très différent de viser une cible lorsque lever la tête juste une seconde peut impliquer de se prendre une balle entre les deux yeux. Le lieutenant avait besoin de toutes les techniques de base qu'il avait apprises. Il était juste maintenant prêt à sortir du jardin d'enfants pour apprendre comment appliquer ces techniques dans le monde des grands.

La plupart des entraînements de self-défense, et en particulier ceux des arts martiaux adaptés à la self-défense, souffrent du même problème. La plus grande partie de ce qui est enseigné n'est pas faux, mais est incomplet.

Il existe sept éléments incontournables pour qu'un entraînement de self-défense se rapproche de quelque chose pouvant être considéré comme complet. Tout entraînement qui laisse de côté l'un ou l'autre de ces aspects rend l'élève vulnérable :

- **Les implications légales et éthiques.** Ce sont deux facteurs différents mais étroitement liés. Un pratiquant qui étudie la self-défense *doit* connaître les lois qui s'y rattachent. Sinon, il lui est toujours possible de *s'entraîner à aller en prison*. Une réponse de self-défense qui vous conduit derrière les barreaux pour des années n'est pas vraiment un choix pertinent. Fort de sa connaissance des lois, chaque pratiquant doit explorer ses propres limites éthiques. Certaines personnes ne peuvent tout simplement pas tuer, mutiler ou être à l'origine d'une forme ou autre de cécité. Un petit nombre ne peut tout simplement pas faire de mal à un autre être humain. La plupart ne savent pas vraiment où se situe cette limite éthique chez eux. Une part du devoir d'un instructeur sera de découvrir cette limite pour ensuite entraîner le pratiquant en respectant cette limite ou en l'aidant à la dépasser.

- **La dynamique de la violence.** La self-défense doit enseigner comment les attaques surviennent. Les techniques de couteau ne servent à rien si elles ne se concentrent pas sur la manière dont les couteaux sont utilisés par les prédateurs. Les pratiquants doivent être capables de reconnaître une attaque avant même qu'elle se produise et savoir à quel type d'attaque ils sont confrontés. Les attitudes et les mots qui accompagneront une parade de domination encourageront ou pas le prédateur à attaquer.
- **L'évitement.** Les pratiquants ont besoin d'apprendre à *ne pas* se battre et s'entraîner dans ce sens : esquive et évasion, désescalade verbale et aussi, évitement en n'étant simplement pas là.
- **La contre-attaque.** Si le pratiquant ou la pratiquante ne voit pas les signes avant-coureurs et ne peut pas éviter la confrontation, il ou elle aura besoin d'une poignée d'actions efficaces devenues purs réflexes à force d'entraînement pour affronter la violence d'une attaque soudaine.
- **Surmonter le fait d'être tétanisé.** Se tétaniser est presque un incontournable lors d'une attaque soudaine. Les pratiquants doivent apprendre à reconnaître la tétanisation et à passer outre.
- **Le combat lui-même.** La plupart des instructeurs d'arts martiaux et de self-défense consacrent tous leurs efforts sur ce point. Ce qui est enseigné a juste besoin d'être cohérent par rapport à la manière dont la violence intervient dans le monde.
- **Les séquelles.** Il existe des conséquences légales, psychologiques et médicales potentielles lorsqu'on se laisse aller à la violence même si elle est justifiée. Il est indispensable de s'y préparer.

Ce qui suit est une introduction à chacun de ces sept éléments. Prendre en compte les milliers de livres qui ont été écrits sur le combat et sur les six autres sujets serait trop compliqué – plus d'une introduction à l'un de ces sept domaines ne tiendrait pas dans un livre unique. Cependant, bien qu'il ne s'agisse ici que de gratter la surface, vous découvrirez la nature exceptionnellement imbriquée de chacun de ces aspects et cela pourra peut-être vous décider à mieux vous préparer au cas où votre prochain combat ne suivrait aucune règle.

CHAPITRE I
LÉGALITÉ ET ÉTHIQUE

L'ambulance n'a même pas eu le temps de sortir en code 3. Il était évident que l'homme était sur le point de mourir et qu'il n'y avait plus rien qu'ils puissent faire. Pendant les quelque quarante-cinq minutes que prit l'équipe pour se rassembler, s'équiper et mettre au point un plan, l'homme avait lancé son véhicule contre un mur en béton, fracassant sa propre tête.

Nous avons utilisé un taser pour l'immobiliser assez longtemps pour lui passer les menottes. Nous savions que soit le taser l'avait sauvé, soit nous étions arrivés trop tard pour le sauver. Nous nous sommes précipités pour le mettre dans l'ambulance qui attendait à l'extérieur du périmètre. Ses yeux étaient exorbités, poussés vers le bas par l'hémorragie cérébrale. Ses mains et ses pieds étaient tournés vers l'intérieur et pointaient vers le bas.

Alors que nous attendions à l'hôpital, nous savions que le tir qui, lors de notre intervention, pouvait lui avoir sauvé la vie, risquait de se retourner contre nous dans un procès arbitraire pour tentative de meurtre. Une autre de ces « morts causées par taser » malgré le traumatisme que l'homme s'était lui-même infligé, malgré le fait que seul le taser nous avait permis de nous approcher de lui sans lui infliger de traumatismes supplémentaires. Cela prenait l'allure de l'un de ces événements qui plaît tant aux médias et aux tribunaux, provoquant tout un cirque autour de la responsabilité. Il y a toujours l'angoisse que les faits et l'innocence soient moins vendeurs pour les journaux que de gros titres provocateurs.

Nous avions déjà pris contact avec des détectives privés pour lancer des investigations pour homicide. Par chance pour nous tous – l'homme survécut.

Bien avant de vous retrouver impliqué dans un cas d'auto-défense, vous devez préparer vos arrières. Vous devez savoir ce qu'impliquent vos propres critères éthiques en matière de violence et vous devez comprendre les lois qui s'appliquent à l'usage de la force.

Vos critères éthiques posent les limites de votre comportement. La plupart des gens acceptent le fait que tuer est mal, mais considèrent que d'autres choses peuvent être pires. Lorsque confrontés à quelque chose de pire, comme de mourir, tuer leur semble moins inconcevable. Cette ligne est floue et varie en fonction de chaque personne. Si vous ne savez pas où se situe votre propre ligne, non seulement pour ce qui est de tuer, mais également à tous les niveaux de l'usage de la force, vous risquez de vous tétaniser.

Lorsque quelqu'un tente de vous tuer, vous n'avez pas le temps de faire le point avec vous-même.

La loi dicte les normes de comportement et vous devez vous y tenir. Vous devez connaître les limites que la loi impose à ce que vous pouvez faire ou ne pouvez pas faire – et ensuite vous devez adapter votre entraînement pour jamais sortir de ces limites.

Dans la plupart des cas, les pratiquants d'arts martiaux évoluent dans des systèmes ayant précédé les systèmes légaux en vigueur. Des choses qui auraient été acceptables dans le Japon des années 1850 ou pendant l'occupation japonaise de l'Indonésie, de la Mandchourie ou des Philippines vous vaudront aujourd'hui d'être arrêté et jeté en prison.

Vous devez être au fait de tout ceci à l'avance afin d'y être préparé.

1. Légalité (pénal)

La loi sur l'usage de la force varie en fonction des États et quelquefois, en particulier quand elle s'applique aux armes, en fonction des villes. Les principes sont tout à fait universels mais vous devez personnellement connaître les lois qui s'appliquent dans votre État. Si vous êtes instructeur de self-défense, vous ne devez pas seulement les lire ; mais également les comprendre, les imprimer sur papier, et mettre des copies à la disposition de vos élèves. Effectuez une recherche sur internet sur les lois en vigueur dans votre État, ainsi que sur les « jurisprudences, » puis cherchez ensuite ce qui s'applique à « l'autodéfense » et à « l'usage de la force » et à ce qui la « justifie ». Aux États-Unis, il est possible de se procurer des copies imprimées du code pénal et des réglementations spécifiques d'un État auprès de l'administration de l'État. LISEZ-LES ATTENTIVEMENT ! Si vos recherches sur internet relatives aux lois sur l'autodéfense demeurent infructueuses, il est possible que l'État concerné ne les ait pas codifiées pénalement. Effectuez une recherche globale sur les critères suivants : « votre État » + « autodéfense » + « réglementations juridiques. »

a. La légitime défense

La première chose que vous devez comprendre, c'est qu'au tribunal, l'autodéfense entre dans le cadre de la *légitime défense*. Cela implique deux choses. La première est que vous assumez pleinement les conséquences de ce que vous avez fait – si vous avez frappé quelqu'un avec une brique et que cela a occasionné des blessures graves, vous assumez que ce que vous avez fait tombe sous le coup de la définition de l'agression avec une arme dangereuse et/ou de l'agression aggravée. Des crimes sérieux. Si la légitime défense ne s'applique pas à votre cas d'autodéfense, vous devez effectivement plaider coupable. Plaider la légitime défense revient essentiellement à dire : « Oui, j'ai commis un meurtre, mais il se justifiait par... »

La seconde implication, c'est que la recherche de preuves repose sur la défense. C'est-à-dire sur vous. Vous avez reconnu le bien-fondé de l'accusation portée contre vous. Le travail du procureur est terminé. Vous devez maintenant prouver pourquoi, dans le cas qui vous concerne, l'agression avec une brique n'était pas malintentionnée. Vous devez prouver pourquoi vous n'avez pas eu le choix. Apporter la preuve. Au-delà du doute raisonnable.

Les prévenus ne sont ni coupables ni innocents dans un tribunal de justice. Ils sont coupables ou non-coupables. Coupables sans le moindre doute raisonnable, ou non-coupables dès lors qu'un certain doute a été soulevé. Pour invoquer la légitime défense, il faut qu'*aucun* doute ne persiste quant au fait que vos actions étaient justifiées.

b. Les éléments justificatifs de l'usage de la force

Vous devez être capable d'expliquer, à un jury, ce que vous avez fait, pourquoi vous l'avez fait, et pourquoi d'autres choix auraient été pires. C'est difficile et cela peut nécessiter une expérience considérable pour trouver les mots pouvant justifier une décision qui a été prise en une fraction de seconde. La loi est la norme à laquelle vous devrez vous tenir pendant toute l'enquête. Votre éthique est la norme qui contrôlera vos actions au moment des faits.

La justification de l'usage de la force est la capacité d'expliquer ce que vous avez fait, c'est une science.

En premier lieu, vous devez comprendre ce que vous êtes autorisé à faire. La formule de base est la suivante :

« Vous pouvez faire usage du niveau minimum de force que vous croyez raisonnablement nécessaire pour résoudre sans risque la situation. »

Presque chaque élément constitutif de cette phrase est un concept légal. Nous examinerons ces éléments dans le détail plus tard, mais, commençons par décomposer la phrase.

« *...pouvez faire usage...* » Il ne vous est pas demandé de recourir à la force. Ce n'est pas votre travail. Lorsque ces mots s'appliquent aux officiers de police, ils se changent en « nécessaire ». Les policiers ont le devoir d'agir, et, généralement, ils ne peuvent pas juste s'éloigner lorsqu'une situation se révèle dangereuse. Vous pouvez vous éloigner, et vous devriez le faire chaque fois que c'est possible.

« *...niveau minimum de force...* » Il est possible de diviser grossièrement les différents types de force en catégories. La force mortelle, comme dans le cas d'un couteau ou d'une arme à feu, qui sont conçus et utilisés pour tuer. Pour la plupart, les armes contondantes comme les matraques, ou les attaques aux articulations, ne visent qu'à blesser. Quelquefois, vous pouvez occasionner de la douleur sans risquer de blesser, en bloquant une articulation ou en pinçant un nerf. Quelquefois, une simple poussée ou un cri peuvent suffire. Si vos actes vous conduisent devant un tribunal, il vous sera demandé non seulement pourquoi vous avez choisi d'agir comme vous l'avez fait, mais aussi, pourquoi un niveau de force inférieur n'aurait pas pu faire l'affaire.

« *...raisonnablement...* » Il existe de nombreux articles de loi qui tentent de définir ce qui est raisonnable. En fin de compte, le jury déterminera si ce que vous avez fait était au même niveau que ce qu'aurait choisi de faire quelqu'un d'autre. Cet autre imaginaire aura, théoriquement, le même entraînement et la même expérience que vous. En réalité, considérant que le jury est composé de vos pairs, ils tenteront d'imaginer si ce que vous avez fait est ce qu'ils auraient fait eux-mêmes.

« *...croyez...* » Vous devez être capable de le justifier, mais juridiquement, il ne peut vous être demandé d'agir en fonction d'informations que vous ne possédiez pas. Si un homme dit : « Je vais vous tuer », et qu'il tend la main vers sa ceinture, vous devez pouvoir justifier ce qui vous a fait croire qu'il s'apprêtait à sortir une arme. Vous pouvez découvrir a posteriori qu'il s'apprêtait à prendre un paquet de chewing-gum ou qu'il passe son temps à menacer les gens de les tuer, mais votre certitude de courir un danger était induite par ce que vous voyiez et entendiez. Pour invoquer la légitime défense, vous ne devez pas seulement vous être senti menacé mais aussi être capable de démontrer à un jury pourquoi n'importe quelle autre personne raisonnable aurait cru être en danger.

« *...nécessaire...* » Vous devez prouver que l'usage de la force était la seule alternative. C'est cet élément qui peut être le plus affecté par la loi locale. Dans la plupart des États, vous devrez expliquer pourquoi il vous a été impossible de quitter les lieux. La loi mise à part, si vous restez alors que vous auriez pu partir après une provocation verbale ou une altercation, vous ne pouvez plus vous prévaloir de la légitime défense. Il s'agit d'une parade de domination. D'une provocation mutuelle. Dans d'autres États, avec les lois sur la possibilité de « ne pas céder de terrain », cela devient plus abscons. Tel que cela est écrit, vous n'avez pas à battre en retraire même si battre en retraite est une possibilité. Les législateurs écrivent les lois qui seront ensuite imposées par décret... et c'est seulement plus tard que nous découvrons comment les tribunaux interprètent les lois. Je détesterais être le premier cas à un procès où serait appliquée une nouvelle loi approuvant le fait de « ne pas céder de terrain. »

« *...sans risque...* » C'est un concept ardu pour des gens qui ont été bercés par les films de John Wayne et nourris aux arts martiaux. La self-défense n'est pas un sport de compétition. Faire preuve de fair-play n'est pas requis par la loi. Vous n'utilisez pas le niveau minimum de force pour avoir une bonne chance de gagner. Vous utilisez le niveau de force, le niveau minimum de force qui selon vous, vous permettra de sortir indemne de la situation.

« *...résoudre...* » Il est crucial de résoudre – mettre un terme – à la situation. Mais, il est possible que la résolution ne soit pas celle que vous envisageriez. Battre en retraite peut résoudre la situation d'une manière aussi satisfaisante que de se retrouver avec un voyou inconscient. Pensez moins à mettre à mal le voyou qu'à vous en sortir sain et sauf. Votre sécurité est l'objectif, la résolution optimale. Ne vous laissez pas aller, comme de nombreux pratiquants d'arts martiaux, à penser que stopper la menace est ce qu'il y a de mieux ou que c'est le seul moyen de vous en sortir sain et sauf.

« *...la situation...* » Quelquefois la situation est évidente – un homme armé qui vous menace vous et vos proches alors que vous vous trouvez acculés à l'arrière d'un restaurant. D'autres situations sont moins évidentes – voir quelqu'un forcer votre voiture alors que vous êtes en sécurité chez vous. Voir quelqu'un forcer la voiture d'une personne qui vous est étrangère. Le gérant d'un lieu que vous fréquentez demandant à quelqu'un de partir mais qui refuse. Le même gérant vous demandant de l'aide pour flanquer le client récalcitrant à la porte. Dans ces cas d'autodéfense, le fait de vous placer volontairement dans la situation exclut généralement la légitime défense. Cependant, pas toujours, si vous avez été clairement perçu par des témoins comme quelqu'un tentant de calmer les choses, par exemple. Dans ce cas, il est toujours question de défendre les gens. C'est plus problématique lorsqu'il est question de la défense des biens. Référez-vous à la législation en vigueur dans votre propre État.

Les États appliquent des lois différentes sur les conditions permettant d'invoquer la légitime défense. Certains États imposent « le devoir de battre en retraite » - dans certains cas, ils vous demandent d'avoir épuisé tous les moyens dont vous disposiez pour vous enfuir avant que vous puissiez prétendre vous défendre en usant de la force.

De nombreux États se sont dotés de « lois Castle » qui, dans les cas de légitime défense à domicile, limitent la charge de la preuve. Par essence, si vous êtes attaqué chez vous ou que quelqu'un pénètre par effraction dans votre domicile, les intentions, les moyens et l'opportunité sont acquis. Jusqu'à un certain point, une loi Castle écarte le critère de prévention.

Une loi autorisant à « ne pas céder de terrain » écarte le critère de prévention. Loi autorisant à « ne pas céder de terrain » ou non, il est prudent et probablement judicieux de pouvoir prouver que vous avez tenté d'éviter la confrontation physique si vous voulez faire valoir la légitime défense.

• La menace

« La menace » est le terme légal qui désigne toute personne ayant contraint des officiers de police à faire usage de la force. Le méchant. Si vous avez recours à la force physique pour vous défendre, cela doit impliquer une menace. Vous devez être capable de démontrer pourquoi la personne était une menace pour vous et comment vous êtes parvenu à cette conclusion. La plupart des gens sont capables de percevoir les intentions des autres, ils ont un pressentiment face à des gens dangereux. Cependant, « j'ai eu un pressentiment » n'est pas un argument recevable dans un tribunal. Vous devez vous entraîner à analyser et à expliquer ce qui est à l'origine de vos pressentiments.

Pour être considéré comme une menace immédiate effective, l'individu doit présenter trois caractéristiques et un quatrième élément supplémentaire. Il est question ici de l'intention, du moyen, de l'opportunité et de l'absence d'alternative.

L'intention: La menace doit être dirigée contre vous, et vous devez être capable d'expliquer comment vous saviez que l'individu voulait vous faire du mal. Quelquefois c'est évident – « Je vais te tuer ! » Quelquefois légèrement plus subtil – trois hommes se déployant pour vous couper la retraite; un homme en colère qui soudain devient livide et qui saisit une bouteille de bière d'une manière plus appropriée pour être lancée que pour être bue...

Le moyen: Quelles que soient les intentions de la menace, il doit avoir le moyen de mettre sa menace à exécution. Quelquefois, il peut s'agir de la taille, des poings ou des bottes. Si la menace dit: « Je vais te buter ! » alors qu'elle ne porte qu'un bikini à la piscine du quartier, vous ne pourrez pas convaincre le jury que vous avez été contraint de l'abattre parce que vous ne pourrez pas convaincre le jury que vous étiez tout à fait certain qu'elle portait une arme à feu. Un enfant de six ans enragé peut avoir une intention farouche, mais il manque incontestablement de moyens, à moins qu'il ne se saisisse d'une arme à feu ou d'un couteau aiguisé. Ou d'une hache. Peut-être d'une scie à métaux.

L'opportunité: La menace doit être en capacité d'user du moyen pour vous atteindre. Une menace non-armée faisant du tapage à l'extérieur de votre maison ne pourra pas faire soudain irruption chez vous si les portes sont verrouillées. Il n'a donc pas l'opportunité pour l'instant. Le pathétique ex-mari de votre femme peut être un redoutable criminel amateur de couteaux et d'armes à feu, mais il n'aura pas l'opportunité d'en faire usage tant qu'il ne sera pas sorti de prison.

Une fois que la menace présente Intention, Moyen et Opportunité (IMO), il est une menace réelle et vous êtes en danger. Une dernière condition doit être remplie pour que vous puissiez justifier de l'usage de la force pour vous défendre.

L'absence d'alternative: Vous devez être capable de convaincre le jury que vous n'aviez pas d'autre alternative possible. Vous ne pouviez pas vous enfuir (ex. la menace bloquait toutes les issues, vous auriez laissé derrière vous une famille sans défense, ou vous aviez déjà tenté de fuir mais il vous en avait empêché). Vous n'êtes pas parvenu à lui faire entendre raison (vous avez essayé mais avez échoué ou peut-être que la menace hurlait et braillait trop fort pour vous entendre) vous ne pouviez pas appeler à l'aide, ou les secours ne seraient pas arrivés à temps. Vous *devez* être en capacité de démontrer pourquoi l'usage de la force était la seule alternative qui vous restait.

Ces quatre éléments: *Intention, Moyen, Opportunité*, et *Absence d'alternative* sont les éléments critiques qui seuls peuvent justifier de l'usage de la force.

c. Le rapport de force

Si un incident nécessitant l'usage de la force se prolonge plus de quelques secondes, force vous est de constater que la situation devient très explosive. Les choses évoluent rapidement. Cela signifie que les quatre éléments, l'Intention, le Moyen, l'Opportunité et l'Absence d'alternative évoluent tout aussi rapidement.

Si vous cassez le bras de la menace, vous avez entravé (mais pas supprimé) le Moyen. Cependant, si vous cassez son bras et qu'il tombe au sol en gémissant et en vous suppliant d'arrêter, vous pouvez parier qu'il a perdu l'Intention. Une fois que l'Intention, le Moyen ou l'Opportunité n'existent plus, vous n'êtes plus en situation de légitime défense. Passé ce moment, quoi que vous fassiez pourra être considéré par la suite comme un abus de force et éventuellement comme une agression.

Si votre défense crée de nouvelles opportunités rendant irrecevable l'Absence d'alternative, par exemple, si la menace trébuche ou que vous l'envoyez au sol, vous avez dès lors la possibilité de vous enfuir. S'il vous est possible de vous mettre à l'abri et que vous ne le faites pas, vous avez changé la situation d'auto-défense en agression réciproque et ruiné vos chances de plaider la légitime défense.

Vous trouverez plus de détails au chapitre consacré à la dynamique du crime, mais si quelqu'un dit : « Fermez votre gueule ou je vais vous botter le cul », et que les choses s'enveniment jusqu'à finir en bagarre, il vous sera très difficile d'invoquer la légitime défense... parce vous n'avez tout simplement pas fermé votre gueule. La self-défense a pour objectif de protéger votre corps, pas de défendre votre amour-propre. Si la menace évoquée se transforme en bagarre, vous vous êtes laissé prendre au jeu de dupes de la parade de domination. Vous n'étiez pas en train de vous défendre.

« ...pour résoudre sans risque la situation... » implique également des changements. Si votre défense est efficace, à mesure que vous intensifiez votre contrôle sur la menace ou que la menace subit des dommages, vous devriez avoir besoin de moins de force. Si vous frappez violemment la menace au point de l'étourdir et qu'il ne voit plus rien, une poussée peut suffire pour le faire tomber ou pour l'éloigner suffisamment pour vous permettre de vous enfuir en toute sécurité. Si une simple poussée suffit, vous ne devez pas en faire plus.

Si vous êtes sur le point d'être vaincu, c'est un signe des plus évidents que vous n'utilisez pas assez de force pour résoudre sans risque la situation. Se faire battre peut occasionner des dommages et les dommages annihilent vos propres Moyens. S'il s'agit d'une agression (une bagarre n'est pas recevable dans une discussion sur la self-défense), tenter de prendre l'avantage autorise l'utilisation d'une force accrue. Vous avez déjà démontré que ce qui, au premier abord, devait vous permettre de résoudre la situation sans risque n'était pas approprié.

Nombreux sont les éléments qui influenceront le niveau de force requis. La taille, la force, l'état de santé et quelquefois l'âge de la menace ont leur importance, en fonction de votre propre taille, de votre force, et de votre âge.

Un enfant de six ans non-armé ne devrait pas nécessiter l'usage d'autant de force pour être maîtrisé qu'un supporteur enragé.

Les menaces multiples devraient rendre la confrontation plus difficile qu'une simple menace. Si un individu se vante de ses talents au combat, il faut en tenir compte comme d'un avertissement et éviter de se battre contre lui et cela peut justifier le recours immédiat à une arme quelconque. Si vous vous retrouvez pris au piège – entraîné dans une friche industrielle ou acculé dans un renfoncement ou jeté dans une camionnette ou que des inconnus pénètrent dans votre maison – vous avez moins d'options que si vous étiez libre de vos mouvements. Le fait d'avoir moins d'options nécessite souvent l'usage de plus de force.

Dans certains cas, l'environnement lui-même rend la rencontre si dangereuse qu'il faut en finir rapidement et en finir rapidement implique généralement l'usage de plus de force. Se battre près d'une route à grande circulation ou sur un escalier de secours, par exemple.

Si vous êtes pris par surprise (voir le chapitre IV), cela justifie automatiquement l'usage d'un niveau de force élevé. Vous n'avez pas le temps de récolter suffisamment d'informations pour pouvoir juger précisément de la réponse appropriée. Lors d'une embuscade, le temps joue en faveur de l'assaillant. Vous devez stopper la menace pour gagner du temps.

Tels sont certains des éléments qui peuvent affecter le niveau de force dont vous avez besoin. Il ne suffit pas de faire la décision. Pour vous prévaloir de la légitime défense, vous devez être capable de démontrer (voir le paragraphe e.) comment ces éléments ont dicté vos actions.

d. La loi civile

Ce point sera traité en grande partie dans le chapitre VII consacré aux problèmes postconflit, mais les bases en sont posées ici.

Il existe deux systèmes de justice aux États-Unis. Le tribunal pénal déterminera si ce que vous avez fait relève de l'autodéfense ou si cela peut être assimilé à un crime et selon le cas, si vous êtes libre de rentrer chez vous ou si vous allez en prison. Même si votre cas relève du tribunal pénal, vous pourrez être également poursuivi au civil pour les mêmes faits. Il ne s'agit pas d'une double condamnation (de fait, vous ne pouvez pas être poursuivi deux fois pour le même crime). L'objectif du tribunal civil n'est pas de déterminer si vous avez enfreint la loi, mais si vous êtes responsable des dommages causés à une tierce personne.

Dans un procès au civil, la culpabilité ne se fonde pas sur la « preuve au-delà du doute raisonnable », mais sur « la manifestation de la preuve ».

Cela signifie que si le tribunal pense que vous êtes légèrement plus responsable que non-responsable, il peut vous poursuivre.

Le plaignant (la personne qui a entamé l'action contre vous) doit prouver de manière tangible le mal que vous lui avez causé, et démontrer que c'est vous qui l'avez causé. Le mal tangible inclut toutes blessures ayant entraîné des frais médicaux, une indisponibilité au travail, et la perte de revenus potentiels à venir. Il a été également considéré, à plusieurs reprises, que la détresse psychologique était un mal tangible.

De plus, le jury peut demander « des dommages et intérêts dissuasifs », une somme d'argent dépassant les pertes tangibles du plaignant, dans le but de vous donner une leçon.

Du fait que la charge de la preuve est moins importante, il est tout à fait possible que, alors même que l'argument de la légitime défense a été retenu au tribunal pénal, vous perdiez au civil.

Pour gagner au civil, vous devez convaincre le jury que la menace ne vous a laissé aucune alternative – que les dommages qui lui ont été occasionnés étaient le résultat de *ses* actions. Pour être lavé de toute responsabilité, vous devez absolument démontrer que la menace était entièrement responsable et qu'il s'agissait d'un cas de pure légitime défense.

Même si vous gagnez au pénal et au civil, cela peut se révéler extrêmement coûteux en temps et en argent. Les tribunaux sont des lieux réservés à des professionnels, à des hommes de loi. La loi sur l'autodéfense est un domaine spécialisé.

Je vais vous donner un conseil, même si je suis convaincu que peu d'entre vous le suivront: il serait bon de vous enquérir d'un bon avocat, de prendre rendez-vous avec lui et de lui payer une avance sur honoraires *maintenant*. S'il advenait que vous ayez besoin d'un avocat, vous en voudrez un rapidement et vous en voudrez un bon. Cela permet également d'éviter que les officiers de police ne prennent des décisions hâtives lorsque vous avez la carte de visite de votre avocat dans votre portefeuille.

e. L'argumentaire

Avoir tous les éléments (l'Intention, le Moyen, l'Opportunité et l'Absence d'alternative) ne suffit pas à construire votre défense. Vous devez être capable d'expliquer au jury et aux enquêteurs chacun de ces éléments. Il est toujours préférable de parler aux enquêteurs en présence de votre avocat. Quelquefois les faits sont clairs. Si un individu a tiré sur le caissier et l'agent de sécurité d'une banque et qu'ensuite, il a pointé son arme sur vous, les jurys, pour la plupart, en tiendront compte.

Si trois jeunes montent l'escalier d'un parking et qu'en vous voyant, ils commencent à se déployer, aurez-vous les bons arguments pour démontrer que sortir votre arme était une bonne idée ? Vous n'expliquerez pas cela à douze hommes et femmes qui pratiquent la self-défense. Vous l'expliquerez à un jury qui vraisemblablement n'aura aucune expérience ni contexte pour venir conforter leur décision. Vos explications doivent être claires et logiques.

Il existe un exercice que j'encourage et dont vous trouverez le détail au paragraphe 1 du chapitre III, où nous discuterons de l'intuition et de la pratique de l'intuition. En ce qui concerne l'argumentaire, l'exercice consiste simplement à vous entraîner à expliquer vos décisions, vos pressentiments et vos conclusions. Les gens traitent rarement les faits, pas plus qu'ils ne réfléchissent en termes de faits. Nous passons beaucoup de temps sur les conclusions.

> En 2003, en Grande-Bretagne, un cambrioleur reconnu coupable, Brendon Fearon, poursuivit Tony Martin en justice. Fearon avait pénétré par effraction dans la maison de Toni Martin qui lui tira dessus ainsi que sur son complice. Le complice est mort, Fearon s'en tira avec une simple blessure. Parmi les charges retenues lors du procès, il y eut « la perte de revenus. » Fearon proposa de retirer sa plainte si Martin annulait sa poursuite en justice.

« Ce fut une journée formidable » n'est pas un fait, c'est une conclusion. C'est probablement une conclusion basée sur de nombreux faits sans importance. Peut-être vous sentez-vous mieux lorsque le temps est ensoleillé et venteux, ou après avoir terminé un travail important ou lorsque vous obtenez une récompense inattendue. Généralement, il s'agit de la combinaison de nombreuses petites choses.

Au niveau personnel, cette pratique vous révèle beaucoup sur votre propre fonctionnement. Cela risque parfois de vous surprendre.

« C'est un pauvre type » n'est pas un fait, mais une conclusion. Elle peut être fondée sur plein de petites choses : il se comporte comme le ferait un ami de longue date alors que vous venez juste de vous rencontrer, il n'arrête pas de tremper ses chips dans le pot de mayonnaise que vous partagez ; il joue les affranchis alors qu'il ne connaît rien aux questions que vous abordez. Une nouvelle fois, cela vous apprend beaucoup sur vous-même. Ce que vous n'aimez pas, ce qui vous fait sortir de vos gonds. Dès que vous réalisez quels petits dysfonctionnements vous font considérer quelqu'un comme un pauvre type, vous pouvez à votre tour les rechercher dans votre propre comportement. C'est un moyen très efficace de passer outre dès lors que vous commencez à réaliser que les mauvaises manières peuvent relever de l'incompétence sociale et dissimuler une personne décente.

Vous apprendrez également à faire plus attention à certains mots. Bien et mal sont des jugements de valeur (des conclusions) et j'ai tendance à les éviter. Si je considère que quelqu'un est « mauvais », je sais ce que cela signifie pour moi : il est capable de faire du mal à quelqu'un pour obtenir ce qu'il veut. Si j'utilise le mot « malfaisant », cela signifie qu'il est capable de faire du mal à quelqu'un même s'il ne veut rien en particulier.

Dans un cas d'autodéfense, cette pratique est inestimable. Votre connaissance de la dynamique de la violence (chapitre II) et vos capacités à observer et à argumenter vous aideront à vous sortir de ce mauvais pas.

Quelles observations justifient votre état d'alerte au moment où les trois jeunes qui montaient l'escalier se sont déployés en voyant arriver une personne seule ? Lorsque des amis se baladent ensemble, ils marchent ensemble, ils ne se déploient pas. Le fait qu'ils se déploient me privait de toute retraite. Le fait qu'ils n'aient pas parlé entre eux après m'avoir vu indique qu'ils ont déjà agi de cette manière auparavant.

2. Éthique

Il est généralement admis que faire du mal à quelqu'un, lui infliger intentionnellement douleur et blessure est mal. Envahir l'espace d'autrui viole les tabous sociaux qui vous ont été inculqués dès votre plus jeune âge. La plupart des règles que vous avez apprises sur la manière correcte de vous comporter en tant qu'être humain digne de ce nom impliquent de ne pas faire de mal à autrui. La plupart de ces règles sont enracinées si profondément en vous que vous n'en avez plus conscience.

S'il advenait que vous deviez vous défendre en usant de la force, vous seriez immanquablement confronté à cette question. Quelle est votre éthique personnelle en matière de violence ?

C'est une question importante, car ce que la conscience dicte a souvent peu de choses à voir avec ce qu'une personne peut faire. Il est tout à fait logique de dire : « Je pourrais aller jusqu'à tuer pour me défendre ou défendre les êtres qui me sont chers face à une mort imminente ou de graves blessures. » La formule est belle. Tout à fait logique. Légalement défendable. Des plus justes à bien des niveaux.

Le dire ne signifie pas que vous le ferez.

Dans *Betrayed by the Angel* (« Trahie par l'ange », *Harvard Review* nov/déc. 2004) Debra Anne Davis décrit avec une honnêteté poignante le viol dont elle a été victime. J'utilise son exemple, non pas parce que la situation est unique, mais parce que le courage dont elle a fait preuve pour porter les faits par écrit est si rare.

Dans sa description, elle parle de ce que j'appellerai « les moments décisifs » par exemple, « Ma première réaction fut de claquer la porte. Mais je ne l'ai pas fait: tu ne peux pas faire ça, c'est impoli » ou « J'ai mentalement fait le choix de me montrer impolie, mais je n'ai pas pu trouver la brutalité physique que cet acte exigeait. » À chaque moment décisif, elle n'a pas pris la décision que les circonstances auxquelles elle était confrontée exigeaient. Elle a pris ses décisions en se fondant sur l'image qu'elle avait d'elle-même et sur sa programmation initiale de femme civilisée.

Elle n'a pas flanqué la porte dans la figure de son violeur car cela aurait été contraire à la bienséance.

N'imaginez pas une seconde que c'est uniquement son problème. Votre programmation est tout aussi profonde. Les pensées qui veulent que « ce serait impoli » ou que « ce genre de choses ne peut pas arriver à des gens comme moi » sont très communes chez les gens qui ont subi des agressions violentes et qui sont restés tétanisés.

Cette programmation est subconsciente et requiert beaucoup de travail et de discernement pour être exposée à la lumière du jour et examinée en toute conscience. Il est impératif de s'atteler à la tâche bien à l'avance.

a. Les éléments conscients : les capacités

Mauricio Machuca, un ami, professeur d'arts martiaux à Montréal, parle d'*aptitude* et de *capacité*. L'aptitude est un savoir-faire physique. Si vous êtes un pratiquant d'arts martiaux, vous savez comment faire mal à un autre être humain. C'est l'une de vos aptitudes. Mais tout le monde n'est pas équipé émotionnellement pour pouvoir faire du mal à un autre être humain. Ce n'est pas toujours aussi simple que l'affirmation qui veut que: « Je ne pourrai jamais faire ça. C'est mal. » Le plus souvent, cela survient au moment où vos doigts agrippent de la chair bien vivante et que vous commencez à la tordre, même à l'entraînement, et que vous sentez comme un pincement au cœur. Lorsque l'idée d'enfoncer vos doigts dans les yeux d'un autre vous donne envie de vous enfuir. Il est question ici de capacité, et tout le monde n'a pas la capacité personnelle intérieure de faire du mal à une autre personne.

Je ne sais pas où votre capacité se situe. Et selon toute vraisemblance, vous non plus. J'en sais plus au sujet de la mienne, mais je doute que j'en connaisse vraiment les limites. Je sais ce que j'ai fait à des criminels violents lorsque je courrais un risque. Je n'ai pas de problème avec ça. Mais, changez un élément…

Jouons à un petit jeu :

Quelqu'un s'approche de vous avec un couteau de boucher. Vous ne pouvez pas vous échapper. Vous êtes armé. La menace affiche l'Intention, dispose du Moyen et de l'Opportunité de vous tuer et vous a privé de toutes les autres Alternatives. Le scénario est écrit : tirer/ne pas tirer. Est-ce que vous tirez ? Est-ce que vous être prêt à tuer ? Cela ne vous pose-t-il aucun problème ? Réfléchissez à tout ça.

Maintenant changez un élément. La menace est un garçon de douze ans. Êtes-vous toujours décidé à tirer ? À tuer ? Cela ne vous pose-t-il aucun problème ?

Si la menace n'a pas plus de six ans ? Quatre ans ?

Est une femme ?

Une femme enceinte ?

Une personne mentalement déséquilibrée qui ne sait pas ce qu'elle fait ?

Votre propre épouse ?

Votre propre enfant ?

> Tout ce qui est évoqué dans ce livre affecte tout le reste. Réfléchir à votre éthique personnelle bien en amont devrait largement aider à juguler les effets tétanisants de certaines situations qui seront discutées au chapitre V.

Qu'en est-il si les enfants en bas âge de la menace regardent ?

Qu'en est-il s'il y a des caméras qui filment ?

La menace est la même – même un enfant de quatre ans, s'il est armé d'un grand couteau, peut tuer et il n'y a pas de degré dans la mort. Est-ce que vous ressentez la même chose face à ces différents scénarios ? Moi pas. Même si je suis parfaitement conscient de la dangerosité d'un couteau et du nombre de gens morts pour avoir été trop confiants, j'aurais beaucoup de difficulté à tirer sur un enfant. Mes sentiments peuvent être différents au regard des autres scénarios, mais j'agirai de la même façon – je ne ferai que me sentir encore plus mal après coup.

Réfléchissez-y. Analysez tout ça. Écoutez les sentiments que vous dictent vos tripes avant de vouloir en tirer une forme de logique. Si malgré tout vous voulez en connaître la logique, portez une attention toute particulière à ce qui se passe lorsque vous vous mettez à rationaliser – lorsque votre logique vous sert non pas à prendre la meilleure décision, mais à justifier la décision que vos tripes vous dictent.

Cette logique est mauvaise, mais ce n'est pas pour autant une mauvaise chose. Vos tripes vous connaissent mieux que votre esprit ne le pourra jamais. Votre entraînement devrait s'aligner sur vos tripes.

Si vous vous sentez concerné par l'âge de la menace, vous risquez d'être encore plus concerné par le fait de paraître faible face à un « petit problème. » Jusqu'à un certain point, vous risquez d'accorder plus de valeur à votre ego qu'à votre vie. (Ok, ok. C'est en partie le cas de tout le monde.)

Le genre ne fait pas vraiment la différence lorsqu'il ou elle est armé(e) d'un couteau. La mort est la mort, le fait est qu'un couteau ne requiert que peu de force pour vous laisser sur le carreau, baignant dans votre sang. Si vous hésitez, c'est votre tempérament de macho qui vous paralyse.

Si vos tripes se serrent face à une femme enceinte, c'est que vous êtes conscient que vos actions impacteront également des gens que vous ne pouvez voir. Ce n'est que de la sensiblerie primaire, peut-être même de la sagesse… mais cela peut vous tuer. Être sage ne signifie pas toujours être sauf.

Si vous avez du mal à tirer sur un déséquilibré mental, c'est que vous mélangez les deux concepts d'autodéfense et de justice. Vous voulez que la force que vous utilisez, quelle qu'elle soit, s'applique à quelqu'un de méchant, voire de foncièrement mauvais. Cela ne soulage en rien la conscience. Malheureusement, vous pouvez être blessé ou tué par des individus qui sont dans l'incapacité de comprendre les conséquences de leurs actes.

Faire usage d'une force pouvant entraîner la mort contre une famille soulève toutes sortes de dissonances cognitives. Si vous êtes prêt à mourir pour protéger quelqu'un, où se situe la ligne entre cette attitude et le fait de laisser quelqu'un vous tuer pour ne pas avoir à les tuer ? Objectivement, mathématiquement, c'est la même chose, car quelqu'un qui essaie de vous tuer n'est pas le membre d'une famille telle que vous la concevez. À un niveau moindre, cela peut expliquer pourquoi le viol lors d'un rendez-vous avec son petit ami inspire rarement une violente résistance physique.

Si vous hésitez parce que des enfants en bas âge vous observent, sachez que quoi que vous fassiez dans ces circonstances, cela sera à jamais suivi de conséquences. Il est facile de parler de tuer, mais certaines personnes grimacent dès lors que vous parlez de « fabriquer des cadavres », ou de « transformer une personne en chair à pâté. » Ils semblent rétrécir physiquement lorsque vous utilisez des mots comme : « Laisser des veuves et des orphelins. [1] »

Des veuves et des orphelins. Des personnes non-coupables que vos actions transformeront à jamais.

Si les caméras vous perturbent, c'est *peut-être* parce que vous doutez de votre propre jugement ou que vous avez des incertitudes quant au bien-fondé de ce que vous vous apprêtez à faire. Plus vraisemblablement, vous comprenez que l'usage de la force, quelle qu'elle soit, peut paraître choquant à la plupart de vos concitoyens. Peu importe qu'un meurtre soit justifié ou non, tant que c'est un bon sujet, les médias s'en empareront et l'accompagneront de force commentaires. Si le fait de vous attribuer le rôle du méchant excite le plus grand nombre, alors c'est de cette manière que vous serez présenté.

C'est ce type de situation que vous pourrez éviter en faisant preuve de logique, parfois. Et il arrive, parfois, que la logique et le discernement vous aident à changer la donne. Parfois. Le paragraphe **Les croyances, les valeurs, la morale et l'éthique** présente les moyens dont vous disposez pour vous sortir de ce mauvais pas.

• Les croyances, les valeurs, la morale et l'éthique

J'ai découvert ce paradigme à l'Académie militaire il y a deux décennies de cela et je ne sais toujours pas qui l'a inventé. (Se référer à l'illustration 1-1.) Si un lecteur le sait, merci de m'en informer. Le ou les auteurs qui en sont à l'origine méritent toute notre reconnaissance.

Les gens hiérarchisent leur compréhension et leur comportement – des choses qui les guident dans ce qu'ils font, disent ou *sont*.

Au niveau le plus bas de la hiérarchie, se situent les *croyances*. Il est simplement question ici des choses que vous tenez pour acquises. Ce ne sont pas nécessairement des vérités objectives (les diamants sont plus durs que la craie), mais souvent des vérités subjectives : un individu peut croire en toute sincérité que la terre est plate et non ronde ; que Dieu existe ou n'existe pas ; que les hommes sont fondamentalement bons ou fondamentalement égoïstes. Les croyances recouvrent l'ensemble de nos hypothèses personnelles au regard du monde, hypothèses qui posent les fondations de tout ce que nous faisons et nous disons.

---

1. *Je parle durement de tout ceci, en mon nom personnel, car je ne veux pas que les gens finissent* UN JOUR *par oublier ce que cela coûte réellement de prendre une vie. Si vous êtes juste capable de dire « mort » ou « tuer » sans en saisir les répercussions alors cela vous autorise à céder aux idées fantasques merdiques du parfait macho. Les idées fantasques n'aident pas, elles ne font que pousser quelqu'un à l'échec.*

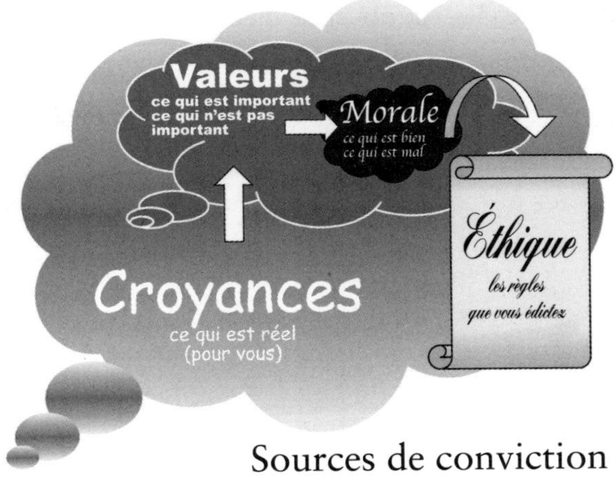

1-1 : Hiérarchisation des comportements intelligibles.

> Lorsque mes enfants étaient très jeunes, j'ai découvert que je prenais des risques malgré moi, hésitant (imperceptiblement, mais réellement) à intervenir même si cela était nécessaire et juste. Cela peut sembler stupide, mais une bonne police d'assurance préservant l'avenir de ma famille s'est avérée financièrement envisageable - pour rembourser le prêt de ma maison, pour couvrir les frais de scolarité des enfants et les dépenses quotidiennes pendant au moins quatre ans - m'aidant alors à me débarrasser de mes problèmes avant qu'ils ne prennent de l'ampleur.

Le niveau suivant, dans l'ordre croissant, est celui des *valeurs*. Parmi toutes les choses que nous croyons, certaines sont plus importantes que d'autres. Si vous croyez que Dieu n'autorise que la prière pour obtenir une guérison et que vous êtes convaincu que votre enfant mourra sans une opération, quel choix sera le vôtre ? Si vous croyez que la politesse est essentielle en société, mais que vous croyez aussi que certains individus ne réagissent qu'à la colère, que faites-vous ? Vous accordez de la valeur aux actions plutôt qu'aux mots. Les croyances et les valeurs sont généralement tellement profondément ancrées qu'elles ne sont absolument pas conscientes.

La *morale* dérive des valeurs et devient chez vous de vagues sentiments dictés par vos tripes pour tout ce qui touche à ce qui est bien ou ce qui est mal. Toutes ces choses que vous « savez juste être mal » sans pouvoir expliquer pourquoi elles relèvent de votre morale. [2]

L'*éthique* est votre code personnel, les grandes règles que vous avez établies pour vous-même afin de mettre des mots sur votre morale.

Il s'agit ici d'un aparté, mais ce modèle a merveilleusement bien fonctionné pour moi en résolvant disputes et désaccords de compréhension. Lors de désaccords, plus le niveau est profond, plus l'argumentation est difficile. Par contre, un désaccord au niveau éthique peut être amical.

Prenons un exemple, deux personnes peuvent ne pas être d'accord sur le fait que la liste des niveaux de force dont il a été discuté précédemment est complète ou pas. L'une d'elles peut s'en satisfaire tandis que l'autre peut vouloir faire la distinction entre la simple douleur, comme les points de pression, et les techniques, comme les clefs, qui font courir le risque de blessures. Le niveau de l'éthique est le niveau le plus conscient, celui qui induit un discours raisonné, mais c'est également le moins personnel. Une dispute au niveau éthique n'est pas perçue comme une atteinte personnelle.

Une dispute au niveau croyance, cependant, relève beaucoup plus de l'atteinte à l'identité. Selon les recherches dans le domaine, discuter âprement de religion ou de politique stimule les zones du cerveau liées à l'émotion et non celles liées à la logique. Discuter des croyances de quelqu'un n'est pas pertinent si cela revient à lui dire qu'elles sont stupides. Cela sera perçu comme une attaque personnelle.

Le débat sur l'avortement aux États-Unis, par exemple, ne dépasse pas le niveau des croyances alors que les arguments tournent habituellement autour des valeurs. Si vous croyez que le fœtus est un être humain, il y a peu, voire aucune valeur plus haute que la vie innocente d'un enfant. Si vous ne le croyez pas, le débat tourne entièrement autour de l'opposition entre un bout de tissu et la coercition d'une femme.

---

2. *Le langage est ici spécifique à ce modèle. En fait, la morale et l'éthique ne sont que les traductions latines et grecques de l'une et l'autre. Le modèle nécessite une distinction entre ce niveau et le suivant.*

Vous ne pouvez réussir à justifier (ni même à vraiment comprendre) à un niveau plus haut ce que vous ne croyez pas au plus profond de vous. Si quelqu'un est en désaccord avec vous au niveau des croyances, vous ne pourrez le ou la convaincre à un niveau plus haut, quel qu'il soit.

Si vous êtes capable de vous expliquer à un niveau plus profond, il vous sera indéniablement plus facile d'amener l'autre personne à prendre en compte votre point de vue.

Il est plus facile d'altérer l'éthique. Nous avons tous joué à ce jeu, consciemment ou non, où quelqu'un énonce une généralité tandis que les autres émettent des objections, d'obscurs « et si » défiant la règle.

« Tu ne tueras point » relève de la simple éthique. Elle est fondée sur la morale qui affirme qu'il est mal de tuer, sur la valeur qui veut que la vie est importante, et sur la croyance que la vie et la mort existent toutes les deux.

Du point de vue moral, il est possible de dire qu'il existe différentes manières de tuer qui pèsent des poids différents sur la morale. La légitime défense n'est pas la même chose que battre à mort quelqu'un pour lui voler son portefeuille. Par conséquent, la légitime défense, tuer pour manger (les plantes elles-mêmes sont vivantes), etc., sont des arguments relevant de la morale qui mettent à mal la simple éthique.

Au niveau des valeurs, la plupart des gens acceptent qu'il y ait des choses plus importantes que la vie d'un être humain. Est-ce que l'abolition de l'esclavage était une justification suffisante pour les morts innombrables de la guerre civile ? Est-ce que le fait de stopper Hitler et Napoléon valait les vies que ces guerres ont coûtées. Quelqu'un pensait que vingt millions d'exécutions en Russie était un petit prix à payer pour la révolution. Seriez-vous prêt à sacrifier votre propre vie pour sauver dix enfants de la folie d'un meurtrier ? Seriez-vous capable de tuer le meurtrier pris de folie ?

Au niveau des croyances, il est beaucoup plus difficile d'apporter des changements. Il vous est possible de mettre en avant des croyances contradictoires, par exemple : « Si vous croyez que la vie est éternelle, quel que soit le cas, il est impossible de tuer. » Ou vous pouvez vous attaquer à l'épistémologie.

L'épistémologie est la science qui permet à une personne ou une société de décider de ce qui est vrai. La tradition,

> *les histoires des shamans, ce que vous pouvez lire dans les revues de vulgarisation scientifiques sont autant de vérités épistémologiques. J'ai déjà mentionné plus haut la croyance en une terre plate ou ronde, réfléchissez à ceci :*
>
> *Est-ce que la terre est ronde ? Oui, bien sûr. Cependant, les gens, pour la plupart, n'ont pas une connaissance directe des faits qui ont conduit à cette conclusion ni même une vague idée de la manière dont ils pourraient le démontrer pour satisfaire leurs croyances. Ils croient que la terre est ronde car cela leur a été dit par des gens en qui ils ont confiance. C'est, pour la plupart des gens, une vérité subjective qui n'est pas plus fondée sur des faits que la croyance qui veut que la terre soit soutenue par quatre éléphants debout sur le dos d'une gigantesque tortue. Si vous recherchiez l'origine de cette croyance, vous apprendriez beaucoup sur la manière dont vous avez été éduqué pour croire les choses, sur l'épistémologie de votre société.*

Ainsi se termine l'aparté dont l'objet était de montrer comment appliquer l'outil, Croyances, Valeurs, Morale et Éthique (CVME) aux autres. Vous pouvez également l'appliquer à vous-même afin d'améliorer vos capacités.

Ce que vous ressentez au fond de vos tripes dans l'exercice précédent est révélateur de votre résistance au niveau moral. Il ne vous sera pas possible de modifier ces croyances en usant d'arguments logiques (au niveau éthique). Plus vous serez capable de mettre à mal votre résistance en profondeur, plus vous serez gagnant.

Un exemple, qui a très très bien fonctionné pour moi, concerne la valeur que je place dans mes propres enfants. Je ne vois rien qui puisse avoir plus de valeur pour moi. J'ai pris des risques et je donnerais probablement ma vie pour éviter une mort, pour éviter que des enfants que je ne connais pas perdent un père. Est-ce que j'hésiterais à me défendre pour protéger ces enfants inconnus ?

Du point de vue éthique, calculer le pour et le contre et dire les choses, peut être une solution. Ce que je dis a de la valeur pour moi et je suis susceptible de payer pour ce que je dis d'une manière ou d'une autre. Quelqu'un meurt, il laisse des orphelins, mais d'autres orphelins ont été évités.

Le niveau moral est celui de l'indignation. Mon Dieu non. C'est cette ordure qui a décidé de créer cette situation. J'aimerais autant un monde sans individus comme lui plutôt que sans individus comme moi. C'est bien au niveau moral, puissant mais...

Ses enfants vont être orphelins ou mes enfants ? Inutile de tergiverser. Mes enfants ne seront pas orphelins, jamais, pour autant que je puisse influer sur le sujet.

Si vous pouvez ramener vos hésitations au niveau des valeurs, vous pourrez créer de profonds changements. Cependant, ce ne sont pas vraiment des changements, mais plutôt de la précision. Vos valeurs ne changent pas, vous avez juste réfléchi à toutes ces choses au préalable pour éviter de perdre du temps au moment où vous serez attaqué. Vous n'aurez pas le temps à ce moment-là. Vous avez le temps maintenant. En self-défense, la précision est synonyme de vitesse.

b. Les éléments inconscients : trouver vos blocages

Par expérience, j'ai pu constater que la plupart des gens hésitent avant de faire quelque chose de dangereux ou d'inconfortable. Que ce soit sauter d'un avion, plonger dans l'eau froide ou chanter en public dans une soirée karaoké, peu de gens sont capables d'emblée de simplement s'avancer sans marquer d'hésitation.

Cela pose un problème, car je peux vous assurer que si vous êtes sur le point d'être pris dans une bagarre, cela ne manquera pas d'être désagréable et inconfortable, voire effrayant. Plus encore, si cela ne vous est jamais arrivé auparavant. Voici ce qui peut survenir en cas d'hésitation. Si vous êtes attaqué, chaque seconde d'hésitation est une seconde où vous risquez le pire. Plus l'hésitation dure plus vous prenez de coups, et moins vous êtes capable de trouver une parade efficace lorsque vous vous décidez enfin à réagir. Le résultat est simple et sans appel. Les moyens qui vous permettront de dépasser cet état de tétanisation et de réagir seront développés plus en détail au chapitre V. Nous avons besoin ici de mettre à jour certains de vos blocages.

En premier lieu et avant tout, vous devez vous entraîner à prendre en compte vos propres hésitations, même les plus mineures. Vous AUREZ tendance à les rationaliser, à dire : « Ce n'était pas une hésitation, ce n'était qu'un simple balbutiement. » C'est la même chose. Nous parlons ici d'ancrages profonds dont certains participent du plus intime de votre identité. De manière subconsciente, vous allez offrir de la résistance aux choses qui mettent en danger votre identité – même des informations nouvelles et bénéfiques. Même celles susceptibles de vous faire grandir.

Noter l'instant où vous hésitez. Dans l'idéal, vous serez entouré d'amis et de coaches cherchant les mêmes choses. C'est quelque chose dont je me suis fait une spécialité en tant qu'instructeur de self-défense – non seulement les hésitations énormes et évidentes, mais aussi les yeux qui s'étrécissent lorsqu'une pensée indésirable vous traverse l'esprit ou encore la discrète accélération de votre respiration lorsque vous essayez de nier une chose désagréable. Identifiez ces symptômes chez vous… et ne les rationalisez pas.

Un exemple qui sera familier à la plupart des pratiquants d'arts martiaux: deux élèves s'entraînent sans contact ou sur des contacts légers et accidentellement l'un d'eux frappe l'autre au visage. Malgré la touche légère, les yeux s'agrandissent et chacun fait un pas en arrière, les mains se lèvent et les excuses commencent à fuser.

Est-ce que cela a le moindre sens? Deux personnes étudiant les arts martiaux (des arts dédiés à Mars, le dieu de la guerre) dans un cours où effectivement l'un des buts recherchés est d'apprendre à frapper l'autre… et qui ont une réaction viscérale, immédiate et presque universelle en cas de contact au visage.

Le blocage vient ici d'un des tabous sociaux les mieux ancrés: les adultes ne touchent pas les autres adultes à la tête. C'est possible de tapoter la tête d'un enfant, ou de caresser le visage d'un être aimé. Pour faire court, toucher un autre adulte à la tête est extrêmement insultant, un signe de grande intimité ou de grande domination. Dans les situations normales, c'est « juste à ne pas faire ».

C'est un problème, en particulier lorsque ce que vous avez appris pour vous défendre implique de frapper les gens au visage.

Si vous voulez découvrir ces blocages et pouvoir les dépasser, le meilleur moyen est de vous y exposer de manière répétée. Pour commencer, habituez-vous aux contacts au visage, et à encaisser les coups. Certains vont encore plus loin, et il y a quelque chose de sauvage, voire de malsain, lorsqu'une personne qui, ayant déjà expérimenté plus de contacts que nécessaire, trouve que ça va être sympa aujourd'hui de s'en prendre plein la figure à l'entraînement.

Le contact au visage est un blocage évident et facile à déceler qui concerne presque tout le monde. Je ne sais pas où se cache le reste de vos blocages. Je ne sais pas quels autres de mes propres blocages il me reste à découvrir. C'est ainsi. Vous ne pouvez pas vraiment connaître vos limites, physiquement et émotionnellement, avant de les atteindre. Cependant, approchez-vous aussi près que possible de vos limites, et elles céderont.

Il existe un autre exercice que j'aimerais vous suggérer. Si vous connaissez ou pouvez faire la connaissance de quelqu'un qui élève du bétail, demandez-lui d'abattre un animal.

Cela peut paraître horrible, mais c'est précisément le point. Chasser est différent: vous êtes le prédateur et le fait de vous servir d'un arc ou d'un fusil pour tuer entraîne une forme de distanciation. Abattre un animal avec un couteau (je l'ai fait avec un sabre), c'est *tuer* de près, personnellement et en se salissant les mains. Vous sentirez et verrez la vie quitter le corps et les yeux de l'animal. C'est ce type d'expérience que vous risquez de vivre le jour où vous aurez à vous défendre. Tuer un animal n'aura pas la même charge émotionnelle que tuer une personne, mais vous risquez d'être en état de choc du fait de l'impact que cela aura sur vous. C'est bien. Considérez ça comme une forme de vaccination, une petite dose d'expérience vous permettant de travailler sur votre blocage afin d'être plus fort le jour où vous devrez passer à l'acte dans la vraie vie.

c. De l'autre côté du miroir [3]

C'est un autre des concepts qui seront développés dans le chapitre consacré aux moyens de « dépasser la tétanisation ».

Les blocages n'ont rien de nouveaux pour vous. Vous avez passé toute votre vie à apprendre à faire des choses qui n'étaient pas faciles pour vous ; à faire des choses qui vous rendaient nerveux ou vous donnaient la nausée ; à dépasser des limites imaginaires. De l'élève de CP qui décide qu'elle ne peut pas écrire en cursive, à la personne qui a appris à conduire tout en jurant n'y rien connaître en mécanique. Vous avez été confronté dans votre vie à de nombreux blocages et, soit vous les avez surmontés, soit vous avez décidé de vivre avec.

Dans une situation d'autodéfense, les blocages seront qualitativement différents du fait de l'enjeu, de l'urgence et de l'inexpérience.

L'élève de secondaire qui décide qu'elle ne comprend rien aux fractions risque tout au plus une mauvaise note, les moqueries de ses camarades de classe ou une réprimande de la part de ses parents. L'étudiant qui loupe un examen universitaire peut mettre en péril un choix de carrière. La personne qui reste tétanisée lors d'une attaque surprise passera la ligne qui sépare le survivant de la victime. Les enjeux sont élevés : la vie, la santé, et même l'identité.

Si, comme de nombreux baby-boomers, vous avez abordé l'informatique en vous disant : « Je ne pige rien aux ordinateurs », il vous a fallu des années pour surmonter vos idées préconçues. Autant de temps perdu que vous auriez pu consacrer à apprendre les bases et même à acquérir une certaine compétence, quel qu'ait été votre malaise lorsque vous avez entendu le mot DOS pour la première fois (si vous ne savez pas ce que cela signifie, demandez

3. *Cela fait référence au conte de Lewis Carroll, Alice au pays des merveilles (1892). Il en faut peu pour se trouver dans un endroit où les règles sont toutes très différentes.*

à vos parents). En cas d'attaque surprise, vous aurez peu ou pas de temps pour faire le point sur vos blocages, votre éthique ou vos aptitudes. Quel que soit le temps que cela vous demande, vous en paierez les conséquences. C'est pourquoi il est impératif de faire le point sur le maximum de choses bien avant une hypothétique attaque.

Pour finir, très peu de gens ont une expérience approfondie de la violence. Deux coups de feu peuvent représenter moins de trente secondes d'expérience. Des centaines de bagarres permettent de comptabiliser à peine quelques heures d'expérience, reposant en grande partie sur l'adrénaline. Et ce que vous avez appris dans votre monde pacifique ne s'applique pas dans le monde de la violence.

Enjeu, temps et expérience.

Votre éducation vous a inculqué des attitudes, des croyances et des stratégies spécifiques vous permettant de faire face à certaines confrontations. Elles s'appliquent aux affrontements dans les cours de récréation contre des bandes de petites brutes, aux discussions animées lors de dîners de famille, et aux jeux de domination au travail. Il s'agit là de conflits inhérents au monde civilisé dont vous connaissez les règles. Le monde de la violence dans lequel un individu porte la main sur une autre personne ou l'attaque avec une arme à seule fin de lui nuire ne fait pas vraiment partie de ce monde.

Les croyances et les attitudes qui *évitent* aux gens normaux de devoir attaquer physiquement n'existent pas dans le monde de la violence, aussi, qu'est-ce qui vous permet de penser que les stratégies qui fonctionnent dans une salle de conférences pourraient se révéler efficaces ici ?

Nos stratégies de défense habituelles et nos capacités à gérer le conflit peuvent être justement ces mêmes facteurs qui joueront en notre défaveur dans une bagarre. Il a fallu toute une vie pour affûter ces capacités et elles sont efficaces, elles ont été longuement pratiquées et éprouvées, et elles sont adaptées à un environnement et à une société spécifiques.

Pour la plupart des femmes, pour la plupart des gens, ces défenses sont d'ordre social. Elles sont autant de moyens d'éviter la confrontation, mais elles n'offrent pas la possibilité de mettre fin à la violence. L'indifférence. L'apaisement. La flatterie. L'auto-dévalorisation. « Je suis de votre côté » – l'alliance.

Lorsque l'environnement passe d'une situation sociale où le conflit est en suspens à une situation violente ou prédatrice où la bataille fait rage, chacun de ces éléments conduit la victime à la défaite, et colle clairement l'étiquette de *victime* à ladite victime. Éventuellement pire encore, lorsque tout est fini et que les plaies sont cicatrisées, ces stratégies inefficaces apparaîtront comme de la lâcheté ou de la complaisance, et nourriront la culpabilité du survivant au point de conduire tragiquement la victime à se convaincre elle-même qu'elle méritait ou même souhaitait l'attaque.

Le fait même de ne pas être familiarisé avec la violence peut entraîner l'un des blocages les plus importants de tous.

Je vous le dis ici, le côté obscur du miroir est l'un des environnements que vous devez apprendre à affronter. Ce n'est pas nécessaire que cela devienne un blocage. Vous devez vous autoriser à ne plus être une personne bien et commencer à vous conduire comme un véritable animal.

Chapitre II

LA DYNAMIQUE DE LA VIOLENCE

Nous étions, Bill et moi, en train de discuter avec le directeur d'une prison irakienne en buvant du thé. Un coup de feu retentit. Mis à part nos armes et celles des gardes du corps du directeur, il n'aurait pas dû y avoir d'autres armes chargées dans cette partie du bâtiment. Je reposai mon thé, me levai en dégainant mon arme de poing. Je commençai à faire le tour du bâtiment. Lent et souple, souple et rapide.

Déclenchant l'ouverture de chaque porte, scannant chaque pièce, « Rien à signaler! » Bill était juste derrière moi. Tout semblait comme au ralenti, mais personne d'autre ne réagissait pour l'instant. Je pris conscience qu'il ne se passait rien. Des hordes de militaires surarmés ne se déversaient pas dans le couloir. Il n'y eut pas de deuxième coup de feu.

Les animaux sont des créatures sociales. Alors même qu'ils se remettaient les uns après les autres de leur hébétement, ils ne courraient pas pour s'éloigner de la zone de tir. Pas plus qu'ils ne se rassemblaient pour regarder. Le comportement des autres m'avertit bien avant que je n'atteigne le bout du couloir que ce n'était ni une agression, ni un échange de coups de feu, pas non plus un suicide. Je savais qu'il s'agissait d'un coup de feu accidentel avant d'atteindre la dernière pièce.

Je pris l'arme, réconfortai le pauvre gars dans une langue que je comprenais à peine et je laissai le directeur gérer l'affaire. Ensuite, je retournai finir mon thé.

Comprendre la violence peut se révéler extrêmement complexe. En tant que sujet d'étude, il est possible de considérer que la violence peut aller des simples bagarres entre enfants en bas âge, à la boxe, au viol et à la guerre atomique. La self-défense, quant à elle, a des limites plus étroites et ce chapitre vise à étudier la dynamique de la violence dans laquelle la self-défense trouve sa pertinence – la violence criminelle.

Il est généralement possible de diviser la violence en deux grandes catégories : sociale et asociale.

La violence sociale est ce qui, dans le monde naturel, impliquerait des formes de violence courantes au sein d'une même espèce. Cette violence interne à l'espèce ne suit pas la dynamique et n'utilise pas les mêmes stratégies que la violence visant d'autres espèces. Le jeu de domination des combats de serpents ou les poussées et les coups de gueules des ours qui s'affrontent n'ont rien en commun avec la manière dont ces mêmes espèces pourchassent leurs proies.

La violence sociale inclut des manœuvres ritualisées ayant pour objectif la conquête de territoires ou l'acquisition de statuts. Elle comporte également des actions qui visent à prouver et à accroître la solidarité du groupe (un puissant effet secondaire de la chasse en équipe) et de la violence pour réaffirmer les règles et autres apanages du groupe.

La violence asociale ne cible pas la victime comme une personne, mais comme une ressource. La violence asociale est le domaine du prédateur et l'humanité de la victime n'entre pas dans l'équation.

Ce qui suit sont de simples descriptions. La manière de gérer ces dynamiques fera l'objet du chapitre III.

1. La violence sociale

La violence sociale regroupe grossièrement la parade de domination (PD), la parade de domination de groupe (PDG), la correction éducative (CE) et la démonstration d'affirmation de statut (DAS).

a. La parade de domination

Il existe chez la plupart des animaux, si ce n'est chez tous, un combat ritualisé qui oppose les mâles de la même espèce afin d'établir clairement la dominance. Les serpents s'enroulent les uns aux autres dans un corps à corps. Pour les non-initiés cela peut ressembler à un accouplement. Les cerfs et les élans entrecroisent leurs bois et se repoussent pour se défier. Les béliers entrechoquent leurs cornes, renforcées par des blocs osseux massifs, en fonçant les uns sur les autres. Les êtres humains se battent à coups de poing ou au corps à corps.

Dans tous les cas, il s'agit d'un rituel qui présente des étapes spécifiques, génétiquement conçues pour NE PAS mettre la vie en danger.

Ce jeu de domination entre humains, ces parades de domination, suivent des étapes spécifiques (Voir l'illustration 2-1). Vous les avez déjà tous vus :

2-1 : La Parade de Domination courante.

1) Un regard dur, agressif.
2) Un défi verbal, par exemple : « Qu'est-ce que tu regardes ? ».
3) Une approche, souvent accompagnée des signes d'une poussée d'adrénaline : activité motrice frustre avec balancement des bras ou bombement du torse, un changement de couleur, la peau tournant généralement au rouge.
4) Alors que les deux protagonistes se font face, il peut y avoir d'autres échanges verbaux jusqu'à ce que l'un des deux engage un premier contact. Ce dernier consiste généralement en une poussée des deux mains au niveau de la poitrine ou un index pointé sur la poitrine. Si l'index est pointé en direction du nez (rappelez-vous le contact au visage, ci-dessus), on passera directement à l'étape n° 5. S'il n'y a pas de contact au visage, cette étape peut se répéter de nombreuses fois avant que l'un des protagonistes ne balance…
5) Un grand coup de poing circulaire.

Cette description a été simplifiée et ne présente qu'un aspect. Il faut bien se rappeler que des milliers de générations ont été conditionnées pour jouer ce jeu de cette manière. Il est très facile de s'y laisser prendre et c'est beaucoup plus difficile de l'éviter. Refuser de s'engager dans une parade de domination, à moins de trouver ou qu'il vous soit offert un moyen de ne pas perdre la face, est très difficile et embarrassant, en particulier pour des hommes dans la force de l'âge.

Une PD amenée à son terme ressemblera plutôt à ça :

1) Un regard dur et agressif. La personne visée choisira soit de détourner les yeux, soit d'affronter le regard. S'il regarde ailleurs, la domination est établie et l'instigateur continuera de plus belle. Si la personne visée :
   - rencontre le regard ou
   - tente de se montrer dédaigneuse (en disant par exemple à ses amis : « Je pense que ce gars en "pince" pour moi »), ces deux attitudes ne peuvent que favoriser l'escalade.
   - il est possible, cependant, que l'agresseur tente ou veuille faire ici une démonstration d'affirmation de statut (DAS), auquel cas, regarder ailleurs, vous soumettre, peut faire de vous une cible idéale. Aussi, tout langage corporel de soumission augmente vos risques de servir de cible à un prédateur.
2) S'il y a rencontre du regard et s'il est soutenu, l'escalade prendra la forme d'une joute verbale, par exemple : « Qu'est-ce que tu regardes ? ». Là encore, si la cible détourne le regard à ce moment-là et prétend être très intéressée par quelque chose d'autre, la domination sera établie et l'agresseur continuera de plus belle. La cible, en particulier si des filles observent, aura une envie irrépressible de se montrer à la hauteur. C'est, en fait, la peur d'être humilié s'il ne réagit pas qui induit la dynamique. La PD n'est pas un jeu auquel vous jouez. Elle est génétiquement programmée et à moins que vous ne possédiez une forme de sagesse et la capacité de l'exercer, c'est le jeu qui se joue de *vous*.
   - Pour désamorcer la situation, le regard qui se détourne doit être soumis. Il doit être humble. Si l'agressé détourne son regard, mais, qu'il se met à rire sous cape avec ses amis et à faire des commentaires à voix basse, la joute verbale reprend de plus belle : « Hé ! Trou duc ! Je te parle ! ».
   - Si l'agressé n'est pas prêt à se soumettre et qu'il n'est pas assez mature pour éviter la PD, il peut répondre à l'agression verbale par un : « Qui t'es toi pour m'adresser la parole ? ».

3) Une approche, souvent accompagnée de signes de poussée d'adrénaline : activité motrice frustre avec balancement des bras ou bombement du torse, un changement de couleur, la peau tournant généralement au rouge.
   - À ce moment-là, d'autres protagonistes entrent en jeu. Des deux côtés, les copains tentent d'intervenir en s'interposant afin d'éviter toute surenchère. C'est le meilleur moyen de s'en sortir sans perdre la face. Personne n'est blessé, personne n'a cédé. Le statut n'est pas confirmé mais la volonté de se battre pour affirmer son statut est avérée, même s'il n'a pas été facile pour les témoins de séparer les deux protagonistes. Les limites ont été posées, permettant à ces derniers de coexister dans un respect mutuel, l'un des principaux objectifs de la parade de domination.
   - Si l'un des protagonistes est seul, il a maintenant la possibilité de s'en tirer sans perdre la face puisqu'il ne cède pas devant l'adversaire, mais devant le groupe. Si la personne seule ne cède pas, il s'agit alors d'un cas particulier qui, selon toute probabilité, risque d'être lourd de conséquences. [4]
   - Si aucune intervention n'est à attendre, et là encore, si des filles regardent, l'escalade ira jusqu'à l'étape 4.
4) Alors que les deux protagonistes se font face, il peut y avoir d'autres attaques verbales jusqu'à ce que l'un des deux engage un premier contact. Ce dernier consiste généralement en une poussée des deux mains au niveau de la poitrine ou un index pointé sur la poitrine. Si l'index est pointé en direction du nez (rappelez-vous le contact au visage, ci-dessus) on passera directement à l'étape n° 5. Cette poussée au contact limité peut se poursuivre pendant quelque temps. Marc Mac Young [5] a fait remarquer que vous verrez souvent un langage de corps consistant à avancer/reculer lorsque l'un des protagonistes fait un pas en avant pour entrer en contact avec l'autre, puis fait un pas en arrière, espérant que l'autre cède.
5) Un grand coup de poing circulaire. À ce moment, la bagarre aura pour ainsi dire débuté.

---

4. *« Les cas particuliers » sont des individus auxquels beaucoup de règles ne s'appliquent pas. On y retrouve les gens qui finissent toujours par se conduire de manière irraisonnée dès qu'ils sont menacés, les solitaires expérimentés au passé violent qui ne peuvent concevoir que des niveaux de violence élevés, et ceux, désocialisés, qui ne savent pas comment se situer dans la PD, ni même s'ils sont en train de la jouer. Le but de ce chapitre est de vous permettre de comprendre la normalité afin d'être capable de reconnaître les cas particuliers.*
5. *MacYoung.*

Comprenez bien ceci – quel que soit celui qui a initié l'altercation, qui a poussé en premier ou qui a donné le premier coup de poing, il n'est nullement question ici d'un cas de légitime défense. Alors qu'il existait de nombreuses possibilités d'évitement pour ne pas s'engager dans la parade de domination, ou pour simplement quitter les lieux, le cas ne manquera pas d'être considéré comme une bagarre mutuellement consentie. Les deux parties risquent la prison. En particulier celui qui est à l'origine d'une blessure grave – même si cette dernière résulte d'un faux pas ou d'une chute.

Les blessures graves sont rares dans les cas de PD – le crâne est conçu pour supporter les coups de face, mais les os des mains sont fragiles. Lorsqu'il y a blessure, c'est généralement soit une fracture des métacarpes, soit un traumatisme crânien, lorsque quelqu'un tombe et se cogne la tête. Au cas où cela arrive et que vous êtes poursuivi pour agression ayant entraîné la mort, la légitime défense ne sera pas retenue par le tribunal.

La parade de domination est avant tout un rituel masculin. Il s'agit d'une confrontation entre mâles voulant affirmer leur statut. Que les autres puissent les considérer comme des mauviettes parce qu'ils refusent de rentrer dans le jeu est une angoisse masculine qui épargne généralement les femmes. Hé les gars, pour votre gouverne, les femmes considèrent le fait de se dégonfler comme un comportement mature et non pas comme de la lâcheté (il faut remercier pour cela le film *Support Your Local Sheriff*).

Il est très rare qu'un homme ressente le besoin de s'engager dans une parade de domination avec une femme. C'est un autre de ces cas particuliers. C'est le signe d'un homme à la socialisation totalement défaillante, qui choisit de s'attaquer à une femme par désespoir de ne pas avoir un statut supérieur à *quelqu'un* et qui peut devenir dangereusement enragé si la femme refuse de se soumettre – et devenir un prédateur sexuel si elle le fait.

Mis à part les cas particuliers, la PD est presque toujours initiée avec une personne que l'agresseur considère comme proche de son niveau social. En d'autres termes, une personne normale n'engagera jamais une PD avec un enfant. Il n'y aurait aucun statut social à gagner et l'idée même que vous puissiez y penser ne manquerait pas de vous situer au plus bas de l'échelle.

Pas plus qu'une personne normale ne se mettra en situation de PD avec un individu d'un statut beaucoup plus élevé, comme un chef de gang par exemple. Les capitaines sont en permanence en train de jouer des coudes pour asseoir leur influence, mais ils ne le font pas avec les généraux et seuls les plus inconscients s'attaquent aux lieutenants. En management, la gestion des subalternes est un foyer de discorde et une source de conflits subtils, mais les managers à ces niveaux de compétence moyens évitent les PD avec leur patron et le peu d'entre eux qui s'engagent dans des PD avec leurs subalternes appartiennent à cette catégorie de managers qui font de vos journées de travail un enfer, ou sont l'objet de plaisanteries incessantes.

b. La parade de domination de groupe

La parade de domination de groupe (PDG) est une démonstration de la solidarité du groupe. Il existe au moins deux niveaux. Au niveau le plus bas, elle vise à décourager tout intrus à interférer dans les affaires du groupe – une manière d'établir un territoire.

Les familles sont des groupes aux liens serrés. Les incidents imputables à la violence domestique sont des actes commis au sein même du groupe familial. Lorsque la police intervient, il est fréquent de voir les deux parties se retourner contre les policiers. Même si, quelques instants plus tôt, l'une était une victime qui craignait pour sa vie, le mari et la femme, l'attaquant et la victime, se liguent souvent ensemble pour se débarrasser des intrus.

C'est un comportement qui est familier aux chimpanzés et aux babouins – votre tribu s'unit pour chasser ou faire peur aux membres d'une autre tribu ou à un prédateur. Si vous ne jouez pas le jeu, votre loyauté envers le groupe peut être remise en question.

Au niveau le plus haut de la PDG, la victime est quelquefois un intrus, mais, le plus souvent un membre de l'intérieur qui est perçu d'une certaine manière comme quelqu'un ayant trahi le groupe. Le groupe s'unit dans une orgie de violence, le plus souvent en frappant, brûlant, voire tailladant à mort la victime. C'est littéralement à celui qui en fera le plus pour prouver sa loyauté, en infligeant un maximum de blessures à l'intrus. Certains des meurtres les plus brutaux, des lynchages et des atrocités commises lors des guerres sont des exemples de parade de domination de groupe.

Pour la plupart, les PDG se produisent lorsqu'un intrus pénètre dans le territoire du groupe menacé. Il existe une exception. Vous vous rappelez sûrement des violences commises dans Central Park ou encore de la bande de jeunes vagabondant dans les rues de Seattle et s'acharnant sur des gens pris au hasard. Ce comportement de bande suit une dynamique similaire et sert le même objectif que n'importe quelle PDG – il resserre les liens du groupe. Faire peur aux autres (et la peur est synonyme de pouvoir) n'est qu'un produit dérivé.

Dans les sociétés primitives, la chasse en groupe des grands animaux assurait la pérennité des liens tissés par la violence.

c. La raclée éducative

La plupart des gens qui liront ces pages seront les purs produits de familles aisées, aux revenus confortables, possédant un bon niveau d'éducation et de socialisation. C'est la norme en Amérique du nord, où il se trouve que j'écris ces mots. La norme est si puissante et si persuasive qu'il peut sembler comme une évidence que les valeurs des classes moyennes américaines sont universelles. Ce qui n'est pas le cas.

Il est des endroits aux États-Unis où un comportement grossier et inapproprié vous vaudra des regards désapprobateurs tandis que les gens murmureront sur votre passage. Ils vous snoberont aussi au café et ne vous inviteront plus au bowling. Et il est des endroits aux États-Unis où agir d'une manière que la société considère grossière vous vaudra une bonne raclée, sans autre forme de procès.

Si cela est nouveau pour vous, prenez le temps de digérer l'information.

Un jour, dans l'un des dortoirs de ma prison, un détenu reçut une correction. Je fus chargé de l'enquête. Soixante-cinq détenus étaient regroupés dans un dortoir dépourvu de cloison (sans cellules) et l'homme avait été frappé au milieu de la salle de repos alors qu'il regardait la télévision. Il semblait n'avoir reçu que deux coups – un nez ensanglanté et un œil au beurre noir.

Je me débrouillais plutôt bien comme enquêteur. Les détenus me connaissaient et avaient confiance en moi, et dans la plupart des situations où « personne n'avait rien vu, » en moins d'une heure, je finissais toujours par identifier l'attaquant et par lui faire quitter les lieux. Cette fois personne ne parlait. Ils ne semblaient ni en colère, ni effrayés, plutôt... embarrassés.

J'interrogeai la victime. Bien sûr, il refusa de me dire qui l'avait frappé. Ce qu'il me dit fut : « Sergent, je l'ai cherché. J'avais oublié où j'étais. J'étais en train de regarder la télé quand j'ai crié : "Et regardez, il est possible de tuer trois négros avec une seule balle." La seconde d'après je me retrouvai sur le dos. Je l'ai bien mérité. » En me regardant droit dans les yeux, il ajouta : « C'était une sorte de raclée éducative ».

Il put retourner au dortoir sans problème. Le message était passé et il montrait qu'il l'avait reçu. Il corrigea son comportement à la satisfaction de ses codétenus.

Dans certains groupes, *c'est normal*. Une raclée en passant permet de faire régner la loi et de faire respecter les normes en vigueur dans la communauté, quelles qu'elles soient.

En général, si vous avez été assez stupide pour oublier ce que vous auriez dû savoir, la raclée éducative est rapide, quelquefois un simple coup, donné avec désinvolture. C'est exactement la même chose que lorsque dans une comédie l'un des personnages assène une tape sur la tête d'un autre, simplement avec un peu plus d'intention. C'est comme une claque sur les fesses entre adultes.

Si ceux qui ont reçu une raclée éducative reconnaissent avoir eu tort (à moins que la transgression ait été particulièrement grave – par exemple, dans certaines sociétés, c'est le devoir d'un frère que de tuer le violeur d'une sœur), cela se termine très vite.

Si les victimes ne reconnaissent pas avoir transgressé une règle, s'ils remettent les choses en question ou s'ils font preuve d'indignation, alors rien n'arrêtera l'escalade. La personne qui donne la raclée éducative est généralement un membre respecté du groupe. Il ne s'agit pas d'une parade de domination entre deux jeunes chiots qui se battent pour prendre l'ascendant l'un sur l'autre. C'est une leçon, le chien adulte bousculant le jeune chiot et le maintenant cloué au sol jusqu'à ce qu'il comprenne. (Mais, cela n'a rien à voir avec des actes de prédation, que ce soit chez les humains ou chez les chiens).

Ne pas reconnaître la transgression renvoie le message comme quoi la victime ne reconnaît pas le statut du chien adulte. L'indicateur est clair, soit il ne sait pas, soit il se fiche des règles et il a besoin d'une leçon. Il y aura alors une escalade dans les représailles jusqu'à ce que le transgresseur/la victime reconnaisse que le message a bien été reçu. Cette reconnaissance doit s'affranchir de toutes excuses.

Il est une autre circonstance dans laquelle il y a un risque d'escalade, notamment lorsque la raclée éducative vise moins le transgresseur que tous les autres. Le 7 mai 1929, Al Capone fit attacher Albert Anselmi, Joseph Giunta et John Scalise à leurs chaises. Il les frappa ensuite avec une batte de baseball, puis les fit achever d'une balle dans la tête. La leçon enseignée et le message délivré n'étaient pas pour Al, Joe et John. Ils étaient pour tous les autres. Les morts n'apprennent plus rien.

Cette escalade peut devenir extrêmement violente et elle intervient le plus souvent, et de manière légèrement moins prévisible, lorsque le Grand Cador se sent menacé dans son statut de chef ou d'aîné.

d. La démonstration d'affirmation de statut

Lorsqu'un jeune délinquant se laisse aller à une explosion de violence contre un touriste étranger pris au hasard… il n'est nullement question ici de hasard. L'effet de surprise visait autant ceux qui regardaient que la victime.

Dans une société marginale, comme la sous-culture criminelle, une réputation de violence est une chose d'une très grande valeur. Si les gens pensent que vous êtes fou, capable de « péter un plomb », ils vous traitent avec plus de déférence, craignant de déclencher vos foudres. C'est un exemple parfait des observations faites par Machiavel autour de la peur et de l'amour – les deux se valent, mais si vous deviez choisir, il serait préférable d'être craint plutôt que d'être aimé :

> « *Cela soulève ici une question : est-il préférable d'être aimé plutôt que craint ou craint plutôt qu'aimé ? Il est possible de répondre que l'on devrait souhaiter les deux, mais, comme cela est difficile d'unir les deux en une seule et même personne, il est beaucoup plus sûr d'être craint que d'être aimé, lorsque, des deux, il faut se passer de l'un ou de l'autre. De fait, il est possible d'affirmer qu'en général les hommes sont ingrats, inconstants, perfides, lâches et avides… et que les hommes ont moins de scrupule à offenser l'être aimé que celui qui est craint, car l'amour se veut d'être préservé par le lien d'obligation qui, du fait de la bassesse de l'homme, est brisé chaque fois qu'il peut en tirer avantage ; tandis que la peur vous préserve par crainte de la punition qui jamais ne tombe.* » *Nicolas Machiavel, Le Prince.*

Alors comment s'y prendre pour se faire une telle réputation sans se mettre en danger ? Cogner sur ses alliés ou sur les membres de son propre groupe contribue rarement à ce qu'ils vous suivent sans rechigner. C'est contre-productif et dangereux, exception faite au plus haut sommet de la société. Le Grand Cador, quant à lui, a déjà une réputation bien établie et en fait, il remet son autorité en question dès lors qu'il a besoin de la réaffirmer.

Il est possible de s'attaquer à ses ennemis, mais les membres des autres groupes ont des amis et, quelquefois, ces derniers ont une bonne mémoire. Cela peut facilement entraîner une escalade, dépassant largement ce à quoi vous étiez préparé ou souhaitiez affronter.

Alors pourquoi ne pas choisir la victime parmi les gens qui voyagent seuls, ou du moins, sans être accompagnés de copains baraqués ? Un inconnu, mais pas un ennemi. Une proie relativement facile…

Il faut bien comprendre que – la démonstration d'affirmation de statut peut violer presque toutes les règles de la violence sociale normale et que c'est le but. Les acteurs d'une DAS cherchent à démontrer leur folie, leur volonté de briser les règles de la société. Aussi, ne vont-ils pas nécessairement attaquer quelqu'un de leur propre niveau social (la norme dans la parade de domination). Frapper un enfant ou une femme démontre une forme de folie ; frapper un supérieur – comme tirer sur un policier ou séquestrer son patron, est considéré à la fois comme de la folie mais aussi de la bravoure, quel qu'ait été le niveau de préméditation de l'agression.

Ils n'ont pas besoin non plus de suivre les étapes de la parade de domination lorsqu'ils se lancent dans un défi. Les DAS ne se posent aucune limite dans le niveau de violence alors que ce n'est pas le cas dans les PD normales. Une agression sauvage, un coup de couteau ou une mise à mort peuvent parfaitement satisfaire l'objectif de la menace.

Ce qu'il faut comprendre c'est que chaque type de violence sert un objectif. Elle peut n'avoir aucun sens en fonction de la manière dont vous considérez le monde, mais votre vision du monde est étroite et limitée et, plus important encore, elle n'aura aucune incidence sur le fait que quelqu'un décide ou pas de vous tuer. La vision du monde de celui qui vous menace est celle qui donne le ton.

e. La défense du territoire

La défense d'un territoire commun est un incontournable pour n'importe quel groupe, que ce soit une armée, une tribu ou une bande de macaques. Les êtres humains ont développé ce concept jusqu'à en faire un symbole qui pousse beaucoup d'entre eux à se battre et à mourir pour des choses intangibles – un drapeau, le patriotisme, une place au paradis. Ce n'est pas parce que le territoire défendu ou envahi est imaginaire que la passion de ceux qui le défendent s'en trouve diminuée.

La défense du territoire peut aussi être très logique. Des cow-boys se battant pour les droits d'accès à l'eau, comme au bon vieux temps de la conquête de l'Ouest, en passant par les parrains de la drogue qui, de nos jours, s'entretuent pour des parts de marché, autant de domaines où la loi est difficilement applicable ; ou ne peut même pas être une option pour la simple raison que vous ne pouvez pas réellement invoquer le fait que quelqu'un vous a dérobé de la drogue alors que le trafic de drogue est illégal. Les individus et les groupes défendront leurs biens à leur manière.

Le niveau de violence de la défense (ou de l'attaque) peut dépendre de la capacité de « se différencier » de l'adversaire. Comme nous en parlerons lorsqu'il sera question des prédateurs, la plupart des gens normaux ne peuvent pas tuer de sang-froid un autre être humain. Nombreux sont ceux qui ne peuvent pas tirer même à la guerre ; certains ne peuvent pas tuer même lorsqu'il est question de sauver leur propre vie. Pour une grande part, le conditionnement des soldats et les liens tissés au sein des différents groupes sociaux ont pour objectif de faciliter la « différenciation » par rapport à l'ennemi : pas nous, pas comme nous, peut-être même pas humain.

Si vous parvenez à vous convaincre que vous allez tuer des animaux, vous serez plus à même de recourir aux stratégies et aux moyens utilisés pour tuer les animaux, et cela sans vous laisser perturber par votre conscience ni par les conséquences psychologiques qui ne manqueront pas d'accompagner le fait d'avoir tué un autre être humain. Même si vous ne pouvez pas aller aussi loin, que vous ne parvenez pas à vous convaincre que ce ne sont que des animaux, si vous réussissez au moins à avoir la certitude qu'ils sont très différents de vous, ils perdront leur droit aux habituels échanges de politesses – avertissements, sommation, voire indulgence – qui sont de mise avec un membre de votre propre groupe.

Il est vraisemblable que les gangs avec lesquels j'ai travaillé en prison avaient cédé à des critères raciaux car il est plus facile de « se différencier » des gens qui ont un aspect différent que des gens qui sont comme vous. Cette « différenciation » vous fait céder plus rapidement à la violence et vous rend plus brutal dans l'usage de cette violence. Il existe, bien évidemment, d'autres facteurs qui entrent en jeu – le crime tend à se nourrir des liens d'amitié et de l'influence familiale, ainsi que du type d'environnement – mais la « différenciation » et sa capacité à rendre plus facile une violence rapide et brutale reste un avantage.

La défense du territoire fait le pont entre la violence sociale et la violence asociale. Elle est profondément sociale – défense du groupe, de l'habitat du groupe, des ressources du groupe – mais elle est souvent mise en œuvre d'une manière qui peut être considérée comme profondément asociale. C'est une situation qui a été délibérément créée et entretenue par les chefs et les anciens du groupe concerné. Depuis les sergents instructeurs et les chefs d'escouades des années soixante-dix qui parlaient d'« asiates » et de « fiottes » aux actuels invalides de guerre qui écrivent tous les B en les barrant d'une ligne afin de préparer les gens à se battre et à se montrer vicieux, tous cultivent une conscience de l'ennemi – ou du groupe victime – comme étant « différent. »

2. La violence asociale

Dans le monde animal, les êtres humains sont pour ainsi dire uniques. Nous sommes des créatures sociales et par là même, nous possédons des règles subconscientes que nous appliquons à la violence sociale. Nous sommes également des chasseurs et nous savons parfaitement comment tuer une proie avec efficacité. Nous sommes des primates, mais préférons les outils à nos canines et à nos ongles. Nous pouvons jongler avec les symboles et inventer de nouvelles possibilités.

Nous pouvons utiliser les outils et les tactiques que nous avons développés pour tuer des proies, des outils et des tactiques conçus pour tuer des espèces différentes de la nôtre ; et nous pouvons les utiliser pour tuer d'autres êtres humains.

Un lion tuera les petits d'un autre mâle – mais il ne les chassera pas. Les léopards sont tout à fait capables de traquer et de tuer d'autres léopards, mais, ils ne le font pas. Si un énorme bélier voulait s'approprier un troupeau de femelles, sous le coup de la surprise, il lui suffirait de prendre les autres mâles à revers, de leur fracasser les côtes, puis de les repousser jusqu'au bord de la falaise pour les y précipiter. Mais, ils ne le font pas.

Apparemment, chasser les siens ne se voit que chez les primates.

Tous les êtres humains ne peuvent pas le faire, et de nombreuses recherches et études se sont intéressées au coût émotionnel payé par les soldats et les policiers ayant pris une vie humaine. Mais, il n'est pas question ici de comprendre comment devenir un prédateur, mais plutôt, comment être en mesure d'en reconnaître un. Vous devez savoir que, même si la plupart des êtres humains ne peuvent pas choisir d'ignorer l'humanité de leurs victimes, certains en sont capables. Et ces quelques individus, les prédateurs, sont d'une toute autre trempe que les protagonistes d'une parade de domination.

a. Ce qui anime le prédateur

Il existe une échelle en matière de prédateurs. Seuls quelques-uns sont de purs prédateurs, de parfaits sociopathes. Ils ne sont capables d'aucune humanité, ne font pas allégeance au contrat social. Si un authentique prédateur s'en prend à votre argent, il n'aura pas plus de scrupules envers vous qu'envers le portefeuille dans lequel vous le transportez.

La plupart, cependant, n'ont pas un comportement aussi extrême. Certains font semblant d'être indifférents. D'autres font semblant d'être bienveillants. Cela n'a de toute façon pas l'importance que vous pouvez y mettre. Quel que soit le niveau de comportement antisocial auquel vous êtes confronté, à l'instant où vous subissez l'attaque d'un prédateur, une chose est sûre : le prédateur a déjà décidé que ce qu'il veut a plus de valeur que vous. Vous me suivez ? La menace peut avoir des sentiments profonds pour son condisciple, mais s'il attaque, c'est qu'il est déjà bien au-dessus de tout ça.

Les prédateurs ne voient pas leurs victimes comme des personnes, mais comme des ressources. Qui vous êtes n'a pas plus de valeur émotionnelle que le papier dans lequel était enveloppé son hamburger.

Lors de l'attaque d'un prédateur, la menace utilisera la tactique qu'il considérera la plus sûre et le moyen le plus efficace pour obtenir ce qu'il veut de vous. Il tirera avantage de tout, se reposant sur la vitesse, l'effet de surprise, la férocité et les armes pour mieux vous intimider et vous empêcher de vous défendre d'une manière ou d'une autre en vous privant de toute parade efficace.

Pour expliquer une dynamique : Prenez une bande de cambrioleurs. Le groupe armé pénètre par effraction dans une maison occupée et terrorise la famille jusqu'à ce que quelqu'un leur révèle où se trouvent les objets de valeur. Un individu qui agit de cette manière est selon toute vraisemblance un prédateur ordonné (voir ci-dessous). Un groupe obéira à une dynamique sociale, ce qui implique qu'ils ne sont probablement pas de parfaits sociopathes. Il est possible qu'ils s'inscrivent dans une parade de domination de groupe, en particulier si un individu d'un niveau supérieur perd le contrôle ou se laisse entraîner dans la perte de contrôle d'un autre individu. C'est ce qu'on appelle une frénésie contagieuse. Cependant, il est question ici de criminels qui n'ont pas une confiance absolue les uns dans les autres. Si l'un d'eux se met à tuer, les autres disposeront automatiquement d'un levier contre lui lorsqu'ils seront arrêtés, s'ils sont arrêtés. Ils ont un meurtrier sous la main pour se dédouaner. Tuer est plus risqué pour celui qui tue dans un délit de groupe que dans un délit où le prédateur agit seul.

Les prédateurs sont généralement des loups solitaires. Il y a des exceptions, mais quelqu'un qui considère les autres comme de simples ressources a peu de chance de respecter ses promesses et il fait rarement naître la confiance chez les autres membres de son espèce. Ce n'est pas que les groupes de prédateurs ne soient pas efficaces ni effrayants, c'est simplement qu'ils finissent par s'en prendre les uns aux autres. Ou, ils deviennent tellement soupçonneux par peur que l'un d'eux ne les trahisse, qu'ils préfèrent se séparer, quelquefois dans la violence.

b. Deux types

Il existe deux types basiques de prédateurs. (Voir l'illustration 2-2.) Un Prédateur Ressource veut quelque chose et il est bien décidé à l'obtenir de sa victime. Il est susceptible d'user de violence, mais le plus souvent, il se contente de menacer de recourir à la violence s'il pense que l'intimidation peut tout aussi bien marcher. Le Prédateur Ressource usera de la violence pour obtenir votre argent ou votre voiture.

Pour le Prédateur Ordonné, l'acte violent est sa raison d'être. Le crime est l'objectif.

Le violeur, le tueur en série, les meurtriers qui usent de rituels de torture sont des Prédateurs Ordonnés. Les agressions, le car-jacking et les cambriolages sont le fait de Prédateurs Ressource.

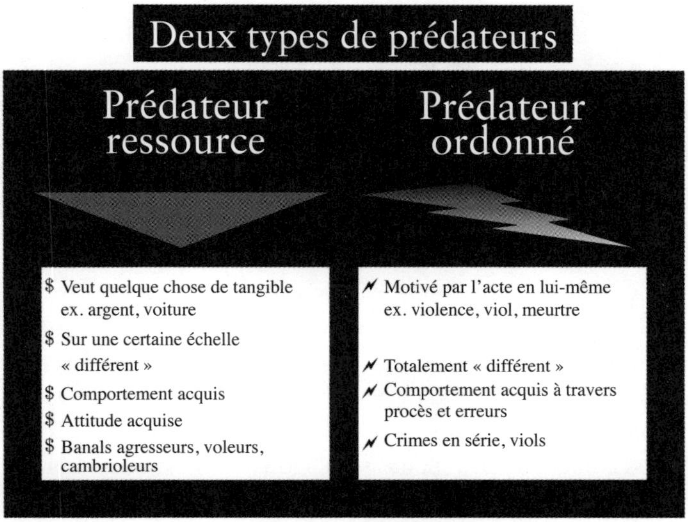

2-2 : Deux types de prédateurs antisociaux.

Il est important de séparer les deux types car les processus et les objectifs de l'agression sont différents. Des dynamiques d'agression différentes impliquent des manières différentes d'y échapper.

Le Prédateur Ordonné a besoin de temps et d'un certain isolement pour ce qu'il se prépare à faire. L'une des raisons qui expliquent pourquoi les crimes perpétrés au domicile des victimes sont si brutaux est le fait que nos maisons sont conçues pour être parfaitement sécurisées et garantissent un parfait isolement. Si le Prédateur Ordonné ne vient pas jusqu'à la victime, il fera en sorte d'entraîner la victime dans un autre lieu plus isolé et plus sûr. C'est ce qui est appelé une scène de crime secondaire. C'est très, très mauvais. Il ne peut rien sortir de bon d'un criminel violent qui veut passer du temps en privé avec vous.

Le fait qu'il veuille vous entraîner sur une scène de crime secondaire ou qu'il ait envahi votre maison est un indicateur solide que, selon toute vraisemblance, vous avez à faire à un Prédateur Ordonné. Si vous ne mettez pas fin à la situation, nul doute que l'escalade pourra aller jusqu'au viol, à la torture et au meurtre. Quel que soit le risque pris pour s'échapper, cela vaut la peine de tout tenter. Tirez-vous de là.

Avec un Prédateur Ressource qui en veut à vos biens, il est toujours possible de lui abandonner les biens convoités – votre argent, votre voiture, ou tout autre chose – et le problème sera réglé. Avec le Prédateur Ordonné, ce que vous avez à lui donner n'est autre que vous-même. Pas de marchandage possible.

c. Deux stratégies

Les deux types de prédateurs peuvent faire usage de deux stratégies de base – le charme ou l'attaque surprise.

L'attaque surprise requiert vitesse, puissance et position pour prendre le contrôle de la situation avant même que la victime n'offre la moindre résistance. Il est très important de savoir qu'il n'est pas toujours question de force physique. Nombreux sont les prédateurs qui préfèrent intimider. S'ils peuvent prendre l'ascendant psychologique, ça leur suffit. Un homme masqué montre son arme et crie : « Filez-moi votre fric ! ». Là encore, il a recours à l'attaque surprise même si la violence n'est que suggérée dans la menace. L'ascendant psychologique, que ce soit à travers la simple peur ou le fait de ne laisser aucune autre alternative à la victime que de s'exécuter, lui permet d'obtenir la ressource désirée.

L'intimidation est plus sûre que la violence lorsqu'elle marche et elle marche généralement plutôt bien. Dans tout acte violent, il y a un risque de blessure. Les choses vont de travers. La chance s'en mêle. Même le type qui a mis tous les atouts de son côté peut glisser et tomber, ou choisir par malchance un adepte des arts martiaux.

Les prédateurs sont également très au fait du fonctionnement du système judiciaire en matière de crimes. Des moyens beaucoup plus conséquents seront mis en œuvre pour résoudre un crime ayant entraîné des blessures que pour un crime dont les pertes seront couvertes par les assurances. En cas d'arrestation, les chances d'être poursuivi et inculpé sont plus grandes si la victime a été blessée. La durée d'emprisonnement est potentiellement beaucoup plus longue. Dans le premier chapitre, vous avez pu avoir une vue d'ensemble des lois relatives à la self-défense. Les prédateurs (même les criminels peu dangereux, car non-violents) ont pour la plupart une bonne connaissance des lois s'appliquant aux crimes, ainsi que du fonctionnement du système pénal. Ce dernier imprègne l'environnement dans lequel ils vivent.

Dans la stratégie faisant appel au charme, la menace utilise les codes sociaux pour placer la victime dans une position vulnérable. Une ruse aussi simple que de demander l'heure ou une cigarette pour vous faire détourner le regard une seconde, ou aussi élaborée que de séduire quelqu'un que le charmeur n'a pas l'intention de laisser vivre. Tels sont les niveaux d'implication – de la simple interaction à la mise en scène la plus complexe.

Il y a également des degrés de subtilité – « Bonjour petite fille, tu veux un bonbon ? » n'est pas aussi subtil que de déambuler à proximité d'un parc à jeux en faisant semblant de chercher un chien perdu jusqu'à ce qu'un enfant se propose d'aider. « Allons chez moi » n'est pas aussi subtil et fait résonner plus de sonnettes d'alarme que : « Ça semble bien lourd, laissez-moi vous ouvrir la porte ».

Un Prédateur Charmeur efficace peut faire en sorte que chaque étape de son piège soit non seulement choisie par la victime, mais qu'elle lui semble initiée par elle.

Lorsque le Prédateur Charmeur a pris le contrôle, il procédera comme pour une attaque surprise, en particulier avec l'option intimidation. Le Prédateur Charmeur prendra généralement le contrôle en choisissant le lieu ou la position. S'il a entraîné la victime dans un endroit isolé, comme sa voiture au fond d'un bois ou chez cette dernière, il peut alors laisser tomber le charme et soit attaquer par surprise soit choisir l'intimidation : « J'ai une arme et vos enfants dorment à l'étage. Si vous criez, je les tue. »

Dans beaucoup de cas, la position suffit. Si le prédateur juge que la victime est facile à intimider, il peut simplement montrer une arme pour la conduire loin de ses amis. [6]

---

6. *Les prédateurs choisissent leurs victimes en privilégiant la sécurité. La plupart des attaques de prédateurs est le fait d'hommes attaquant des femmes ou des enfants, la cible la plus vulnérable susceptible d'offrir la ressource que le prédateur convoite.*

Chapitre III
L'ÉVITEMENT

La prison de Rusafa à Bagdad. De toute évidence, m'étant porté volontaire pour être là, j'avais oublié mes propres conseils en matière d'évitement. Rien qui aille de travers de prime abord... Comment mon futur immédiat pourrait-il être mis en danger, et à quel point la réussite de la mission pourrait-elle être remise en question par quelque chose que je pourrais faire ou dire dans les premières minutes, heures ou jours.

Aussi, je posais des questions comme un enfant bien élevé mais curieux :

« Pourquoi les hommes portent-ils des bagues en argent alors que les bagues des femmes sont en or ? »

« Pourquoi certains vieillards ont-ils le front marqué de cercles noirs ? »

« Vous avez des animaux de compagnie à la maison ? »

« Quelles histoires aimiez-vous écouter lorsque vous étiez enfant ? »

« Apprenez-moi à compter. »

J'ai rapidement remarqué que poser des questions pour apprendre (par curiosité, non par soucis de contrôle) est toujours perçu comme profondément respectueux.

Vous devez comprendre la dynamique de la violence avant d'apprendre comment éviter les situations violentes. Les choses qui peuvent décourager un prédateur peuvent déclencher une Parade de Domination – vous devez être capable de décoder correctement la situation dans laquelle vous vous trouvez. Vous devez être capable de reconnaître que vous êtes passé de l'autre côté de la frontière et que vous avez pénétré sur un territoire où les règles sont différentes si vous voulez éviter de prendre une Raclée Éducative. Vous devez être capable de faire la différence entre un Prédateur Ressource et un Prédateur Ordonné avant de décider d'abandonner ce que le prédateur convoite.

Il existe trois grandes stratégies pour éviter de se faire agresser : l'absence ; la fuite et l'évasion (F et E) ; et la désescalade. Tant que vous évitez les endroits où les problèmes sont monnaie courante, vous évitez de voir vos sentiments bafoués. L'absence est la plus efficace des stratégies de survie.

Si vous vous retrouvez en terrain dangereux, prenez vos jambes à votre cou ! Dès lors que l'absence vous est impossible, l'unique option qui vous reste est la fuite et l'évasion. Fuir et s'évader nécessitent de n'avoir aucun contact avec la menace, et par là même, aucune chance que les choses tournent mal.

La désescalade est la dernière chance d'éviter les dommages pour les deux parties. Il n'est pas toujours possible d'engager une désescalade et cela ne marche pas à tous les coups.

L'évitement vaut mieux que la fuite à toutes jambes, la fuite vaut mieux que la désescalade, la désescalade vaux mieux que l'affrontement, l'affrontement est préférable à la mort.

L'option que vous choisissez dépend de votre conscience de la situation, de votre capacité à voir les signes annonciateurs de l'attaque. Plus tôt vous en prenez conscience, plus nombreuses sont les options qui s'offrent à vous. Plus votre conscience est aiguisée, moins vous êtes susceptible de faire des erreurs.

Dans *Méditations sur la violence*, j'ai évoqué les cinq niveaux auxquels vous pouvez vous défendre d'une attaque. Les trois premiers niveaux mentionnés – *bloquer le mouvement, déjouer l'opportunité et neutraliser l'intention* sont les trois ressorts de la confrontation physique. *Altérer la relation et se servir du terrain* sont les niveaux qui les premiers peuvent contenir l'attaque avant qu'elle ne se produise. Altérer la relation est l'une des tactiques utilisées dans la désescalade, la Fuite et l'Évasion dépendent d'une compréhension tactique du terrain. L'Absence dépend d'une compréhension stratégique du terrain et de la dynamique du crime.

1. L'absence

Les mauvais coups s'attrapent dans des endroits prévisibles. Si vous évitez ces endroits, vous pouvez éviter une grande part de la violence qui sévit dans le monde. Quels sont ces endroits ?

Les bars, les fêtes, et tous les autres lieux où les gens se laissent aller au point que leur esprit s'en trouve altéré. Les drogues et l'alcool changent la manière de penser et de se comporter des gens. Ils suppriment les inhibitions et rendent les gens stupides. Lorsque certaines de vos cellules grises sont bourrées ou grillées, les bagarres peuvent apparaître comme une excellente idée. Vous pouvez oublier que « non » est une phrase à part entière. Et c'est juste dû à l'alcool.

Les stimulants peuvent faire oublier aux gens qu'ils sont mortels et qu'ils ne peuvent pas affronter tout un bar. J'ai entendu des menaces sous amphétamines hurler et supplier, demandant que quelqu'un s'avance assez prêt pour qu'ils le tuent et qu'ainsi, « nous puissions mourir ensemble ! »

Des affaires brassant beaucoup d'argent comme les bars et le trafic de drogue attirent les vols à mains armées. Les drogués lorsqu'ils sont armés sont toujours susceptibles de partir en vrille. Les gens impliqués dans le trafic de drogue savent qu'ils ne disposent d'aucun recours légitime pour protéger leur business ou s'assurer que les accords et les contrats soient honorés. Ils doivent se faire respecter et assurer leur propre sécurité. Ils sont souvent armés et prompts à user de violence s'ils sentent une menace.

À noter : à moins d'être parfaitement familiarisé avec cette strate sociale, vous ne saurez discerner ce qui dans vos comportements peut être perçu comme une menace ou à quel moment vous avez enfreint les règles sociales. Vous devez apprendre à reconnaître le moment où vous ne savez pas ce qui se passe et à *fermer votre gueule*. Nous reviendrons là-dessus un peu plus tard.

Enfin, notez qu'en ce qui concerne les drogues et l'alcool, ils n'agissent pas seulement sur la menace. Ils agissent aussi sur vous. Dès lors que vous avez besoin de garder l'esprit clair pour préserver votre propre sécurité, tenez-vous éloigné de tout ce qui peut vous intoxiquer.

Quel que soit le lieu où des groupes de jeunes se réunissent, c'est un lieu chaud où la violence peut éclater à tout moment. Le besoin d'établir statuts et appartenance aux groupes est en grande partie à l'origine de la violence sociale. Les jeunes sont les plus impliqués car les plus vieux ont généralement déjà établi statut et appartenance. Il peut encore arriver que les vieux entament une Parade de Domination, mais c'est plus souvent des jeux de pouvoir plutôt que des bagarres sur fond de parkings. Les jeunes sont plus prompts à la violence. Les jeunes chefs voient plus souvent leur suprématie mise à l'épreuve et se voient contraints à des niveaux de violence plus élevés s'ils veulent faire le show. Enfin, une Parade de Domination de Groupe nécessite un groupe. Évitez les groupes et vous éviterez de vous trouver confronté à une Parade de Domination de Groupe.

La violence se déchaîne également chaque fois qu'il y a lutte de territoires. Les gangs de la drogue qui se battent pour le contrôle d'un marché lucratif ou une armée d'invasion sont tous deux susceptibles de déclencher une escalade de la violence. Il n'est pas possible d'éviter les frictions. Même lorsqu'une organisation criminelle semble avoir la main sur tout un quartier, la police est toujours à l'œuvre, les citoyens honnêtes continuent à résister. De tous côtés, la mentalité ainsi induite peut rendre les protagonistes plus prompts à la violence que dans un environnement plus stable.

> Il vous arrivera, à l'occasion, de lire des apologistes ou même de parler avec des survivants de régimes totalitaires qui vanteront l'ordre et la paix de ces régimes. Vous pourrez également entendre des anciens parler de la sécurité qui régnait dans les quartiers protégés par la Mafia à New York et à Boston. Les monopoles de la violence peuvent créer quelque chose qui ressemble à la paix. Aussi longtemps que vous obéissez. Et que vous ressemblez au chef. Et que vous fréquentez son église. Les différents types de paix ont des prix différents.

Les zones de guerre et les territoires des gangs génèrent le même type de violence – incluant raids, embuscades et dommages collatéraux touchant des innocents. Il n'est pas nécessaire que vous soyez impliqué pour être blessé ou tué.

Les prédateurs ont besoin de discrétion. Ils peuvent entraîner leur victime jusqu'à un endroit isolé ou trouver une victime sur place. Un prédateur peut user de charme pour pénétrer dans votre domicile, un endroit synonyme pour vous de sécurité et d'intimité. Le meurtre, le viol ou le cambriolage sont des actions planifiées qui se passent dans des endroits favorables à l'agresseur. Cela fait partie de son travail et un prédateur expérimenté est un expert dans son domaine d'activité.

Plus l'endroit sera sécurisé et à l'écart, plus le prédateur disposera de temps et d'intimité et moins il sera dérangé par vos cris.

Les prédateurs n'ont pas tous les mêmes modalités de chasse. La plupart des prédateurs ressource attaquent leurs cibles dès que l'opportunité se présente. Le prédateur veut quelque chose, aussi cherche-t-il le moyen le plus facile de l'obtenir. Aussi, dès que quelqu'un, qui ressemble à une victime et se comporte déjà comme une victime, entre dans son champ de vision, le prédateur pense aussitôt à ce qu'il aimerait lui prendre.

Certains aiment la traque. Ils hantent certains endroits, en particulier les endroits où les gens se laissent aller, et ils guettent leurs proies. La victime sera alors prise en chasse et entraînée dans un endroit calme et solitaire.

La capacité d'absence suivante est également la première capacité opérant en cas de fuite et d'évasion (F et E) – la prise en compte de la topographie du terrain. Les embuscades ont lieu dans des endroits où la mobilité est réduite et où les possibilités de s'échapper sont limitées, une seule voie d'approche, et la menace peut en toute sécurité avancer suffisamment près pour appliquer le type de force qu'il prévoit d'utiliser. Le *type* de force diffère du *niveau* de force. Dans le présent exemple, il s'agit de portée. Un agresseur non-armé ou armé d'un couteau doit s'organiser pour s'approcher au plus près. Un sniper n'a pas nécessairement besoin d'être dans la même logique.

Les embuscades sont plus efficaces quand vous êtes distrait par quelque chose – non seulement les agresseurs, mais aussi les pickpockets et les détrousseurs préfèrent quand les victimes sont concentrées sur un bon spectacle ou absorbées dans la contemplation des vitrines des magasins, en train de lire et/ou d'écouter de la musique. Tout ce qui empêche l'esprit de sentir venir les problèmes.

Lors d'une embuscade, la menace ne sera pas toujours dissimulée. Observez la manière dont les bandes de jeunes occupent les quais de gare pour que les gens soient contraints de passer tout près d'eux pour se rendre aux guichets ou se diriger vers les portes. C'est excitant pour eux d'essayer de faire peur, une manière de compter les coups et de se prouver qu'ils sont les plus forts.

Si vous devez vous rendre quelque part et qu'un individu se place de telle manière que vous êtes contraint [7] de passer tout près de lui, la potentialité d'un guet-apens est forte. Si la menace est ouvertement intimidante, le danger entre dans le spectre de la violence sociale – assurez-vous que vous n'avez pas envahi un territoire, que votre attitude n'a rien d'hostile ni de provocant. Si la menace se montre désinvolte et nullement menaçante, la violence, si elle se produit, suivra la dynamique du prédateur asocial.

Un examen circonspect de la menace, pas en le regardant droit dans les yeux, mais en balayant l'espace pour noter sa posture, la présence d'armes et l'endroit où se trouvent ses mains, pourra aider à décourager la menace. Il doit voir que vous l'examinez et l'évaluez. Cela lui envoie un signal. Dans le même temps, faites une auto-évaluation. Assurez-vous que vos mains sont libres ou que les armes dont vous disposez sont accessibles. Vérifiez que la menace n'est pas accompagnée d'éventuels comparses et gardez la menace dans votre champ de vision périphérique. Une menace expérimentée se rendra compte de ce que vous êtes en train de faire et devra vous faire entrer dans une classe de victime potentielle différente, de préférence dans aucune catégorie de victime.

---

7. *Il utilise la force de la même manière qu'un magicien l'utilise. Vous avez le choix, mais ce que vous choisirez est prédéterminé. Vous pouvez croire que vous choisissez, « ...prenez une carte, n'importe quelle carte... » mais le trois de cœur sera sous votre main lorsque vous l'avancerez.*

La vision périphérique est la vision latérale de vos yeux. Elle n'est pas aussi précise que la vision directe - vous ne pouvez pas lire avec elle et les couleurs sont moins définies. Cependant, elle détecte plus rapidement le mouvement et permet un temps de réaction plus rapide que la vision directe. Un bon combattant ne regarde pas vos mains, il pose son regard là où n'importe quel mouvement de vos mains ou de vos pieds sera détecté par sa vision périphérique. À « une distance de mille mètres », le regard fait entrer presque tout dans le champ de vision périphérique et cette capacité se révèle déterminante au combat pour détecter les embuscades.

Faites attention aux zones propices aux embuscades. Pour moi, la meilleure manière de pratiquer n'est pas de se mettre dans l'esprit de la proie, mais dans celui du prédateur. Les variables sont trop nombreuses en ce monde pour pouvoir faire attention à tous les endroits où vous risquez d'être vulnérable. Nous sommes tous vulnérables presque partout et à tout moment, si nous ne faisons pas preuve de bon sens. J'écris cela alors que je suis acculé dans un espace de quelque deux hectares et demi, séparé de la seule voie d'accès par trois énormes chiens déterminés à en découdre, mais je suis vulnérable bien qu'une équipe des opérations spéciales est en train d'essayer de m'atteindre malgré la pluie et les ronces, par une autre voie d'accès, de l'autre côté du canyon. Eh oui. Cela pourrait arriver.

Aussi, plutôt que de chercher tous les endroits où vous risquez d'être assimilé à une proie, commencez par trouver les endroits qui pourraient vous servir si vous étiez un prédateur. Quel endroit sur votre parcours quotidien choisiriez-vous pour attendre une victime et l'agresser ? Si vous étiez un Prédateur Ordonné, de tous les endroits que vous croisez au cours de la journée, lequel vous permettrait de réaliser un enlèvement furtif ? Comment un étranger pourrait-il pénétrer dans votre maison ? Vous pouvez procéder de la même manière même pour les situations impliquant des massacres de masse (par où pourrais-je pénétrer dans l'immeuble pour un tir aux pigeons ? Pourquoi choisir ce chemin ?), sans oublier les situations les plus simples (quelle voiture je peux casser et pourquoi ?).

La question « pourquoi ? » engage à la fois votre logique et vos tripes. Elle lance un dialogue entre vos instincts, qui ont évolué au cours des millénaires pour vous garder en vie, et votre intelligence. Ce dialogue rend ces deux aspects plus pertinents. Faites confiance à vos tripes, mais posez-vous la question du pourquoi.

Enfin – faites confiance à vos instincts. Gavin DeBecker décrit largement tout ceci dans *The Gift of Fear*, un livre qui vaut la peine d'être lu.

Vous possédez une intuition qui est toujours active, à laquelle vous pouvez véritablement faire confiance car son seul objectif est de vous protéger. Lorsque vos cheveux se hérissent dans votre cou et que vous avez un mauvais pressentiment, faites confiance à ces signaux. [8]

L'intuition est difficile à entraîner car vous ne pouvez jamais savoir à quel moment elle va se manifester. Si vous avez un mauvais pressentiment et que cela vous permet d'éviter un guet-apens dans une allée sombre... il ne se passe rien. En langage psychologique, c'est une récompense (et c'est bien) négative (rien ne se passe). La récompense négative, l'absence d'une éventuelle douleur, est l'une des manières les moins rapides d'enseigner.

Vous ne pouvez pas savoir si le guet-apens a échoué, et c'est là tout le problème. Pas toujours (je suis convaincu que la plupart des gens qui ont été tués par des snipers n'avaient pas reçu d'avertissement intuitif), mais presque toujours, vous aurez un signal d'alarme. Ce qui échoue est notre réponse à ce signal d'alarme.

Les décisions impliquant l'usage de la force sont prises dans un temps record et souvent, avec très peu d'informations. Pourtant, la plupart des décisions prises par des officiers sont très pertinentes. J'utilise l'exemple des officiers en partie parce que j'ai eu l'occasion d'en entraîner beaucoup, mais aussi, parce qu'ils sont susceptibles d'avoir une plus grande expérience des situations impliquant l'usage de la force. Ces décisions sont largement intuitives et subconscientes. Après les faits, les officiers sont tenus de rédiger des rapports dans lesquels ils doivent indiquer ce qui, dans ce qu'ils ont vu et entendu, a motivé leurs décisions. Cependant, l'intuition se nourrit des choses que vous avez vues, entendues et senties en pratiquant une analyse trop rapide pour votre esprit conscient. La rédaction d'un rapport, lorsqu'elle est faite correctement, permet à l'officier et l'oblige à définir consciemment les détails sensoriels détectés par son subconscient.

Comme exercice, j'encourage les jeunes officiers à ne pas limiter cette pratique à la seule rédaction de rapports – mais à prendre le temps d'analyser avec précision ce qui a déclenché chez eux un tiraillement ou un pressentiment, chaque fois que cela se produit. Cela a pour effet à la fois d'améliorer les capacités d'interprétation de l'officier (sur le pourquoi il a fait ce qu'il a fait), mais aussi, de favoriser la relation entre le conscient et le subconscient, en la renforçant et la rendant plus pertinente.

8. *Faites-lui confiance. Il peut arriver, en particulier au cours de l'entraînement, qu'il soit impératif de faire face à vos peurs. En dehors de l'entraînement, vous devez faire la distinction entre une petite touche de peur intuitive et un simple dégoût. Si vous suiviez strictement le conseil donné ci-dessus, vous laisseriez tomber les entretiens de travail et les tests. Sachez faire la différence.*

C'est une capacité très efficace pour éviter les conflits et la prise-de-décision-plus-rapide-que-la-pensée-consciente aura une profonde incidence sur n'importe quelle situation de self-défense. Elle affectera les décisions légales et éthiques du chapitre I et les paradigmes d'évitement de ce chapitre. La capacité d'expliquer clairement des décisions qui étaient subconscientes au moment où elles ont été prises affectera profondément les conséquences légales du chapitre VII.

2. Fuite et évasion (F et E)

En ce qui concerne la self-défense, ne pas être là reste toujours la meilleure solution. Pour prévenir toute éventualité, l'absence est la première alternative. Si cette dernière échoue ou si la situation est de celles extrêmement rares d'un véritable guet-apens ou d'une effraction à domicile réussie, la fuite et l'évasion (F et E) deviennent les alternatives suivantes après celle de *ne pas être là*.

L'habitude d'étudier le terrain est cruciale ici. Vous devez prendre l'habitude de savoir comment sortir d'un lieu. Pas seulement savoir où se trouvent les sorties, mais considérer la chose à un autre niveau – quelles fenêtres peuvent être brisées, existe-t-il une possibilité de passer à travers une cloison pour gagner une autre partie du bâtiment. Vous devez vous familiariser avec les structures des bâtiments.

Jusqu'à ce que cela devienne une habitude, notez tout ce que vous pouvez sur chaque bâtiment dans lequel vous pénétrez – en tout premier lieu, les sorties potentielles. Ensuite cherchez les caméras, les miroirs, les coins obscurs et les surfaces réfléchissantes. Dans les bâtiments où vous passez du temps, (votre maison, votre lieu de travail, la salle de gym ou n'importe quel autre endroit), prenez le temps de les explorer. Y a-t-il un sous-sol ? Qu'est-ce qu'il contient ? Est-ce que les fenêtres sont en verre Securit ? Comment s'ouvrent-elles ? Qu'est-ce qu'il y a entre la fenêtre et le plafond ? Existe-t-il des passages au-dessus du faux plafond qui permettent de traverser les murs porteurs ? Est-ce que ces passages sont assez larges pour vous ? Pour vos enfants ?

Les endroits où vous marchez, les routes où vous conduisez – suivez-vous toujours le même itinéraire ? Quelles autres options avez-vous ? À quels endroits pouvez-vous être stoppés, poussés dans un coin obscur (intimité et temps) ? Dans la circulation, à quel moment avez-vous une ouverture sur l'avant, sur l'arrière, à droite et à gauche au cas où vous auriez besoin de bifurquer ou de continuer tout droit ? Cela n'implique pas toujours des voies de circulation. En Irak, des choses comme les lignes blanches ou discontinues et les limitations de vitesse et même tout simplement les vraies routes étaient plus des vues de l'esprit que des garde-fous en cas de danger.

C'est l'un des points importants de la survie : lorsque tout se passe normalement, il n'est pas difficile de se conformer aux règles. Lorsque le danger se présente, vous devez être capable de contourner vos règles et vos habitudes. Les adultes ne courent que rarement. Tout au plus, ils font du jogging. Vous devez être prêt à courir. Vous vous êtes contraint toute votre vie à être poli. Vous aurez certainement besoin d'être grossier. Vous pénétrez dans les bâtiments par la porte. Vous devez être prêt à sortir d'un bâtiment en traversant les fenêtres ou en passant par les toits ou même à travers les murs.

Ce livre est consacré principalement à la self-défense, mais il s'agit ici d'une autre capacité dont le spectre d'application est très, très large. Alors que vous êtes en voiture, vous risquez plus vraisemblablement d'avoir besoin de votre *airbag* à cause d'un imbécile qui discute sur son portable qu'à cause d'une tentative d'enlèvement. Lorsque vous cherchez sur votre itinéraire les endroits propices à une agression, vous pouvez tout aussi bien préparer un itinéraire de contournement des routes qui bouchonnent. Faire une reconnaissance des voies secondaires vous permettra de mieux connaître votre ville. Cette capacité n'a pas que des mauvais côtés.

S'enfuir implique deux choses essentielles : faites-le en toute sécurité et faites-le pour vous mettre en sécurité.

Si vous avez déjà été pris comme cible, le fait de vous mettre à courir ne fera qu'*attirer* l'attention. S'il y a des armes, nul doute que vous essuierez des tirs. Sans arme, cela déclenchera une course poursuite. C'est important de le savoir, mais si courir est la décision que vous avez prise, alors courez. N'hésitez pas. En situation d'auto-défense, ne faites jamais les choses à moitié. Si vous décidez de courir ou de vous cacher ou de bluffer ou de vous battre, faites-le de tout votre cœur. L'hésitation induit l'échec.

Courir en toute sécurité implique de se mettre à couvert et de trouver une cachette. Si les menaces vous perdent de vue (cachette), ils auront d'autant plus de mal à vous tirer dessus. Il arrive également que certains chasseurs se désintéressent de leur cible lorsqu'ils perdent le contact visuel.

Pour vous mettre à couvert, choisissez n'importe quoi d'assez solide pour stopper ce que les voyous tirent sur vous. Essayez de garder une couverture entre vous et la menace. Et assurez-vous de bien comprendre la différence entre couverture et cachette. Les murs dans la plupart des bâtiments ne sont pas des couvertures. Même une balle de pistolet peut les traverser. On nous a enseigné lorsque nous apprenions à fouiller des bâtiments que la seule couverture valable dans une maison solidement bâtie était le gilet pare-balles de notre partenaire.

La distance peut fonctionner à la fois pour la couverture et la cachette. Même des officiers entraînés manquent leur cible la plupart du temps lorsque la portée est extrêmement courte. Devenez une cible mouvante et prenez le large.

Si vous êtes blessé – que vous avez été touché ou autre chose – alors que vous courez, continuez à courir. La plupart des gens survivent à leurs blessures. La plupart des blessures sont handicapantes psychologiquement et non physiquement. Vous pouvez être tué. Vous pouvez perdre tout votre sang. NE renoncez PAS. Même lorsque vous êtes touché.

« Courez pour vous mettre en sécurité » affirme Michael Jérôme Johnson, un maître d'arts martiaux, metteur en scène de combats pour le théâtre et le cinéma. L'instinct vous pousse à vous enfuir en courant loin du danger. Cela risque de vous aveugler, car vous êtes plus concentré sur la menace qui vous poursuit que sur l'endroit où vous allez. L'adrénaline – les hormones de la peur – peut vous rendre maladroit et limiter votre champ de vision. Vous devez rester concentré sur votre route et sur vos propres pieds.

Alors que vous courez, vous aurez peur. C'est pour ça que vous courez, aussi pas de soucis. Mais vous devez faire attention à bien courir et il est très difficile de bien courir lorsque vous êtes effrayé. Il y a une chose dont vous devez être conscient – courir peut vous mettre en mode panique. La peur nourrit la peur. Paniquer est inacceptable. Ce ne sont que des mots et il est rare que les mots aident, mais voici un conseil : Pour éviter de paniquer, restez concentré sur ce que vous êtes en train de faire, pas sur ce que vous ressentez face à ça, pas sur ce qui peut arriver. Concentrez-vous sur ce que vous êtes en train de faire.

Un autre petit conseil qui marche pour moi, en particulier en plein combat : faites un effort conscient pour flairer. Un moyen de rester focalisé sur la scène qui permet non seulement de vous assurer que vous respirez mais qui vous aide également à vous rapprocher de votre esprit de prédateur.

Lorsque vous courez pour vous mettre à l'abri, n'oubliez pas que le chemin que vous avez suivi avant de vous retrouver dans une situation, comme un vol à mains armées, est vraisemblablement toujours le plus sûr chemin pour vous enfuir.

Une poursuite, si elle se produit, n'aura rien d'une scène de film hollywoodien filmée dans des allées vides. Et en fait, les poursuites à travers bois sont assez rares. S'il n'y a personne dans les environs, il n'y aura personne pour vous pourchasser. Dans la plupart des cas, dans le monde industrialisé, courir en direction d'un large groupe de témoins est aussi une option très sûre. Courez en direction des lumières et des gens.

« L'homme supérieur utilise son jugement supérieur pour éviter de recourir à ses réflexes supérieurs. »

Si vous ne pouvez pas être absent, courez le plus tôt possible et courez le plus souvent possible.

3. La désescalade

Dans le paragraphe 1, nous nous sommes intéressés à la manière d'éviter les lieux propices aux conflits, le paragraphe 2 était consacré à la manière de s'échapper de lieux où le conflit était imminent, le paragraphe 3 sera d'ordre plus personnel. Il y aura des moments où la menace sera venue au contact, ou ceux où vous aurez pris conscience de la présence de ce dernier, et où votre dernière option, avant que cela ne tourne mal, sera de convaincre la menace de revenir sur ses intentions.

Comme pour les médicaments, l'ordonnance doit être établie après un diagnostic. Une fièvre bactérienne se traite différemment d'une fièvre virale. Le processus de désescalade lors d'une Parade de Domination n'est pas le même que celui qui s'engage en présence d'un prédateur charmeur. Vous devez comprendre et être capable de reconnaître les différents types de violence présentés au chapitre II si vous voulez avoir une chance d'engager une désescalade.

a. Se connaître soi-même

Dans le chapitre I, vous avez déjà pu avoir un aperçu de certains aspects de votre personnalité. La manière dont vous allez engager une désescalade sera largement influencée par ce que vous êtes et par votre façon de vous comporter. L'intimidation physique ne fonctionnera pas à moins d'avoir une forte présence physique. Cela ne signifie pas pour autant que vous devez être grand ou bien bâti, mais si vous paraissez mal à l'aise dans un corps, gauche et mal coordonné, il sera difficile pour un agresseur potentiel de vous prendre au sérieux quelle que soit votre taille.

Vous devez étudier votre propre visage. En situation de stress, vous ne pouvez pas voir l'expression de votre propre visage ni entendre votre propre voix. À tout moment, n'importe qui peut lire le langage corporel et interpréter les expressions faciales, mais peut-être que chez vous, ils en disent plus long à votre sujet que ce que vous aimeriez laisser paraître. À l'inverse, lorsque vous tentez consciemment d'envoyer un message à travers un regard, peut-être que ce dernier ne transmettra pas ce que vous y avez mis.

Après avoir discuté de ce point avec mes élèves de jujitsu, l'un d'eux tenta de me montrer ce qui pour lui était un regard d'intimidation. Il ressemblait à un enfant de dix ans luttant pour ne pas pleurer. Les chefs de groupe, lorsqu'ils sortent de l'école, ont souvent la voix qui déraille à cause de l'adrénaline, la première fois qu'ils sont confrontés à une menace retranchée, et qu'ils tentent de la convaincre de se rendre. Ce ne sont pas des choses que vous pouvez apprendre par intuition. Vous devez sortir de votre corps pour voir à quoi vous ressemblez et ce que cela laisse supposer.

Enregistrez votre propre voix. Observez votre langage corporel dans les miroirs et sur les vidéos. Observez la manière dont les autres vous perçoivent, en particulier lorsque vous tentez de leur faire faire quelque chose. La compréhension acquise en vous percevant de l'extérieur est inestimable.

Ce qui va suivre dans le reste de ce chapitre sera largement consacré aux techniques qui se sont révélées efficaces pour moi. Mais, vous n'êtes pas moi. Je vais tenter de vous présenter les principes sous-jacents qui ont permis à mes techniques de fonctionner. Servez-vous de ces principes pour créer votre propre système, des tactiques qui seront cohérentes par rapport à ce que vous êtes par nature.

Rappelez-vous, aussi, que mon système ne fonctionne pas à tous les coups. Un jour, je me suis retrouvé face à 190 détenus sur le point de se mutiner. J'avais tenté de les raisonner, ayant écarté l'intimidation (ils étaient trop nombreux pour que soit crédible la moindre tentative de menace, cela n'aurait fait que mettre le feu aux poudres) et je m'étais préparé à en découdre au péril de ma vie lorsque je fus sauvé par Kari, une gardienne expérimentée.

« Alors là, jamais au grand jamais. J'ai honte de vous. J'ai moi-même des enfants, mais jamais je n'ai entendu autant de pleurnicheries de toute ma vie et vous êtes supposés être des adultes. » Elle se tenait debout, les mains sur les hanches, et ses lèvres retroussées exprimaient un désappointement courroucé. Kari nous materna pour nous éviter une émeute. Elle est devenue mon héros.

Le fait est que le maternage n'aurait pas pu être pour moi une tactique qui aurait marché. Ne vous limitez pas à ce que je vous présente.

Certains changements dans votre mode de vie peuvent vous faire perdre le statut de victime potentielle et dans le même temps, vous offrir plus d'options lorsque confronté à la violence. Les changements de mode de vie peuvent être radicaux. Nous avons tous eu l'occasion de constater comme il est difficile pour certains d'arrêter de fumer ou de perdre du poids. Mais les grands changements ont un impact immense sur de nombreux aspects de votre vie. Vous seul pouvez décider si cela vaut la peine et si vous en êtes capable.

Retrouvez la forme. Cela vous donnera moins l'air d'une victime et en plus, cela vous rendra la vie plus agréable. Votre corps a toujours été votre meilleur atout. C'est plus agréable de se sentir bien dans son corps. Cela dit, je ne parle pas nécessairement de taille, ni de force, ni encore de beauté. Pour la self-défense et pour le plaisir, travaillez l'agilité et la grâce - bougez de manière efficace. Entraînez-vous pour que bouger devienne un plaisir.

Attention. Il a été fait grand cas des codes couleur de Cooper - vous mettre en alerte rouge lorsque le danger est imminent - des choses comme ça. Le fait est que la capacité de voir et d'identifier une menace est exactement la même capacité que celle utilisée par les gens qui s'amusent à regarder les autres déambuler sur les trottoirs, ou qui se grisent de géologie ou d'architecture. Vous vivez plus pleinement, cela vous est plus profitable et les prédateurs ne voient plus en vous une victime facile.

Apprenez tout ce que vous pouvez. Que ce soit en suivant les conseils de Musashi, « familiarisez-vous avec tous les arts » et « étudiez les voies de tous les métiers », ou en suivant un autre chemin, plus vous apprenez, plus vous êtes en capacité de comprendre. Mieux vous comprenez, plus vous pouvez convaincre les gens et mieux vous maîtrisez les événements.

Ne faites pas n'importe quoi avec la chimie de votre cerveau. Votre cerveau est une machine à l'équilibre subtil. Vous risquez de perturber son bon fonctionnement en usant de substances chimiques, risquant de le rendre plus bête et non pas plus intelligent. Ne soyez pas intentionnellement stupide.

Apprenez à connaître les gens sur le terrain. À votre travail, prenez l'habitude d'apprendre à connaître tous les employés, le personnel d'entretien, le personnel de sécurité et le personnel de maintenance. Même les enfants sont capables de connaître et de partager des choses que d'autres ignorent.

Considérez ces efforts comme un investissement sur votre sécurité.

b. Connaître le monde dans lequel vous évoluez

Il existe beaucoup de mondes différents. Après avoir passé quinze années à travailler dans les prisons, j'ai été muté dans les bureaux en tant qu'enquêteur. Je m'entendais bien avec les surveillants et les détenus, mais l'état-major était un environnement qui m'était étranger. Je ne comprenais pas l'esprit de corps partagé par mes compagnons prisonniers de ces cubes à rats, c'est pourquoi, au début, il m'était impossible de comprendre leurs valeurs ou de respecter leur étiquette. Pire encore, pendant un certain temps, j'étais incapable de percevoir à quel point leurs valeurs étaient différentes et à quel point je les rendais nerveux. Vivre et apprendre.

La prison est différente du bureau, différente de la maison, différente de la salle de gym ou du dojo. Laissez votre radar allumé chaque fois que vous vous trouvez dans un endroit qui ne vous est pas familier. Votre intuition devrait vous donner un petit signal d'alarme lorsque vous n'êtes pas à votre place. Faites-lui confiance et observez ce qui vous entoure. La plupart du temps, les choses qui déclencheront votre signal d'alarme seront des groupes qui se tiennent à une distance inhabituelle pour vous (une perception différente de l'espace de chacun), qui gardent un contact visuel différent du vôtre (les détenus et les anciens détenus ont tendance à éviter le contact visuel direct et préfèrent regarder par-dessus les épaules des uns et des autres, une manière de se prémunir mutuellement d'un éventuel danger) et qui parlent sur un ton différent (certaines cultures sont très bruyantes même lorsque les protagonistes ne sont pas en colère ; d'autres cultures sont très silencieuses, vous donnant l'impression de se murmurer des secrets à l'oreille).

Pour se fondre dans ces groupes, il est moins question d'imiter leurs comportements, que de montrer que vous êtes à l'aise avec eux. Essayez d'en faire un tout petit peu moins que ce que vous voyez autour de vous, d'être pour ainsi dire invisible. Ne flippez pas lorsque quelqu'un envahit votre espace, (à moins qu'il ne vienne beaucoup plus près de vous que ses comparses entre eux) mais n'envahissez pas l'espace de quelqu'un d'autre. Parlez juste un petit peu moins fort que les autres. Cherchez le contact des yeux un tout petit peu moins que ce que vous les voyez faire entre eux.

Regarder droit dans les yeux peut se révéler délicat. Selon les cultures, un regard direct peut être une preuve de respect ou considéré comme un défi. Éviter tout contact visuel peut être pris comme un signe de déférence ou de duperie. Lorsque je parle avec quelqu'un qui peut être ou devenir une menace, ma technique habituelle consiste à focaliser mon regard sur sa bouche. Regarder la bouche de son interlocuteur lors d'un échange verbal tend à être le signe d'une attention soutenue, sans risque d'être pris pour du défi.

Pour scanner une pièce, regardez chaque individu, détaillez les plus intéressants de la tête aux pieds en une fois et continuez. Ne soutenez le regard d'aucun d'entre eux. Lorsque vous passez à l'individu suivant, laissez glisser votre regard sur le côté, ne levez pas les yeux (ce qui peut être perçu comme du mépris ou du dédain), ne baissez pas les yeux (un signe de soumission). À moins de détecter une menace immédiate non-déguisée (comme une arme – pensez Moyen plutôt qu'Intention) passez à l'individu suivant s'il soulève votre intérêt et continuez à scanner. Cela montre que vous avez l'esprit en éveil, que vous possédez une certaine compétence et que vous ne cherchez pas la confrontation. Dans un monde pacifique, les gens, pour la plupart, ne remarqueront pas que vous les détaillez. Si vous êtes passé de l'autre côté du miroir pour pénétrer dans une zone plus prompte au conflit, ceux qui s'en apercevront considéreront votre attitude comme le signe de quelqu'un qui sait ce qu'il fait. Si vous voulez éviter la confrontation, ne fixez pas les yeux pendant que vous scannez. Si quelqu'un vous regarde fixement, regardez-le à votre tour, faites éventuellement un signe de la tête et tournez rapidement votre regard vers quelqu'un d'autre. Agissez comme si vous ne perceviez aucun défi d'aucune sorte dans son regard.

Lorsque vous scannez, portez votre attention sur les langages de corps les plus significatifs. Remettez-vous-en surtout et avant tout à vos tripes. Ceux qui attirent naturellement votre attention méritent un scan unique. S'il s'agit d'une femme, ne ralentissez pas votre regard et pour l'amour de Dieu ne vous léchez pas les lèvres. Juste pour dire.

Les autres choses qui doivent être notées pendant que vous faites le tour de la pièce : qui porte des armes (dissimulées ou en évidence, quels types d'armes), est-ce que leurs vêtements sont conçus pour dissimuler des armes, comme des pans de chemises sortis des pantalons ou des chemises ouvertes sur des t-shirts et si être armé ou potentiellement armé est la norme ou l'exception.

Cela est particulièrement important dans le cas des femmes : pendant que vous détaillez la scène, notez si les femmes sont ou non accompagnées d'une escorte masculine. Les sous-cultures qui ont une propension à résoudre les problèmes par la violence physique ont généralement des règles très strictes quant à la manière dont les hommes et les femmes agissent et interagissent.

Il y a certains endroits où les femmes ne peuvent pas aller sans leur conjoint, d'autres où elles doivent être accompagnées d'autres femmes et d'autres endroits encore où lorsque les femmes ne sont pas accompagnées, il est évident qu'elles sont là pour vendre leurs charmes. Si vous êtes une femme et que vous vous retrouvez dans l'un de ces lieux sans être accompagnée, partez. Cela peut aider de paraître embarrassée et d'agir comme si vous vous rendez compte que vous avez commis une erreur.

Prenez à votre compte également les intuitions de l'autre genre. Il y a un certain nombre d'hommes qui donnent « la chair de poule » à presque toutes les femmes mais qui ne déclenchent aucune réaction chez les hommes. Si vous êtes une femme, faites confiance à votre première réaction. Si vous êtes un homme, faites attention aux signes révélateurs chez les femmes qui se trouvent à proximité de vous (lorsque le gars veut faire une accolade pour dire bonjour, les femmes reculent; les femmes gardent une plus grande distance et ont tendance à rester entre femmes lorsque le bonhomme est dans le coin...), alors:

1) gardez-le à l'œil
2) ne laissez pas les femmes seules avec lui

S'il vous plaît, pour votre propre sécurité, ne restez pas cantonné sur une idée fallacieuse de ce que devrait être le monde et ne niez pas l'existence de tels lieux, surtout lorsque vous avez pénétré dans l'un d'eux. Le déni de réalité fondé sur de grands principes (souvent naïfs) peut vous coûter le prix fort.

Prenez à votre compte vos intuitions. Vous pouvez généralement présumer que les gens qui se trouvent dans un endroit donné y ont pour la plupart passé un certain temps et qu'ils connaissent les règles et les jeux de pouvoir. Si tout le monde lève la tête et vérifie ses armes lorsqu'une certaine personne entre dans la pièce ou se tient debout, félicitations, vous venez juste d'identifier un individu dangereux. Si, pour la plupart, les gens semblent confortables les uns à côté des autres, mais qu'ils laissent un large espace autour de l'une des tables, il s'agit vraisemblablement des joueurs impliqués dans la partie. Si les patrons d'un bar se montrent obscènes et grossiers avec toutes les filles à l'exception de l'une d'entre elles, vous savez qui le patron préfère. Vous pouvez avoir un aperçu de l'endroit en observant les habitués.

Lorsque vous vous trouvez, ou que vous pensez être, dans un territoire dangereux qui vous est étranger, ne la ramenez pas. C'est dur pour certaines personnes. Je ne peux pas m'empêcher de penser que si vous n'avez pas l'intelligence de ne pas l'ouvrir ou que vous pensez que vos opinions et votre vision des choses sont si précieuses que tout le monde veut les entendre, alors, vous ne pourrez de toute manière pas éviter l'affrontement. Comprenez bien ceci, l'autorité de votre présence et la facilité avec laquelle vous vous exprimez, ceux-là mêmes qui avaient fait de vous le président de votre confrérie à l'université, seront autant d'éléments déclencheurs qui vous vaudront d'être agressé et couvert de coups dans un environnement social différent. Le charme et l'aura de votre personnalité qui avait fait de vous la reine des pompom girls peut vous valoir d'être violée en réunion.

Je me contrefiche de votre amour-propre. L'objectif de ce livre est de vous donner quelques conseils qui vous permettront de rester en vie ou, si vous enseignez la self-défense, quelques informations importantes à transmettre à vos élèves. Le monde ne tourne pas autour de vous. Tout ce que vous croyez savoir sur ce qui est bien ou ce qui est mal dépend du contexte. Si vous allez dans un endroit qui se situe en dehors de votre contexte et que vous demandez à être traité selon vos règles dans leur monde, non seulement vous risquez de vous faire tuer, mais vous serez tué parce que vous vous êtes comporté comme un enfant pleurnicheur quémandant un traitement de faveur. Si c'est votre cas, il serait temps de grandir.

Vous devez prendre conscience du fait que vous êtes perçu comme un étranger et savoir que les choses finissent rarement bien lorsqu'un étranger attire l'attention sur lui.

Si vous vous rendez compte que vous avez pénétré dans une zone dangereuse, est-il nécessaire que vous y restiez ? Non, quittez les lieux. Tranquillement. Poliment. Si vous êtes déjà entré et que vous vous êtes assis (ce qui implique que vous n'avez pas fait attention à ce qui a été dit plus tôt dans ce livre), commandez une bière, laissez un bon pourboire et filez. Vous êtes entré sans amis, repartez sans amis.

Si vous êtes entré avec des amis, en particulier avec une femme, et que vous vous inquiétez de sa sécurité, partez immédiatement. Ne perdez pas de temps. Et ne perdez pas votre temps, au grand jamais, avec des femmes qui trouvent cool que vous vous battiez pour elles. Quel que soit le plaisir que vous prenez au lit.

Si vous êtes interpellé ou si vous vous laissez entraîner dans une conversation, montrez-vous poli. Poli ne veut pas dire humble ni timide. Cela peut attirer l'attention sur le fait que vous n'avez rien à faire là. Moins vous semblerez tendu, moins quelqu'un sera susceptible de penser qu'il n'y a pas de danger à vous rudoyer. Dites-en le moins possible. Écoutez. Plus vous parlez, plus vous donnez prise sur vous (nous y reviendrons plus tard). Lorsque la violence naît de ce type de situation, elle peut dégénérer en Parade de Domination de Groupe, en Parade de Domination, en Démonstration d'Affirmation de Statut et vous valoir une Raclée Éducative.

Si une Parade de Domination démarre dans un endroit dangereux, regardez les protagonistes bien en face, secouez la tête, montrez vos mains, paumes en avant et partez sans dire un mot. Cela devrait satisfaire les protagonistes de la Parade de Domination dès lors que vous quittez les lieux sans que personne n'ait été blessé et que vous n'avez rien dit qui puisse être considéré comme une attaque personnelle nécessitant une Démonstration de Confirmation de Statut (DCS) et une Raclée Éducative (RE).

Si toute retraite vous est impossible, nul doute que la Parade de Domination de Groupe (PDG) était préméditée. Être la cible d'une Parade de Domination de Groupe est la pire situation dans laquelle vous puissiez vous trouver. Foncez de manière explosive dans le groupe qui vous bloque la sortie et courez droit devant vous. Si vous agissez rapidement et de manière déterminée, vous serez capable de faire tomber ou de repousser presque n'importe qui. [9] Si vous tentez d'assurer votre position comme vous le feriez en compétition, les autres seront très rapidement sur vous. Beaucoup trop rapidement.

Si une Parade de Domination de Groupe se met en place (c'est-à-dire qu'il n'y a pas qu'un seul adversaire face à vous, mais plusieurs qui tentent de vous encercler, de vous intimider ou de vous couper toute retraite), la situation sera très très mauvaise. S'il s'agit d'une simple Parade de Domination de Groupe (qui ne vise qu'à faire savoir à l'étranger qu'il n'est pas le bienvenu), ils vous diront le plus souvent ce que vous avez besoin précisément de faire pour vous sortir du pétrin sans trop de dommage : « Mec, tu te tires d'ici immédiatement, si tu ne veux pas qu'on te botte le cul. »

La conversation s'arrête là. Il s'agit d'une injonction. Faites ce que l'on vous demande. Votre petit esprit revanchard vous dictera un dernier geste pour sauver la face, pour négocier ou argumenter, un dernier geste de défi pour ne pas partir la queue entre les jambes. « Okay, je pars dès que j'ai fini ma bière. »

Cela vous est dicté par le petit singe qui se cache dans votre tête, celui-là même qui se veut un mâle alpha entouré de tout un harem de belles femelles chimpanzés. Ce petit singe dans votre tête est stupide et risque de vous faire tuer. Si quelqu'un vous dit ce que vous devez faire pour vous en sortir vivant, faites-le. Et fermez-la. À moins que parmi les instructions, il soit question d'excuses. Alors excusez-vous simplement, sans paroles équivoques, et tirez-vous de là.

9. *Cela nécessite de l'entraînement. Nombreux sont les élèves qui, lorsqu'ils tentent de s'ouvrir une brèche, courent jusqu'à l'adversaire, s'arrêtent d'un coup, s'arcboutent et ensuite essaient d'y mettre toute leur force. Le succès de cette technique réside dans le fait de ne pas s'arrêter – il faut foncer dans le tas.*

> À l'instant même, vous devez avoir le sentiment d'être vaguement supérieur. C'est agréable d'être suffisamment civilisé pour n'avoir à se préoccuper de ce type de situation que lorsque vous vous retrouvez accidentellement confronté à des primates moins évolués.
>
> C'est exactement cette attitude que ces derniers vont percevoir et qui vous vaudra d'être agressé. Je me fiche de savoir s'il s'agit d'un point d'eau dans une ville minière ou dans une prison ou sur le « rez », rien ne peut justifier votre sentiment de supériorité. Ces hommes et ces femmes ont survécu toute leur vie dans ces conditions et en appliquant ces règles alors que vous, vous risquez de ne pas survivre à la nuit. Il est possible que nous préférions certaines choses, mais aucune ne peut justifier de nous sentir supérieur, en particulier lorsque faire ressentir aux autres notre sentiment de supériorité peut nous faire tuer. La mort est le stade ultime de l'infériorité.

Cela arrive souvent et je ne l'avais jamais remarqué avant que Marc Mac Young ne le mette en avant. **La violence sociale s'accompagne le plus souvent d'instructions**, et ignorer ces instructions vous place immédiatement dans la catégorie de ceux qui vont recevoir une Raclée Éducative (RE). Si les instructions sont ignorées avec arrogance, la Raclée Éducative deviendra une démonstration et cela ne sera pas bon.

Lorsqu'une Raclée Éducative est sur le point d'être déclenchée, à moins que vous ayez fait quelque chose d'outrageant, des excuses, si elles sont sincères, feront l'affaire. Ce qui est de l'ordre de l'outrage peut prendre une forme différente en fonction d'endroits différents. Toucher à la copine du chef est presque toujours sur la liste, n'oubliez pas.

Soyez extrêmement vigilant pour éviter toute escalade dans la Raclée Éducative.

La menace : Hé ! Qui t'a permis d'utiliser le téléphone, tu ne vois pas que nous sommes tous en train d'attendre. (En désignant plusieurs hommes assis sur des chaises à proximité de là.)

La Cible : Désolé, je n'avais pas réalisé qu'il y avait la queue.

À partir de là, les événements peuvent prendre différentes tournures. Si la Cible laisse le petit singe dans son esprit prendre la parole, il peut tenter de négocier :

La Cible : J'ai commencé à composer mon numéro, laissez-moi terminer mon appel, OK !

Dans de nombreuses cultures promptes à la violence, il existe des règles qui régissent les interactions entre hommes et femmes. À moins de bien connaître la culture, considérez toujours que les membres du sexe opposé sont hors champs. Si vous êtes un homme et qu'une femme approche, montrez-vous poli, réservé et respectueux. Pas de contact, pas de regard soutenu. Dans certains endroits, un « Votre famille habite ici ? J'aimerais la rencontrer », fera passer la dynamique d'un piège à une relation amicale.

Si vous êtes une femme sur le point d'être abordée par un homme, demandez-lui votre chemin ou n'importe quoi qui puisse justifier qu'une femme seule (ou un groupe composé uniquement de femmes) se trouve en un lieu inapproprié et qu'ensuite elle parte. Demander de l'aide, son chemin par exemple, flatte l'ego, offre une explication valable et évite généralement l'escalade.

Si l'homme vous offre de vous accompagner ; « Je ne suis pas ce genre de fille ! » ou « Je suis vraiment désolée, cela ne serait pas correct, je ne devrais même pas être là. Peut-être pourrions-nous nous revoir à... (à vous de choisir, mais la messe est toujours un choix judicieux dans les pays catholiques). »

La menace : Non, ce n'est pas OK. Pour qui tu te prends ?

Si la Cible fait machine arrière, pas de problème. Il ne *veut* pas faire machine arrière, alors qu'il vient de transgresser une règle. S'il ne le fait pas ou s'il tente de préserver son ego avec une insulte ou un regard dédaigneux, il est probable qu'il recevra une Raclée Éducative. Si vous observez une situation de ce type se développer, les deux parties auront tendance à jeter des regards aux autres détenus pour s'assurer de leur soutien. La Cible ne trouvera aucun soutien, mais s'il voit les autres détenus se rassembler autour de la menace en hochant la tête, la Cible ferait bien de faire machine arrière. Cependant, si la Cible voit les spectateurs lancer un regard froid à la menace, il est moins question ici d'éducation que d'une tentative faite par un membre du groupe de statut inférieur pour marquer quelques points.

Dans ce cas, la menace et la Cible peuvent faire dégénérer la situation jusqu'à une authentique Parade de Domination.

Si la menace est extrêmement peu assurée, en particulier s'il vient d'entrer dans le groupe et tente désespérément de se faire une réputation, il peut ne pas laisser à la Cible la possibilité de prononcer un autre mot. Il peut juste exploser dans une Démonstration d'Affirmation de Statut, afin de démontrer aux observateurs qu'il est quelqu'un avec lequel il faut compter.

La Démonstration d'Affirmation de Statut ne fonctionne pas avec les anciens détenus. Ils connaissent le sentiment d'insécurité qui en est la cause et savent que la menace s'est choisi une victime facile. La DAS n'impressionne que les autres jeunes, voyous sans expérience.

Aussi, le scénario peut se terminer de quatre manières différentes :

1) La Cible s'excuse et s'en va. La menace a réussi à se positionner comme le défenseur des règles en vigueur. La Cible reconnaît qu'il a enfreint une règle et qu'il sait maintenant à quoi s'en tenir. Pas de dommage, pas de coup bas, pas de blessure et un peu d'apprentissage.
2) La Cible ne s'excuse pas et il s'ensuit une escalade jusqu'à la Raclée Éducative. C'est principalement le cas lorsque la menace se situe à un haut niveau ou un niveau moyen de la strate sociale. Ce statut, ainsi que le soutien qu'il reçoit pour ses actions, peut être perçu dans le langage de corps des spectateurs.
3) Soit la Cible ne s'excuse pas, soit ses excuses ne sont pas acceptées et les choses s'enveniment jusqu'à la Parade de Domination. Cela se produit lorsque la menace se situe au bas de l'échelle du groupe concerné (les individus d'un statut supérieur ne se sentiraient pas menacé par un nouveau venu) et que sa réputation ne lui permet pas de pouvoir imposer les règles qui seraient sanctionnées par le groupe. Les spectateurs peuvent fournir certains indices permettant de comprendre la situation mais, l'indice principal est un changement dans le langage qui s'appliquait d'abord aux règles pour ensuite impliquer les deux protagonistes. « C'est pas comme ça qu'on fait » se transformera en « T'es qu'un sale con. » Cela se produit également lorsque la Cible veut en faire quelque chose de personnel : « T'as pas intérêt de me dire ce que je dois faire » ou « N'insiste pas, du-con ».
4) Tout cela n'était qu'une excuse pour une Démonstration d'Affirmation de Statut. Les excuses de la Cible ne seront pas acceptées. À partir de ce moment, le seul objectif de la conversation pour la menace est de provoquer la Cible jusqu'à ce qu'il ou elle dise quelque chose que la menace peut utiliser pour justifier une attaque. Pour être honnête, ce que la menace a toujours à l'esprit c'est une Raclée Éducative. La menace dira, s'il est interrogé, qu'il voulait donner une leçon à la Cible. Il dira également que les paroles de la Cible (ce qu'il a amené la Cible à dire) ne lui ont laissé aucun choix, même si la seule chose que la Cible ait dit était : « Ne me touche pas ».

Votre exercice consiste à relire la conversation ci-dessus et à réfléchir à ce qui en a découlé afin de déterminer pourquoi une Parade de Domination de Groupe (PDG) n'était pas une des options envisageables. Tout en lisant, assurez-vous de bien comprendre la dynamique en action et ses raisons.

Bien qu'ils ne s'accompagnent que rarement de violence physique, vous pouvez observer tous ces comportements dans n'importe quelle entreprise. La Parade de Domination peut se produire entre deux subalternes qui argumentent sur la meilleure manière de tenir un compte, sans qu'il soit en fait question de profit ni même de leur travail à proprement parler, mais simplement pour ne pas perdre la face et finir par remporter la discussion. La Parade de Domination de Groupe intervient lorsque tout un service met en quarantaine et répand des rumeurs sur un collègue qui a fait une erreur grave ou n'a pas respecté les protocoles en vigueur dans le service. La Raclée Éducative se produit lorsque quelqu'un se voit refuser une promotion après être passé par-dessus sa hiérarchie en s'adressant à des personnes situées plus haut dans la chaîne alimentaire. La Démonstration d'Affirmation de Statut (DAS) est souvent le fait d'un chef peu sûr de son propre statut qui va engueuler un subalterne en public (un chef confirmé, un bon patron, choisira de vous engueuler en privé dans le but d'obtenir une amélioration de votre comportement; les mauvais patrons n'hésitent pas à engueuler leurs employés en public pour conforter leur autorité.)

Tous ces comportements sont propres aux primates. Il me serait possible de démontrer que la violence physique est plus pure et plus honorable que la version civilisée légèrement plus subtile, mais je vous laisse vous faire votre propre opinion.

J'utilise la prison comme exemple car c'est là où j'ai acquis le plus d'expérience, que j'ai eu l'occasion de voir le plus de permutations se produire. Il est possible de voir la même dynamique presque partout – autour des trous d'eau des Peaux-Rouges, dans les rues. Même dans le monde des entreprises. Simplement dans l'entreprise, tout le monde fait en sorte que les corrections restent verbales. Toute l'humiliation sans les bleus apparents.

Tout ce qui a été évoqué dans ce chapitre sur les lieux potentiellement dangereux se base sur l'hypothèse que vous ne faites qu'y passer – que vous avez pénétré par erreur dans le mauvais bistrot, dans le mauvais quartier de la ville et que vous n'avez absolument pas l'intention d'y retourner. Si vous avez l'intention de vous y implanter, si ce territoire étranger et dangereux est sur le point de devenir l'endroit où vous allez poser vos valises, les tactiques dont vous aurez besoin seront totalement différentes et n'ont rien à faire dans un livre consacré à l'autodéfense.

c. Connaître la menace

Il y a eu beaucoup d'informations jusqu'ici. Cela peut sembler déjà trop pour prendre une décision rapide, et les décisions rapides sont vitales en situation d'autodéfense. C'est en partie une question d'entraînement et largement une question de capacité à appréhender les choses que vous connaissez déjà au fond de vous pour les ramener au niveau de votre conscience. Ce n'est pas aussi difficile que cela peut paraître en lisant ces mots.

Pour commencer, vous devez apprendre à faire la différence entre une menace sociale et une menace asociale.

La caractéristique distinctive sera la présence de spectateurs. Il y a des cas particuliers – J'ai eu l'occasion de croiser quelques individus qui étaient mentalement dérangés et tout à fait capables de se lancer dans une Parade de Domination (PD) sans personne pour les observer. Par exemple, j'ai vu un schizophrène suivre toutes les étapes de la Parade de Domination devant un miroir, avec lui-même pour seul adversaire.

Généralement, pourtant, la violence sociale requiert une société. Un auditoire. Si quelqu'un tente de vous entraîner dans ce qui paraît être une Parade de Domination malgré l'absence d'auditoire, nul doute qu'il s'agit d'un prédateur. Si c'est une pure Parade de Domination, je pencherais pour un type particulier de prédateur ordonné, celui qui prend plaisir à frapper ses victimes. Si vous vous laissez entraîner, l'agression sera sauvage.

Tout comme le prédateur ne comprend pas ou ignore la convention qui veut qu'une bagarre de domination ne peut être validée que par un auditoire, il peut aussi choisir de ne pas comprendre à quel moment il doit s'arrêter. Si vous tombez dans ce piège et que vous perdez (ce qui est plus que vraisemblable), vous risquez de vous faire tuer. Pour le moins, vous pouvez vous attendre à être mutilé, estropié ou délibérément défiguré (le procédé consiste à passer une sorte de mors dans la bouche de la victime qui vient d'être agressée avant de lui lancer un coup de pied derrière la tête).

Le fait que vous n'entrez pas dans le profil de la Démonstration d'Affirmation de Statut est un autre signe de violence asociale. Si vous êtes une femme, un enfant ou une très vieille personne et que quelqu'un commence à se comporter comme pour une Parade de Domination ou que ce dernier envahit votre espace, préparez-vous à l'assaut d'un prédateur. Il peut s'agir d'une Démonstration d'Affirmation de Statut (dans laquelle la menace cherche à briser les règles) ou, si cela ressemble à un comportement de meute, de l'amorce d'une Parade de Domination de Groupe. Chacun de ces trois comportements correspond à des scénarios extrêmement violents. Ils ne comportent aucune des limites qui font partie intégrante de la plupart des formes de violence sociale. Quelle que soit la version, le pire est à craindre.

Ne tentez pas de l'éviter en vous référant aux codes sociaux.

Une exception, le prédateur charmeur, qui peut vous aborder au cœur de la foule – mais qui agissant seul tentera de vous amadouer par ses paroles pour vous entraîner dans un lieu privé. Dans un bar ou dans une fête, comment pouvez-vous faire la différence entre un prédateur charmeur et quelqu'un qui ne fait que vous draguer ? C'est difficile car le prédateur charmeur copie cette dynamique et il peut se révéler très très bon à ce petit jeu.

J'aimerais disposer de certitudes absolues pour vous dire qui est qui, mais je n'en ai pas. Tous les hommes qui tombent dans la catégorie des prédateurs charmeurs ne se lèvent pas le matin en vérifiant la liste de ce qu'ils doivent faire, ce qui peut inclure « kidnapper, violer, ou tuer un codétenu. » Le « bon petit américain » qui parce qu'il a un peu trop bu décide de ne pas prendre un « non » pour une réponse rentre quant à lui dans la catégorie des prédateurs ordonnés. Du fait que ces deux criminels, mais aussi le gars un peu timide qui s'est préparé pendant des semaines à vous demander un rendez-vous, se comportent tous de la même manière, il est difficile de dire qui est qui.

Ce livre et d'autres comme lui (par exemple, *The Little Black Book of Violence* [10] de Laurence Kane et Kris Wilder édité chez YMAA Publication Center) ne sont qu'un début. Suivre des cours d'arts martiaux ou de self-défense n'est qu'un début, mais cela ne leur ôte pas leur intérêt. Pour un prédateur expérimenté brutaliser les gens est une question de survie (les agresseurs) ou de plaisir (les violeurs). Il est certainement mieux préparé pour vous attaquer que vous ne l'êtes pour vous défendre. Ne soyez jamais trop sûr de vous.

L'absence, une décision consciente d'éviter les lieux où vous risquez de vous faire agresser par des étrangers; ou l'évitement (comme une solide politique personnelle qui vous dicte de ne jamais aller où que ce soit seul ou en nombre inférieur aux gens que vous ne connaissez pas et en qui vous n'avez pas confiance) se révèlent être les *plus sûres* des choses à faire. Ce conseil peut ne pas être facile pour une jeune étudiante qui veut avoir des aventures et rencontrer des gens. [11] Il y a d'autres manières de s'y prendre si l'on veut éviter tout risque de prendre des mauvais coups. Le choix vous appartient. Les conséquences aussi.

10. *Kane et Wilder.*
11. *La plupart des conseils relatifs au prédateur s'adressent aux femmes car elles sont les cibles favorites des prédateurs. La plupart des conseils relatifs à la violence sociale s'adressent aux hommes pour la même raison.*

Dans son livre *The Gift of Fear*, Gavin de Becker fait la liste des comportements identifiés chez le prédateur charmeur. [12] Je ne peux rien ajouter à cette liste et ce serait de toute évidence de l'ordre du plagiat de la reproduire ici dans son intégralité. Pour résumer, le charme est une tactique apprise. Les gens ne naissent pas charmeurs, c'est quelque chose qu'ils font pour que vous les aimiez ou que vous leur pardonniez. Lorsque quelqu'un se montre gentil avec vous, posez-vous la question pourquoi ? Vous a-t-il offert son aide ou lui avez-vous demandé de vous aider ? Agit-il ainsi parce que vous partagez une vieille amitié ou des liens personnels (par exemple, « Peut-être devrions-nous faire quelque chose à ce sujet ») ? D'où peut bien venir ce « nous » ? Ignore-t-il vos protestations ? Fait-il des promesses que vous n'avez pas demandées ?

Ce sont les mêmes stratégies que celles utilisées par les commerciaux. Et les négociateurs lors des prises d'otages. Je les ai utilisées pour créer une relation avec des détenus afin d'éviter le recours à la force. Les prédateurs ne sont pas les seuls à vouloir se montrer charmeurs. Lisez le livre de De Becker.

La désescalade verbale est inefficace avec un prédateur. Avec un prédateur charmeur qui tente de vous entraîner avec lui, un « J'ai dit NON ! Laissez-moi tranquille ! » retentissant et agressif fonctionnera en général. Pas parce que cela pourrait l'impressionner. Il n'en a rien à faire et cela risque surtout de le mettre en colère. Cela marche parce que cela attire l'attention. Les prédateurs n'aiment pas qu'on attire l'attention sur eux, comme les cafards qui s'enfuient dès que la lumière est allumée.

> Les prédateurs usent de charme pour gagner votre confiance mais aussi pour obtenir des informations. Quelque chose d'aussi anodin que de dire au bel étranger que vous avez rencontré à la bibliothèque dans quelle résidence vous habitez peut lui donner tout ce dont il a besoin pour choisir un lieu d'embuscade. Faites attention aux informations que vous donnez. Faites particulièrement attention lorsqu'un individu vous demande des informations dont il n'a pas besoin ou qu'il n'a pas le droit de connaître.

La plupart des autres tentatives habituelles de désescalade verbale face à un prédateur sont vouées à l'échec. Marchander et supplier ne fera que produire l'effet inverse, augmentant simplement l'excitation de la menace. Dans la vie sauvage, les prédateurs courent *en direction* des cris d'un animal blessé, plutôt qu'ils ne s'en éloignent. Le bluff et la menace ne fonctionneront

12. *Gavin de Becker.*

que si le prédateur pense que vous pouvez vous retourner contre lui. Le plus souvent, cela donne à la menace juste le petit coup de fouet dont il avait besoin pour rationaliser ce qu'il voulait faire de toute manière : « Il pensait qu'il pourrait m'avoir ? Je vais le détruire à coups de lattes *et* lui piquer son fric. Il va s'en souvenir. »

Le prédateur vous a déjà « marginalisé » au point que toute communication entrant dans le cadre d'un sentiment d'humanité partagé devient totalement inopérante. La menace ne vous voit pas comme quelqu'un appartenant à la même espèce que lui. La plupart des défenses sociales permettant de faire face à une petite brute nécessitent la présence d'un auditoire – se montrer sarcastique ou drôle face à une menace physique a pour but de l'amener à renoncer. Il n'y a pas de spectateurs lorsque le prédateur attaque, mon gars.

Tout ce qui peut donner un sentiment de supériorité à un prédateur ou augmenter son estime de lui-même, comme la flatterie (« Un beau garçon comme vous ; vous n'avez pas besoin de recourir au viol. »), ou l'apaisement (« Je ferai tout ce que vous voulez, mais je vous en supplie, ne me faites pas... ») risque d'*accroître* son niveau de violence. C'est au cœur du phénomène du miroir : la flatterie et l'apaisement sont des moyens courants et efficaces pour éviter les remontrances de votre patron ou pour ne pas altérer sa bonne humeur. Il est question ici de parade sociale. Ce qui marche pour les conflits sociaux risque fort de vous exploser au visage lorsque vous êtes confronté à la violence d'un prédateur.

La capacité de « marginaliser » est un concept très important. Un authentique sociopathe est une chose rare. Il est question d'un individu qui peut traverser la vie comme s'il était dans un jeu vidéo sans éprouver le moindre attachement émotionnel. Ils ne ressentent pas l'attachement, la tendresse ni l'amour et ne comprennent pas le concept selon lequel ils devraient se sentir mal lorsqu'ils brisent un cœur. Ils n'ont aucune hésitation à prendre une vie et ne comprennent pas le concept de remords. Par chance, ces spécimens sont très rares.

Cependant, les êtres humains réagissent presque toujours en fonction d'une certaine échelle. Dans nos interconnexions, nous divisons le monde en strates. Regarder un ami ou un membre de votre famille se faire tuer vous affectera plus que de regarder une rétrospective du 11 septembre. Les 2 751 morts du World Trade Center vous affecteront plus que les 273 000 morts du tsunami de 2005 en Indonésie. Les morts d'Indonésie vous affecteront plus que les millions de vaches abattues chaque année et le sort de ce bétail vous affectera plus que les milliards de plantes vivantes qu'il ingurgite pour se nourrir.

La hiérarchie la plus courante est: soi, la famille, la tribu (ou les amis), la nation, les espèces, *les animaux à beaux pelages*, les animaux sans intérêt, les plantes, les germes et les animaux effrayants. Pour la plupart des gens, plus on descend dans la hiérarchie plus il est facile et peu traumatisant de tuer. [13]

Les animaux effrayants sont un cas à part et cela renvoie face à face la capacité et l'aptitude. Dans la plupart des cas, les gens pulvériseront de l'insecticide ou retireront des mauvaises herbes sans sourciller, mais il est plus que probable que les gens dans leur majorité n'auront jamais le courage ni l'envie de pourchasser un homme qui mange du tigre ou du requin. Dans ce cas particulier, le tigre et le requin tombent dans la catégorie des animaux courants mais avec une *hésitation supplémentaire* due à la peur. Cependant, si un mangeur-d'hommes surgit ou qu'un nid d'araignées ou de serpents venimeux est découvert ou si « des guêpes tueuses arrivent! » (Si l'on se souvient des années 70) la peur du public les fera remonter au premier rang de la liste de *l'autre* à tuer.

Cet élément est important, mais il va bien au-delà des perspectives de ce livre – notre capacité personnelle à tuer est une chose; notre capacité à demander à quelqu'un de tuer pour nous en est une autre. Et ce que nous ressentons après, lorsque nous avons à nouveau le sentiment d'être en sécurité en est une troisième, différente encore. Les officiers sont interrogés, quelquefois accusés, et souvent poursuivis en justice pour avoir fait ce que les familles les ont suppliés de faire lorsqu'elles étaient sous l'emprise de la peur. Un appel paniqué au 911: « Il n'arrête pas de menacer de tuer tout le monde » s'est soldé par une action en justice intentée par les personnes mêmes qui avaient passé l'appel avec à l'appui des dommages et intérêts de 14 millions de dollars. Un point à prendre en compte.

Les prédateurs, pour la plupart, ne sont pas de purs sociopathes. Ils savent jusqu'à un certain point que les gens sont des gens, qu'ils sont bien réels et qu'ils ressentent la douleur. Mais les gens peuvent manipuler leurs propres sentiments. Ils peuvent se transformer en sociopathes. Pour ce faire, ils doivent posséder une capacité indispensable, celle de vous « marginaliser ».

Vous choisissez de croire, vous vous convainquez vous-même, que la personne à qui vous avez l'intention de faire du mal n'est pas une personne, encore moins un membre de votre famille ou de votre tribu. S'il s'agit

13. *De toute évidence, étant donné que les membres d'une même famille tuent plus souvent les membres de leur famille et que les crimes surviennent le plus fréquemment dans le voisinage immédiat du criminel, on peut s'interroger sur ce que cela implique. Cela tient en grande partie à une question de statistiques – le fait que vous passez beaucoup plus de temps avec votre famille qu'avec vos ennemis, des choses plus rares peuvent finir par se produire. C'est en partie une question sociale. Je ne sais pas ce qu'il en est pour vous, mais seule ma famille me connaît suffisamment bien pour me faire sortir de mes gonds.*

juste d'un animal, il sera plus facile de lui faire quelque chose que vous ne pourriez pas faire à un être humain. Vous pouvez le constater dans le langage utilisé pour blesser ou pour donner à l'agresseur l'excuse d'une escalade : « Tu es une moins que rien ! une salope ! » Le pouvoir des adjectifs racistes réside dans cette capacité à « marginaliser », et la raison pour laquelle ils sont utilisés librement à l'intérieur du groupe est la fierté et la solidarité qui naissent de l'appartenance à un groupe « marginal » différent. Cela est rassurant de pouvoir parler de ce que votre nature a de spécial. Cela resserre les liens du groupe. C'est dangereux de laisser les autres en parler, dans leurs bouches cela devient le blanc-seing qu'ils utiliseront pour vous tuer et tuer les vôtres.

> Cependant, la capacité à « marginaliser » l'autre n'est pas nécessaire pour les gens qui ont recours à la violence, et c'est en cela un mystère. J'ai été exposé à une grande quantité de violence et je me suis beaucoup servi de la force comme de l'outil d'un professionnel. Je ne « marginalise » pas les gens - pas souvent. Et il semble que je sois relativement épargné par les formes associées de stress, telles que ressenties par la plupart des gens qui font ce que je fais. Les gens que je respecte le plus dans ce domaine ont également ces trois choses en commun : la volonté d'y aller et de faire le nécessaire dans l'instant même si c'est difficile, des vies et des personnalités saines en dehors du travail, et la capacité de ne pas considérer la menace comme un ennemi.
>
> Cela ne veut pas dire que je considère les criminels comme des gens ordinaires. Il existe de profondes différences dans leur manière de penser et de voir le monde. L'ignorer reviendrait à me mentir à moi-même ou à choisir d'être aveugle.
>
> Mais cela ne veut pas dire qu'ils soient en quelque sorte inférieurs à moi. Ils sont parvenus à survivre dans leur environnement, comme je l'ai fait dans le mien. Les circonstances auraient été inversées, j'aurais aussi bien pu mourir de la même manière qu'eux et ils auraient aussi bien pu être d'excellents professionnels comme moi.
>
> Je peux les reconnaître pour qui et pour ce qu'ils sont. Je ne peux pas m'autoriser un jugement de valeur. C'est ainsi que je parviens à traiter leur comportement tout en préservant totalement le respect dû à leur humanité.
>
> Cela peut sembler déroutant. Je suis totalement convaincu que ce que les hommes et les femmes en uniforme font doit être fait. J'ai connu beaucoup trop de victimes qui pensaient autrement.
>
> Si vous envisagez la société comme un bateau, vous devez gratter périodiquement les bernacles accrochées à sa coque. Pour ce faire, vous n'avez pas besoin de haïr les bernacles. Cela aide de ressentir un peu d'amour pour le bateau.

Les criminels le font. Les groupes de pouvoir le font. À travers l'histoire, les militaires ont inventé des expressions argotiques pour qualifier leurs ennemis, en leur donnant des surnoms et en les caricaturant pour pouvoir les tuer plus facilement. Ils avaient découvert qu'il était plus difficile de tuer des gens qui vous ressemblent que des gens différents. [14] La capacité de « marginaliser » l'autre est vitale pour les gens qui ont recours à la violence.

La « marginalisation » est une tactique des plus évidentes dans la Démonstration de l'Affirmation de Statut, lorsque la menace cherche une bonne excuse dans sa propre tête pour une escalade de violence dont il pourra faire profiter son auditoire. S'il y parvient, en d'autres termes, s'il réussit à vous faire dire quelque chose qui va être considéré comme une insulte par son propre groupe, l'escalade ira jusqu'à la Parade de Domination de Groupe.

L'aliénation n'est pas une forme de « marginalisation. » L'aliénation est le sentiment largement partagé, notamment chez les adolescents, de n'appartenir à rien, que leur véritable identité n'est comprise de personne : c'est un sentiment de solitude qui fait naître une émotivité anxiogène. Cela résulte quelquefois en une quête désespérée d'appartenance à un groupe. C'est en fait exactement l'inverse de la « marginalisation. »

L'aliénation concerne exclusivement le moi. La « marginalisation » concerne exclusivement les autres. L'aliénation est une supplique visant l'intégration. La « marginalisation » consiste à se doter de moyens devant vous permettre d'exclure les autres.

La « marginalisation » est également vitale lors d'une agression perpétrée par un prédateur ressource dès lors que le prédateur veut recourir à la violence alors que plus rien ne le justifie, par exemple, vous lui avez remis votre portefeuille, mais il veut quand même vous faire du mal, il veut quand même passer par tout le processus.

Le processus implique une forme de rationalisation qui vous permet, après les faits, de vous expliquer à vous-même que ce que vous avez fait était la chose à faire. Peut-être que c'était la seule chose que vous pouviez faire. Peut-être même la chose la plus noble que vous pouviez faire. Les criminels sont particulièrement bons à ce petit jeu. Ils doivent l'être. Cela demande une

14. *C'est peut-être la raison pour laquelle les guerres civiles sont si brutales. Car elles sont ressenties comme des trahisons, les éléments les plus violents des Parades de Domination de Groupes entrant en action.*

gymnastique mentale particulièrement tordue pour pouvoir être en accord avec le fait d'avoir sodomisé une jeune fille de dix-huit ans.

Ce sont les différentes étapes des échanges pouvant conduire à une Démonstration d'Affirmation de Statut, lorsqu'un prédateur *pense* qu'il est un prédateur ressource mais qu'il *veut* se révéler à travers ce processus – il cherche ce que j'appelle les *bonnes excuses* – les excuses qu'il utilisera après les faits pour rationaliser l'événement.

Il y a un certain nombre de choses dont vous devez être conscient. En premier lieu, ces processus sont subconscients. Les prédateurs ne se considèrent pas comme des prédateurs, encore moins comme des prédateurs ressource ou ordonnés. Il veut quelque chose. Il pense que c'est de l'argent mais lorsqu'il a obtenu l'argent, il veut toujours quelque chose. Qu'est-ce qui pourrait remplir ce manque ?

Le processus de rationalisation est également subconscient, même le fait de chercher à l'avance de bonnes excuses. La menace l'a déjà fait précédemment. Il sait jusqu'à un certain point ce qui le fait se sentir bien ou mal avant et après les faits. Il a appris, probablement lorsqu'il était enfant, que lorsqu'il parle à ses copains du mec qu'il a tabassé, ils ne manquent jamais de lui demander pourquoi il l'a fait et que s'il veut que son histoire tienne la route, il est préférable que les raisons soient bonnes.

Presque tout ce dont nous parlons dans ce livre est un processus subconscient – pas seulement pour la menace, mais également pour *vous*. *Vous* vous êtes laissé entraîner dans une Parade de Domination. *Vous* êtes resté tétanisé. *Vous* tentez d'utiliser les tactiques d'une salle de réunion pour éviter un conflit dans un bar mal famé. Par chance, ayant lu ceci, vous reconnaissez le processus et vous l'amenez au niveau conscient et vous commencez à utiliser les parts consciente et inconsciente de votre esprit pour qu'elles interagissent.

Le fait que le processus devienne partiellement conscient pour vous et que vous appreniez à le manipuler ne signifie pas qu'il est conscient pour qui que ce soit d'autre. Le danger de le comprendre de manière consciente peut vous conduire à penser que c'est bon, que vous pouvez maintenant en discuter et tenter de régler les choses au niveau éthique (se référer au paragraphe « Les croyances, les valeurs, la morale et l'éthique » chapitre I paragraphe 2) alors que pour la menace, il n'est encore qu'un problème relevant du niveau des croyances/valeurs. Vous ne pouvez pas communiquer de manière effective au niveau conscient avec quelqu'un pour qui la manière de traiter le problème reste subconsciente. Vous devez les amener au niveau de la conscience (difficile et requérant beaucoup de temps) ou les atteindre au niveau subconscient (ce qui pour la plupart des gens nécessite une certaine habileté et une nouvelle façon de penser et de voir.)

J'ai écrit auparavant (dans *Méditations sur la violence*) sur la capacité de ne fournir aucune excuse. Cette capacité consiste simplement à refuser de se laisser « marginaliser. » Tenter de discuter vous place dans le rôle de l'adversaire, supplier dans celui du quémandeur. Les menaces pensent qu'ils sont raisonnables, aussi devez-vous en retour vous montrer raisonnable. Ni condescendant, ni hypocrite :

« Qu'est-ce que tu regardes ? »

En maintenant un langage de corps totalement relâché : « Heu ? Désolé, je ne m'étais pas rendu compte que j'étais en train de vous fixer. Je suis juste un peu crevé. Comment ça va ? » Cela ne dénote aucune colère, peur ou attitude défensive. Même un peu de sollicitude pour l'individu qui est en face de vous – « Comment ça va ? » Il lui devient difficile de vous « marginaliser. »

Pas de déni :

« Qu'est-ce que tu regardes ? »

« Rien. »

« Foutaise. Tu étais en train de me fixer. »

« Non, pas du tout ! »

« Tu me traites de menteur ? »

Le déni est une bonne accroche, qui lui donne une excuse d'être en colère. Vous êtes en désaccord. Vous devez penser qu'il est stupide ou que c'est un menteur, sinon, vous ne le contrediriez pas. C'est tout ce qu'il faut pour qu'une bagarre s'engage avec quelqu'un qui cherche la bagarre.

Se montrer raisonnable n'est pas tout à fait la même chose que se montrer agréable. Je n'essaie pas de m'en faire un ami ou de faire de la lèche – cela peut aussi devenir irritant et lui donner l'excuse d'une escalade. Le ton et la tactique avec une menace potentielle doivent être sincères mais perplexes – s'il ne veut pas vous lâcher, vous continuez dans le même sens – peu importe ce qu'il dit – comme lorsqu'une question bienveillante appelle d'autres questions bienveillantes en retour. Faites attention, néanmoins, si votre ego, le petit singe dans votre esprit, s'en mêle vous risquez de le défier alors que vous pensez vous montrer bienveillant.

« Qu'est-ce que tu regardes ? »

En maintenant un langage de corps parfaitement décontracté : « Heu ? Désolé, je ne m'étais pas rendu compte que j'étais en train de vous fixer. Je suis juste un peu crevé. Comment ça va ? »

« Tu crois que parce que tu n'as pas assez dormi cela te donne le droit de fixer les gens comme ça. »

« Hum. Je n'y avais jamais vraiment pensé. Ce n'est probablement pas un droit, en effet. Peut-être une transgression. Qu'est-ce que vous en pensez ? »

Si cela l'interpelle un peu, c'est bien. La plupart des gens ont besoin d'un peu d'adrénaline pour se battre et l'adrénaline se consume relativement rapidement hors du système. Si vous réussissez à faire parler quelqu'un calmement pendant quelques minutes, il sera beaucoup moins enclin à agir violemment à moins d'être à nouveau échauffé.

Il est possible d'user d'un certain nombre d'autres tactiques ici. Je m'en suis souvent sorti en faisant remonter les émotions à la surface.

« L'ami, vous semblez en colère et le bord de vos lèvres est tout blanc. Qu'est-ce qui ne va pas ? »

« Tu m'emmerdes, espèce de con. »

Difficile de garder son calme devant une insulte aussi directe. La partie de votre cerveau qui se laisse mener par le singe vous pousserait bien à une Parade de Domination. Gardez-la sous contrôle. « Mmm, non. Ce n'est pas ça. C'est quelque chose d'autre. » Je pourrais même aller jusqu'à lâcher un « dites-moi tout. » C'est l'avantage d'être extrêmement avunculaire.

Si l'escalade monte d'un cran, je vais encore plus loin : « Vous essayez de me mettre en colère. C'est ça. C'est étrange. Pourquoi voulez-vous que je me mette en colère ? »

Une tactique qui a marché à une ou deux reprises et qui est vraiment drôle implique un ton blessé et même une lèvre tremblotante. « Hé ! Vous essayez de heurter ma sensibilité. Vous risquez de vous sentir mal si vous réussissez à me faire pleurer ? »

Venant d'un gardien de prison plutôt bourru, ces remarques ont complètement déstabilisé de très dangereux individus qui cherchaient une excuse pour se battre alors que le silence était total. Et en plus, c'était drôle.

Il existe deux autres tactiques verbales qui marchent quelquefois lorsqu'une menace se prépare à une Démonstration d'Affirmation de Statut. Cela peut ou ne peut pas marcher avec un prédateur borderline qui cherche à se donner la permission. S'il y a des spectateurs, vous pouvez faire appel à un membre de l'auditoire, de préférence à une femme ou à un homme haut placé : « Madame, je ne veux absolument pas me battre. Je viens d'être libéré sur parole, est-ce que vous pouvez lui parler ? » Le mécanisme qui vous pousse à demander de l'aide (plus encore à demander l'aide d'une femme) fait monter d'un cran l'ego de la menace. [15] Si une femme intervient, il peut affirmer sa virilité en ne la frappant pas alors même qu'elle tente de l'arrêter et l'invite à se calmer. Cela a peu de chance de marcher avec un Prédateur car

---

15. Si, dans la violence sociale, le processus peut sembler en grande partie sexiste à un esprit moderne, il l'est. Ces schémas se sont développés dans un monde où les groupes de primates devaient se battre pour survivre. Le monde a changé. La partie avant de nos cerveaux a évolué. La partie arrière, pas autant, et c'est à la partie arrière de nos cerveaux que nous devons notre goût pour la bagarre.

il y a peu de chance qu'il y ait des spectateurs et l'objectif de ce dernier est d'assouvir un besoin purement hormonal qui l'incite à frapper un autre être humain et à l'entendre supplier.

La deuxième tactique est celle du « petit chien » ou « du vainqueur, » par laquelle vous expliquez subtilement qu'il n'y a aucun statut à gagner à vous vaincre. Les deux nécessitent une certaine présence physique, le petit chien convient aux petits et aux jeunes. Je l'ai utilisé sans le savoir alors que j'étais encore adolescent. La raison pour laquelle cette tactique marche, c'est qu'elle est drôle. Je ne savais pas que c'était drôle, j'étais juste hors de moi : « Je n'ai pas peur de toi. Tu penses que parce que je suis petit, j'ai peur de toi ? Et puis quoi encore ? » [16] La menace a dû se sentir mise au défi par un chihuahua et a fini par éclater de rire.

Le vainqueur [17] est une chanson de Bobby Bare. Un bagarreur de comptoir légendaire, Tiger Man Mac Cool, est mis au défi par un gros costaud (les classiques PD/DAS, les deux associées). Tiger Man explique alors au néophyte qu'il lui souhaite d'avoir bien du succès dans le monde de la bagarre tout en décrivant les blessures qu'il a lui-même reçues tout au long de sa vie, bagarre après bagarre. La perspective de se battre contre un gars costaud passé dans la légende ne peut que servir son ego. La perspective de se battre contre un vieil homme borgne, édenté, partiellement sourd, ayant mal au dos, des coudes luxés et de l'arthrite aux genoux n'a pas la même saveur et n'ouvre pas les mêmes perspectives.

---

16. Je ne dépassais pas les 1m50 et ne pesais pas plus de 50 kilos jusqu'à l'avant-dernière année du lycée. J'ai eu une puberté très tardive.

17. Bobby Bare, Lullabys, Legends and Lies, paroles de Shei Silverstein, 1973.

Tout est connecté. Certaines choses auxquelles vous auriez dû penser dès le paragraphe 1 du chapitre I consacré à la légalité et qui affecteront également les effets secondaires (chapitre VII) jouent un rôle dès à présent.

Dans chaque bagarre, il y a quatre éléments à prendre en compte : vous ; la ou les menace(s) ; l'environnement et la part de chance. La loi, en vigueur au jour d'aujourd'hui, fait partie de l'environnement et peut affecter à long terme ce qui ressortira d'un usage quelconque de la force. C'est également le cas des témoins.

Il est extrêmement important de faire en sorte que la menace s'engage dans une désescalade ou de tenter d'apaiser une situation critique car calmer quelqu'un peut vous éviter des blessures et des poursuites judiciaires. C'est aussi bien que de s'en sortir victorieux. C'est également important car, même si vous échouez, vous aurez des témoins. Il est essentiel que ceux qui sont présents, les témoins, voient et se rappellent que vous avez tenté de partir, que vous avez tenté de vous montrer raisonnable et que vous avez fait tout ce qui était en votre pouvoir pour éviter la confrontation. S'ils se rappellent que vous avez essayé, il devient clair - et c'est vital en cas de procès au civil - que la menace ne vous a laissé aucune alternative possible.

Tout ce que vous dites et faites sera rapporté par les témoins.

Pour résumer : la désescalade n'est *pas* efficace lorsque vous êtes attaqué par un prédateur. Cela ne marchera pas sur un ours (des mots gentils, par exemple) alors ne comptez pas que ça marche sur un prédateur humain. Il peut être possible de se sortir du système du prédateur charmeur si vous en prenez conscience assez tôt, mais seulement dans la phase précédant l'agression, avant qu'il ne vous ait séparé du reste du troupeau. Après, vous avez autant de chance de le convaincre de vous laisser tranquille qu'un lapin poursuivi par un coyote.

Lorsque l'opportunité se présente (la Démonstration d'Affirmation de Statut et le prédateur borderline suivent une dynamique identique, c'est pourquoi je les ai présentés ensemble) la marge de manœuvre sera très réduite. Une fois que la violence commence, c'est trop tard pour parler.

d. L'échange verbal

Parler est une activité sociale et cela marche mieux en cas de violence sociale. Le conflit ne se produit pas à partir de rien. Il se produit entre des gens et il sous-entend une relation préalable. Même dans une pure dynamique de prédateur, une relation existe, si ce n'est que dans la tête de la menace.

Dans la plupart des cas, il y a également un fil qui conduit vers plus de violence sociale.

L'échange verbal est le terme couramment utilisé pour évoquer la manière dont les criminels se rapprochent de vous afin de décider si vous êtes en possession de la ressource que le criminel veut et si vous serez facile à convaincre de la lui céder.

Pour notre propos toute parole conduisant à une bagarre ou une agression sera appelé un échange verbal. Les étapes de la Parade de Domination, déjà décrites, sont une forme d'échange verbal. Le prédateur borderline ou le mâle manquant d'assurance qui cherche une excuse pour justifier une Démonstration d'Affirmation de Statut usent d'autres formes d'échange verbal. Les avertissements qui précèdent une EED, décrite au paragraphe 2 du chapitre III, en sont une autre forme.

Nous allons maintenant nous intéresser aux échanges verbaux dans les cas des Parade de Domination, des Parades de Domination de Groupe et du prédateur ressource lors d'une agression éclair.

• Désescalade dans la Parade de Domination

Vous devez tous être au fait des étapes de la Parade de Domination. Nous les répéterons ici, avec des options :

1) Un regard dur et agressif
Évitez de le fixer à votre tour. Le regard périphérique mentionné au paragraphe 2 du chapitre III vous donne les mêmes informations sans que vous ayez besoin de fixer. Ce qui risque de se passer si vous fixez, même si votre regard n'est pas focalisé, c'est que la menace sera très sincèrement convaincue que vous êtes à l'origine de tout le processus. Ce sentiment ne l'aidera pas à renoncer. Le fixer même un instant lui donne l'excuse nécessaire. L'habitude à cultiver est de regarder les gens avec votre vision périphérique (qui, de toute façon, enregistre plus vite le mouvement que le regard fixe) et de faire plus attention aux mains qu'aux yeux.

2) Un défi verbal, par exemple, « Qu'est-ce que tu regardes ? »
Les options :
   a) Tout traiter comme une question raisonnable. *La tactique, décrite ci-dessus, aide à éviter de lui fournir des excuses.*
   b) Le gros chien.
   C'est plus un jeu mental auquel vous jouez avec vous-même. Cela peut se révéler difficile de ne pas vous montrer condescendant et vous ne devez en aucun cas dépasser la

ligne. Cependant, si vous parvenez à vous considérer comme beaucoup plus vieux et beaucoup plus mature, essayez de réfléchir à la manière dont vous répondriez à ce jeune homme perturbé si c'était votre fils.

« Qu'est-ce que tu cherches, fils ? » J'utilise le mot « mec » si nous avons presque le même âge.

« Qu... Qu'est-ce que tu veux dire ? »

« Ce que je veux dire c'est que tu as l'air en colère et que tu sembles chercher la bagarre. Tu ne me connais pas, donc, ça n'a rien de personnel et t'es trop intelligent pour te risquer à affronter un étranger... Alors, qu'est-ce qu'on fait ? Qu'est-ce que tu veux ? » Une manière de reconnaître l'issue finale, sans offrir la moindre accroche pour autant que vous n'usiez pas du « fils » d'une manière condescendante, que vous le complimentiez sur son intelligence et que vous lui offriez subtilement la possibilité de devenir votre professeur.

c) Fausser les cartes.

Il s'agit de modifier complètement les règles de la Parade de Domination. C'est encore mieux en usant d'humour car lorsque la menace se remet de son choc, vous voulez qu'il soit pris d'un fou rire. Le comédien, Gabriel Iglesias, par exemple, possède une voix de tête extrêmement aiguë qui rappelle celle d'une femme dès qu'il rit, ce qui ne peut que désamorcer automatiquement une Parade de Domination et faire mourir de rire la menace. Une victoire sans appel.

d) Se libérer de la hiérarchie de domination.

La Parade de Domination se joue entre les membres d'un même groupe. Sortez-vous du groupe. C'est une manière de vous « marginaliser » volontairement et d'affronter le jugement. Dans certaines circonstances cela peut déclencher une Parade de Domination de Groupe. Faites attention.

« Fils, je ne suis pas au boulot et je n'ai pas envie d'avoir à faire des devoirs ce soir. Va emmerder quelqu'un d'autre. Mieux encore, pourquoi tu finis pas juste ta bière. » Dans ce cas, j'utilise volontairement le « fils » (mais sans jamais transgresser les limites raciales – ce qui serait ressenti comme une tentative de « marginalisation » et qui bien que favorisant la dynamique en ma faveur, ne ferait que travailler contre moi dans ma tentative de désescalade.) Si vous n'êtes pas autorisé à porter un badge, N'OUTREPASSEZ PAS

VOS DROITS ! C'est aussi une tactique que vous ne pouvez pas mettre en œuvre si vous n'avez pas un certain physique. N'oubliez pas le jugement qui va suivre, dans certains environnements, cette tactique pourrait bien vous faire tuer, surtout si vous avez affaire à de gros trafiquants de drogue. Même tactique ? mais une approche différente : Un poing sur la hanche, l'autre sous le menton, un sourire fat : « Désolé, chéri, je n'aime pas la bagarre, moi ce que j'aime c'est l'amour. » Selon les circonstances, cela peut déclencher une Parade de Domination de Groupe et peut se révéler peu crédible si la menace vous observe depuis un petit moment. Cela n'offre également que peu d'ouvertures. Si vous tentez cette approche verbale après avoir dit autre chose, en particulier après une première prise de contact, vous ne pourrez éviter l'escalade, la menace pouvant aller jusqu'à déclencher une Démonstration d'Affirmation de Statut.

e) Faire monter les enjeux.
Il ne s'agit pas de l'Escalade, le jeu auquel fait référence Marc Mac Young, dans lequel chaque individu qui participe à la Parade de Domination met toujours plus d'ego en avant jusqu'à ce qu'ils soient trop impliqués pour pouvoir se défausser. Pas plus qu'il n'est question de proférer une menace si énorme qu'elle risque d'effrayer l'autre type. Proférer une menace bien sentie peut aider à ce que le type renonce. « Je ne me bats pas excepté pour tuer, mon petit bonhomme, maintenant tu te barres à moins que tu sois décidé à mourir. » Ne perdez pas de vue que vous êtes en présence de futurs témoins et que vous venez tout juste de vous vanter d'être un tueur. Cette variation est une tactique qui peut vous aider à l'étape trois mais qui risque de vous faire tout perdre devant un tribunal à l'étape sept.
Faire monter les enjeux n'est pas à proprement parlé un défi ni une menace, mais plutôt l'indication que vous possédez quelque chose de trop précieux pour le perdre à ce petit jeu. « Mec, je suis libéré sur parole et je n'ai pas l'intention de retourner en prison pour une minable petite bagarre. Laisse-moi tranquille. » Parler d'une « petite bagarre » dans ce cas est délibéré, cela implique que si vous devez retourner en prison, qu'il n'y ait aucun dommage ou au contraire d'énormes dommages, autant que cela vaille le coup.

3. Une approche, souvent accompagnée d'une poussée d'adrénaline avec une grande activité motrice des bras qui se balancent ou la poitrine qui gonfle, un changement de couleur, généralement avec la peau qui vire au rouge.

Une grande activité motrice, la peau qui rougit ou pâlit de manière excessive, les mains qui tremblent, les jointures devenant toutes blanches, la langue qui lèche les lèvres, sont autant de signes qui révèlent qu'un individu est sous l'emprise d'un cocktail chimique, d'une poussée hormonale d'adrénaline ou d'autres produits. À partir de ce moment-là, il devient difficile de les faire redescendre car ils sont incapables d'entendre quoi que ce soit. Pour être honnête, si cela va aussi loin, c'est que vous vous êtes vous-même laissé prendre à la Parade de Domination et comme vous y êtes plongé jusqu'au cou, vous ne vous rappellerez rien de ce que j'ai écrit ici, mais j'aurai essayé.

À cet instant, la première chose que vous devez faire pour vous sortir de ce mauvais pas est de rompre le contact visuel. En règle générale, vous ne pouvez pas engager un échange verbal pour calmer quelqu'un alors que, dans le même temps, vous le fixez pour le faire céder. Ensuite présentez les paumes de vos mains et reculez. Partez.

4) Alors que les deux protagonistes se font face, l'échange verbal peut continuer, et l'un d'eux peut rechercher le contact. Ce sera généralement à travers une poussée des deux mains au niveau de la poitrine ou un index pointé sur la poitrine. S'il s'agit d'un index pointé en direction du nez (rappelez-vous de la discussion sur le contact au visage, précédemment), on passe directement à l'étape 5. S'il n'y a pas de contact au visage, cette étape peut se répéter plusieurs fois jusqu'à ce qu'un des protagonistes lance…

Si vous laissez les choses en arriver aussi loin, l'intimidation verbale aura fait long feu. Rompez le contact visuel, présentez les paumes de vos mains et reculez. Retenez-vous de prononcer une insulte bien sentie pour sauver la face. Ce n'est que l'esprit du singe qui est en vous qui tente de vous faire rester dans la danse. Calmer le jeu implique que vous quittiez les lieux.

5) Un bon coup de poing circulaire.

La bagarre a commencé. Vous devez bouger, ce qui implique soit de vous battre soit de partir au plus vite. Tenter de parler, de négocier, ou de trouver un plan alors que vous êtes sur le point de vous faire massacrer sont non seulement des efforts inutiles, mais des actes de déni. C'est trop tard pour la prévention. Votre but maintenant est de vous en sortir sans dommage.

La frappe préventive (ou l'acte préventif) est l'un des plus sûrs moyens de désamorcer une Parade de Domination. C'est facile, sûr et efficace. Si la menace se situe à n'importe quel niveau au-dessous du quatre et que vous ne faites que le frapper ou l'entraîner au sol, son esprit se tétanisera. La Parade de Domination est, après tout, un phénomène génétique suivant des étapes spécifiques. Si vous sautez des étapes et qu'il ne comprend pas ce qui vient de se passer, vous vous offrez une tétanisation.

Le problème est que la Parade de Domination est un jeu qui se joue à deux. Quoiqu'il puisse advenir, c'est un combat mutuel. Vous ne pourrez pas prétendre avoir agi en légitime défense et il est vraisemblable qu'une attaque sera retenue contre vous.

Certaines des choses qui fonctionnent du point de vue tactique sont un suicide légal.

Les flics peuvent avoir recours à une frappe préventive lors d'une Parade de Domination. Parce que c'est de leur devoir d'agir. Selon la politique ou la loi, ils peuvent ne pas être autorisés à quitter simplement les lieux. S'ils peuvent justifier l'utilisation de la force, la plupart des policiers savent expliquer pourquoi sauter certaines étapes de la Parade de Domination leur a permis de prendre l'avantage sur la menace au moment où il restait tétanisé. Cela permet au policier l'usage d'un niveau de force nettement moindre que s'il avait laissé la Parade de Domination se dérouler jusqu'à l'étape de l'échange de coups de poing.

• Désescalade dans la Parade de Domination de Groupe

En toute franchise, tenter une désescalade n'a aucune chance dans une Parade de Domination de Groupe. Les attaquants sont galvanisés par l'appartenance au groupe et presque tout ce que vous pourrez dire sera interprété comme une raison de plus de vous démolir. Hurler des menaces de vengeance ? Une nouvelle preuve que vous êtes un ennemi. Supplier ? Aucun membre de *notre* groupe ne s'abaisserait à *ça*. Tenter de se montrer raisonnable ? Trop stupide pour même comprendre ce qui se passe. Pas comme nous.

Il existe quelques petites choses qui peuvent marcher.

Se comporter comme un fou peut fonctionner dans presque tous les cas au moment de l'échange verbal. Les fous ne suivent pas les étapes de la Parade de Domination. Il arrive qu'ils ne ressentent pas la douleur ni la peur, alors, la Démonstration d'Affirmation de Statut risque-t-elle de se retourner contre l'initiateur. Ils ne vont pas comprendre ce qui est en train de se passer et risquent de ne pas accepter de se laisser maltraiter, c'est pourquoi la Raclée Éducative est rarement de mise. Les prédateurs ont un plan et la folie peut interférer avec leur plan. Même dans la Parade de Domination de Groupe, l'effet de bande dans lequel la violence, les armes, la surprise et le nombre peuvent jouer en faveur de la menace est plus risqué face à une victime à l'esprit dérangé.

Comprenez bien que je parle ici d'une forme de folie très particulière. Il existe bon nombre de troubles psychiques qui rendent les gens moins conscients et plus passifs. Les personnes mentalement malades ou émotionnellement dérangées sont plus souvent victimes de sévices qu'elles ne blessent les autres ou retournent les tables sur un attaquant.

L'impression que vous devez donner est celle d'une énergie décuplée, d'un niveau de paranoïa alarmant et d'une totale imprévisibilité. Vous devez le faire dès les premiers instants, ce qui signifie que vous devez prendre immédiatement conscience que vous avez été pris pour cible. Le langage du corps doit devenir heurté et saccadé. La dyskinésie tardive est le terme médical utilisé pour les effets secondaires dus à la prise prolongée d'antipsychotiques. Les gens qui vivent dans la rue connaissent ces symptômes comme les « transes de la Thorazine. » De petits mouvements secs et cadencés de la tête d'un côté à l'autre. Des convulsions. La bouche est en permanence sèche aussi lèchent-ils continuellement leurs lèvres avec de petits coups de langue. S'il vous est arrivé de le voir, vous ne l'oublierez pas.

Si vous pouvez feindre ces symptômes tout en tenant une conversation à trois avec Jésus et Elvis, les gens préféreront vous laisser tranquille. Également, en cas de mouvement soudain (ou pas de mouvement du tout) faites brusquement un bond dans cette direction et fixez la menace, le corps tendu à l'extrême… puis reprenez là où vous en étiez comme si de rien n'était.

La plupart des types vivant dans la rue, en particulier les SDF, feignent cette succession de symptômes pour les mêmes raisons que vous, pour qu'on les laisse tranquilles. Nous envisagerons la manière d'entamer une désescalade avec des gens dont l'esprit est mentalement altéré à la fin de cette partie.

Si vous parvenez à faire *rire* le groupe à vos dépens, cela peut désamorcer la situation. Il ne s'agit pas du bon gros rire synonyme d'une bonne plaisanterie, mais du rire cruel qui concerne quelque chose qu'ils trouvent pathétique. C'est l'essence même de la tactique du « petit chien » mentionnée plus tôt.

Il est possible, dans certaines circonstances et avec certains groupes, de se montrer tellement insignifiant que cela ne mérite même pas une Parade de Domination. Si, malgré tout, il y a un prédateur ordonné qui s'ignore dans le groupe, ils pourraient avoir envie de jouer avec vous comme le chat avec une souris.

La meilleure manière d'arrêter une Parade de Domination de Groupe est de faire une impressionnante exhibition de force. Vous pouvez vous en tirer en montrant simplement votre arme si vous en avez une, mais, soyez bien conscient que si vous les menacez avec votre arme et que cette menace ne les impressionne pas, vous serez obligé de vous en servir. Si vous ne le faites pas, quelqu'un vous la prendra et s'en servira contre vous pour ensuite danser sur votre cadavre, trop heureux de s'en être tiré à si bon compte.

Une Parade de Domination de Groupe, lorsqu'elle prend de l'ampleur est extrêmement, voire incroyablement dangereuse. Je n'ai aucun conseil à vous donner, mais en ce qui me concerne, la PDG est la situation dans laquelle les risques de poursuites judiciaires, de tribunaux et de conséquences psychologiques jouent un rôle mineur dans ma prise de décision, car je connais trop bien les conséquences médicales et physiques.

• Désescalade face à un prédateur ressource/éclair

Il arrive parfois que vous soyez la victime d'un véritable guet-apens. Quelqu'un vous frappe à la tête par-derrière alors que vous attendez un taxi ou bondit d'un buisson alors que vous ne faites pas attention à votre environnement. Mais, les véritables embuscades sont relativement rares. Même un prédateur ressource qui n'a pas l'intention de tuer cherche à se rapprocher le plus près possible avant d'agir. Dans l'idéal, il en veut un peu plus.

Les clefs de la désescalade après qu'un prédateur ressource vous a abordé reposent dans ce que le prédateur recherche : de la proximité, une connaissance de vous en tant que victime, de la distraction, et l'absence de témoin.

La proximité : Faites attention à tout individu cherchant à s'approcher trop près de vous. Vous laissez tout le temps des individus envahir votre espace personnel. Si un instructeur de self-défense dit : « Je ne laisse jamais personne m'approcher à moins d'un mètre cinquante », c'est soit un affabulateur, soit un menteur, soit quelqu'un qui vit au fond d'une grotte dans la forêt. Les gens sont proches les uns des autres en permanence. Dans les bus et les trains, sur les trottoirs des villes à l'heure du déjeuner, lorsqu'ils attendent leur table au restaurant – Les gens se retrouvent à distance de frappe les uns des autres presque tous les jours.

Ce que vous devez remarquer, ce sont les types de comportement. Soyez vigilant quant aux comportements : dans un bar bondé, tout le monde s'agglutine, mais les gens ne s'agglutinent pas dans une soirée. Si un individu tente de s'approcher de vous et que dans le même temps, il cherche à vous isoler des autres, soyez en alerte. Il est plus que vraisemblable qu'il soit en train de vous *isoler du reste du troupeau* pour que vous soyez moins protégé.

N'hésitez pas à agir. Dites à l'individu de « reculer ». Regardez-le bien en face en levant les mains, inutile de serrer les poings. Parlez à ferme et intelligible voix. Soyez grossier. [18] Ce type de confrontation est difficile à vivre pour des gens qui se sont entraînés toute leur vie à se montrer bien élevés. Oubliez tout ça. Soyez grossier. Soyez bruyant. Soyez direct. À ce stade, la partie réservée au singe dans votre esprit voudra s'assurer que vous n'avez pas heurté la sensibilité de quelqu'un, que vous n'avez pas porté ombrage à la bonne volonté de la tribu. Cependant, les gens appartenant à votre tribu, les gens socialement bien élevés, ne seront pas ceux qui auront violé votre espace.

Les prédateurs connaissent aussi cette dynamique et feront en sorte de retourner ce conditionnement social contre vous. « Hé mec, quel est ton problème ? Pourquoi tu te conduis comme un idiot ? »

Le lieutenant Warren Cook, retraité depuis des années du bureau du shérif du comté de Multnomah, avait dit un jour que l'une des manipulations les plus efficaces utilisées par les criminels contre les officiers de police consiste à simplement dire : « Vous n'êtes pas une personne très charitable. » Peu importe que ces paroles inattendues soient prononcées par un violeur, un assassin ou un simple escroc, l'officier de police qui a été élevé pour devenir une personne bonne et charitable ne manque pas de prendre cette affirmation à cœur et de se lancer dans une introspection rapide, remettant en cause sa propre personnalité. Ce moment de doute donne l'avantage au criminel.

Les criminels utilisent cette tactique pour semer le doute et cela marche, même sur des officiers qui devraient être bien au fait. Si (quand) un prédateur tente cette manœuvre sur vous, n'en tenez absolument pas compte. Il a envahi votre espace. Vous ne lui devez rien. Pas la moindre marque de politesse, pas la moindre explication. Juste une simple injonction, « reculez. »

Tenez-vous-en au message. Pas d'explication. « Reculez. » Nombreux sont les prédateurs qui répondront : « Ou quoi ? » Restez-en au message. Pas d'explication. Votre petit esprit de singe voudra absolument s'engager dans une conversation pour s'assurer que tous les singes qui vous entourent

---

18. *Soyez grossier – il est impératif que vous vous sortiez de la Parade Sociale de Domination. Cela ne veut pas dire qu'il faut vous montrer agressif. L'agressivité est une autre forme de Parade de Domination. Soyez grossier, ne jouez pas les malins.*

sont calmés. Le problème est qu'il ne s'agit pas d'un singe. Il s'agit d'un tigre et si vous vous laissez aller au comportement social des singes, le tigre ne manquera pas de vous dévorer. Se contenter de dire simplement « reculez » nécessite de s'entraîner.

Il ne faut pas que dans votre esprit, la part du dialogue et la part du combat donnent l'impression de travailler en même temps. Je ne compte pas les fois où j'ai pénétré dans des cellules de détenus alors que certains s'étaient barricadés, et que d'autres étaient armés. [19] La plupart du temps, je choisissais le moment où ils étaient en pleine discussion. Cela leur demandait à tous (enfin jusqu'à présent) un court instant pour changer de registre et passer de l'échange verbal (disputes, plaintes ou injures) au combat. Ce court instant d'arrêt sur image m'a toujours permis de les jeter au sol et de leur passer les menottes sans les blesser. C'est une bonne chose.

Comme vous pouvez le constater, si vous appliquez cette tactique à une Parade de Domination, vous risquez de toute évidence de vous prendre un retour de flammes. Mais une version de cette dernière, l'obstruction, fonctionne quelquefois dans le cas d'une PD. Cette tactique implique une tirade verbale précise, mais jamais d'insultes personnelles, et qui doit être ininterrompue jusqu'à ce que la menace renonce et parte :

« Qu'est-ce que tu regardes ? »

« Oh non ! Je sais ce que tu essaies de faire ! Tu dis que j'étais en train de te fixer, mais tu sais très bien que ce n'était pas le cas, tu dis ça uniquement pour essayer de me faire dire quelque chose pour qu'ensuite tu dises quelque chose qui me fera répondre et ainsi de suite, jusqu'à ce que cela tourne à la bagarre. Eh bien pas aujourd'hui. En aucun cas. Pas aujourd'hui, cela n'arrivera pas. Tu peux garder tes regards et tes yeux furibonds pour toi, je ne vais pas me laisser entraîner dans une bagarre qui n'a aucun sens, pas par toi, pas par quiconque. Cela ne va pas arriver… » La Parade de Domination nécessite un échange : mon regard, ton regard. Mon insulte, ton insulte. La tactique de l'obstruction fonctionne car elle nie le rituel jusqu'à ce que l'autre retrouve son sens commun et voie à quel point toute la situation n'a pas de sens.

Une nouvelle fois : toutes les personnalités ne peuvent pas utiliser avec succès les différentes tactiques que je décris. Et je suis sûr qu'il existe des millions de tactiques que j'ignore. La vie est un travail permanent.

Le deuxième objectif du prédateur lorsqu'il vous « accoste » est de *recueillir les informations dont il a besoin pour faire de vous une victime.*

---

19. Vous vous rappelez des IMO ? Pénétrer dans une cellule fermée offre toutes les opportunités au détenu. Il ne faut jamais le faire à la légère. Pour le gardien, IMO implique l'Intention, les Moyens et l'Opportunité de ne pas obéir à l'ordre donné par le représentant de la loi. La plupart de mes entrées concernaient des détenus ayant menacé de se faire du mal ou l'ayant déjà fait, une situation dans laquelle il faut toujours tenir compte des moyens et de l'opportunité.

La première étape consiste à vérifier votre manière de gérer votre espace. Si quelqu'un vous pose une question, jusqu'à quelle distance l'autorisez-vous à approcher ? Et quel signal précis lui envoyez-vous pour indiquer que votre espace a été envahi ?

Si vous prétendez n'avoir rien remarqué, en particulier, si vous donnez l'impression de rétrécir, de vous faire tout petit et inoffensif, vous faites une parfaite victime. C'est courant et l'origine de cette attitude est évidente : se montrer humble et silencieux peut vous permettre d'éviter la violence sociale. Le message est : « Je ne vous mets pas au défi, je ne vous veux aucun mal, vous pouvez faire ce que vous voulez, je ne me mettrai pas sur votre chemin. » C'est exactement ce que cherche un prédateur.

C'est malheureux, mais les êtres humains peuvent traiter les autres êtres humains comme des rivaux sociaux ou des espèces de proies. Il y aurait beaucoup moins de confusion dans le domaine de la violence si les prédateurs ressemblaient à des tigres et que les gens qui jouent aux jeux de domination se comportaient comme des chimpanzés. Nous sommes câblés pour percevoir dès l'origine une menace ou un signal de danger émis par un être humain qui s'apprête à user de violence sociale, mais pas pour reconnaître la violence prédatrice.

Très peu de gens vont en fait tenter d'arrêter quelqu'un qui viole leur espace. C'est difficile à faire. Même les instructeurs de self-défense qui affirment et enseignent « de ne jamais laisser un étranger violer votre zone des un mètre cinquante » n'ont pas bronché lorsque j'ai pris une barre de fer à côté d'eux à la fin d'un séminaire, ou lorsqu'un étranger s'est assis de l'autre côté. « Jamais » est un mot à proscrire de votre vocabulaire.

Si vous n'essayez pas d'ignorer quelqu'un qui pénètre dans votre espace, vous devez l'évaluer d'une certaine manière. Le détailler, en le regardant une fois de bas en haut, semble tout à fait approprié ici. Comme l'est un « Salut » qui n'engage à rien. Pendant que vous le détaillez, noter la position des mains, si elles sont visibles ou dissimulées, d'éventuelles armes : des renflements, des couteaux à cran d'arrêt, des fourreaux. Prenez une seconde pour vous assurer que vos pieds sont dans une position favorable, [20] que vous savez dans quelle direction vous pourrez filer si besoin est, et que vous disposez d'une arme potentielle improvisée à distance de main, un stylo ou une tasse à café.

Il peut sembler que l'objectif de tout ceci est de se préparer au combat. Mais, c'est secondaire. Le but premier est d'envoyer un message : *je vous vois. Je vous ai évalué. Je suis prêt physiquement à partir et je vais continuer à vous*

20. Même si vous êtes assis, déplacez vos pieds jusqu'à une position qui vous assurera un bon ancrage au sol au moment où vous lancerez votre corps dans l'une ou l'autre des directions mais sans en déroger.

observer. La majorité des gens ne remarquera même pas ce que vous avez fait. Les prédateurs et les gens qui ont eu maille à partir avec les prédateurs le remarqueront. Ils le prendront comme un signal indiquant que vous n'êtes pas décidé à vous laisser faire, que le prédateur réussisse son coup ou pas.

Le signal indique pour une part que vous l'autorisez à pénétrer dans votre espace; que vous avez pris en compte l'entorse à l'étiquette, mais qu'il n'est pas question d'intimidation.

Des protestations verbales, par exemple, « C'est ma table », seront efficaces avec un prédateur si elles sont énoncées en adoptant le ton sérieux approprié (pas en hurlant d'une voix criarde ce qui révélerait votre appréhension). Cependant, si vous n'avez pas à faire à un prédateur, cela ne peut que déclencher une Parade de Domination.

« C'est ma table. »

« Ah bon ! Je n'ai pas vu de réservation. »

Vous pouvez poursuivre le dialogue vous-même.

À nouveau: vous devez être capable de distinguer l'approche d'un prédateur de la violence sociale car les moyens de défense utilisés pour l'une renforcent l'autre.

Un prédateur peut souvent utiliser une deuxième tactique verbale pour voir si vous êtes sincère. Après que vous l'avez détaillé et que vous avez lancé un « Salut » ou un « C'est ma table », il peut vous rétorquer quelque chose qui peut être insultant (« Ne sois pas idiote ») ou agressif (« Je ne m'attendais pas à ce que tu sois l'une de ces pimbêches que l'on trouve ici ») [21] ou ambiguë (« Et alors ? »). Si vous tentez de vous expliquer, ou si vous commencez à discuter... en particulier si vous vous mettez à vous excuser, vous êtes toujours une victime potentielle. Les tensions sont relativement fortes. L'espace a été envahi. Il peut avoir été envahi par un prédateur ou par un singe. En lançant la conversation, la menace sait que si vous tentez de faire baisser la tension en vous engageant à votre tour dans la conversation, son camouflage est toujours intact, car vous le prenez pour un singe et non pour le tigre qu'il est vraiment. Si *vous* vous excusez de *sa* transgression, il sait aussi que soit vous avez peur, soit vous vous situez de vous-même à un niveau social très bas.

La menace va également utiliser son savoir-faire verbal et social pour tenter de vous *distraire*. Cela peut être aussi simple que de vous demander l'heure pour que vous jetiez un coup d'œil à votre montre plutôt qu'à la

21. *Cette dernière couvre un large spectre. J'ai connu plusieurs criminels qui se vantaient d'utiliser cette réplique : « Je ne pensais pas que tu étais une putain de pimbêche comme toutes les autres. Je pensais que tu pouvais voir au-delà de... (passé, tatouages, etc.) » Si la femme parvient à ne pas perdre les pédales en tentant de prouver qu'elle n'est pas une pimbêche et qu'elle n'est pas assez bien pour être vue avec la Menace, elle peut éviter de devenir sa prochaine victime.*

menace, de vous demander du feu ou une cigarette pour dans le même temps vous distraire et vous faire plonger une main dans votre poche, ou aussi complexe que de vous demander son chemin pour mieux vous frapper pendant que vous parlez.

Si vous étiez en train de marcher lorsqu'il vous aborde, continuez à marcher. S'arrêter lorsqu'on est abordé par un étranger est le signe du conditionnement social profond qu'implique la politesse, ou d'une attitude soumise face aux représentants de l'autorité. Chacune de ces réactions est du pain béni pour un prédateur.

Si vous êtes déjà arrêté (considérez d'autres aspects. Si la menace s'approche de vous, prenez en compte l'environnement. Est-ce que quelqu'un se déplace pour vous couper toute retraite ? Est-ce qu'il y a des endroits où vous pouvez vous mettre à l'abri ou est-ce que la voie est libre devant vous ?), répondez à ses questions tout en ne perdant pas de vue la menace. En tout premier lieu, évitez de le fixer car votre temps de réaction à la vision directe est plus lent que votre temps de réaction à la vision périphérique. De plus, le fait de le fixer peut être interprété comme du défi.

Vous n'êtes peut-être pas en train de regarder directement la menace, mais vous n'êtes pas non plus en train de focaliser votre vision ailleurs. Montrez-lui votre montre lorsqu'il vous demande l'heure (sans lui présenter votre poignet, il n'avait pas l'intention de regarder de toute façon). Dites-lui que vous ne fumez pas. S'il vous demande son chemin, demandez-lui : « Connaissez-vous un peu la ville ? » Vous ne devez à aucun moment lui offrir une ouverture alors que vous êtes distrait. L'objectif d'une désescalade face à un prédateur est de lui rendre la tâche trop difficile pour qu'il ait envie de continuer. Jusqu'à un certain point, nombreuses sont les victimes qui coopèrent avec leurs agresseurs en jouant le rôle social que le prédateur désire.

Les prédateurs *ne veulent pas de témoin.* C'est tout à fait évident. L'un des arguments dissuasifs les plus efficaces est de simplement porter l'attention sur la situation avant que le Prédateur réussisse à vous isoler. Il existe relativement peu d'endroits complètement déserts et les prédateurs s'y mettent rarement en chasse car les endroits déserts ne sont pas des environnements riches en cibles potentielles. [22] Ils doivent contraindre, conduire, cajoler ou ordonner à la victime d'aller jusqu'à l'endroit prévu pour l'agression elle-même.

---

22. *C'est sans surprise que les chemins de randonnée sont le cadre de nombreux crimes violents. Ils sont parcourus par de nombreux marcheurs solitaires ou par des petits groupes de randonneurs ; le plus souvent non-armés ; se sentant généralement en sécurité dans leur environnement ; loin de toute aide, loin de tout témoin.*

Contraindre consiste à recourir à la peur pour faire plier la victime : « Tu montes dans ma voiture ou je te saigne », ou simplement à montrer une arme et à la prendre par le bras.

Conduire consiste à recourir à la peur et quelquefois à des complices pour obliger quelqu'un à courir jusqu'à un endroit peu sûr alors qu'il pense, *il y a un sale type derrière moi et un autre plus haut, je ferais mieux de me cacher dans ce cul-de-sac tranquille*. L'objectif est de vous faire oublier les règles cardinales qui veulent que si vous devez vous enfuir, vous devez courir jusqu'à un endroit que vous savez être sûr.

Cajoler est ce que fait le prédateur charmeur mais d'une manière moins sophistiquée : « Viens ma belle. Allons faire un tour en voiture. La vue sur la ville est vraiment superbe depuis le belvédère. »

Ordonner « Tu viens avec moi, maintenant » marche parfois. Cela ne devrait pas. Peut-être que cela peut paraître viril et que certaines femmes, qui ne tarderont pas à devenir des victimes, peuvent trouver ça attirant. Je soupçonne qu'il est question ici d'une réponse conditionnée face aux représentants de l'autorité.

Dans tous les exemples, si le sale type a peur des témoins, votre meilleure protection est de vous en procurer. Quel que soit ce que vous décidez de dire, vous devez le dire à haute et intelligible voix, de manière persuasive et définitive : « Je ne vais PAS avec vous ! Laissez-moi tranquille ! Enlevez vos sales pattes de moi ! »

Cette tactique verbale n'est pas une tentative de communication avec le prédateur. À ce moment-là, vous essayez d'attirer l'attention de tous les non-prédateurs autour de vous. Ils n'ont pas besoin d'intervenir, souvent le fait d'attirer l'attention de témoins potentiels et de montrer de la conviction suffisent pour que le prédateur décide que vous n'en valez pas la peine.

> Les petites brutes choisissent leurs victimes selon deux critères : la facilité et la certitude de s'amuser. Un gamin qui cherche à se battre même s'il est sûr de perdre, ou celui qui est sous la protection de grands frères ne risquent pas d'être pris pour cibles. Ce n'est pas sans conséquence de s'attaquer à eux.
>
> Les gamins qui ne répondent pas, ne pleurent pas, ne crient pas ou ne montrent rien sont des gamins qui se font rarement maltraiter. Comme les bébés aiment les jouets qui couinent parce que cela montre qu'ils peuvent influencer leur monde, les petites brutes aiment le pouvoir de déclencher une réaction.
>
> La parfaite victime pour une agression est donc une personne physiquement timide et émotionnellement fragile, qui n'a pas d'allié.

4. Les états mentaux altérés

Par définition même, se retrouver confronté à une menace dont l'état mental est altéré est un cas particulier. Les règles habituelles ne s'appliquent pas ici, mais il existe plusieurs règles de conduite qui ont fonctionné pour moi.

Parmi les états mentaux altérés, il faut inclure l'influence des drogues et de l'alcool, les maladies mentales, et les émotions extrêmes. Ce qui rend ces cas difficiles est que ce que vous savez faire pour gérer les gens peut ou ne peut pas s'appliquer ici. Lorsque j'enseigne la gestion de crise aux policiers, j'aborde un petit détail concernant les différents types de maladies mentales. C'est bien de le connaître, mais il n'est pas aussi important qu'il y paraît. Si tous les schizophrènes se comportaient de la même manière et que leur manière de se comporter était toujours différente de celle des autistes ou des types sous crack ou des psychotiques en crise, le domaine du diagnostique serait une expertise beaucoup plus intéressante.

Cas spécial: aucune limite. C'est quelque chose qui est commun aux désordres propres au spectre de l'autisme mais j'ai déjà vu quelques cas qui n'avaient aucun des autres signes de l'autisme. Il existe une poignée de gens qui sont tout simplement incapables de comprendre les autres. Ils serrent la main trop longtemps parce qu'ils attendent un signal clair pour s'arrêter, et ils ne remarquent jamais que l'autre personne tente de retirer sa main. Ils observent la mauvaise partie du corps. Ils sont souvent trop familiers, essayant d'embrasser l'autre ou de le prendre dans ses bras pour dire bonjour alors que la relation ne le justifie pas.

Vous devez poser des limites claires et définitives mais comme ils ne perçoivent pas les limites, vous devez les expliquer. Ils vous en seront reconnaissants pour la plupart. S'ils essaient d'argumenter ou s'ils tentent d'un rire de passer outre les limites que vous avez établies, attendez-vous à un prédateur sexuel qui est déjà en train de préparer l'excuse toute trouvée: « Je ne savais pas que ce que je faisais était mal. »

a. Évaluation de l'état mental

Le plus important est de comprendre que l'esprit auquel vous êtes confronté ne fonctionne pas comme le vôtre et que vous devez être prêt à vous adapter. Observez bien ce qui le détend ou le rend plus agité et agissez en fonction de ce que vous voyez. Je vais vous donner ici quelques conseils pour établir un diagnostic.

Évitez de les regarder dans les yeux. Les individus présentant un désordre évoquant le spectre de l'autisme se sentiront très mal à l'aise et beaucoup de ceux dont l'état mental est altéré considéreront cela comme une menace et risqueront facilement de paniquer.

Écoutez. Certains passeront en mode cris et hurlements. Si c'est possible, sortez de là. Les hurleurs posent problème aux personnes munies de tasers et de badges. Si, malgré tout, une menace, dont l'état mental est altéré, se met à parler, écoutez. Cherchez à comprendre la logique interne de ce qu'il ou elle est en train de dire. Faites-leur comprendre que vous les écoutez pour mieux vous occuper d'eux mais que vous ne les jugez pas.

N'affrontez pas directement des individus présentant une psychose paranoïaque. Ils entendent des voix. Ils ne *pensent* pas qu'ils entendent des voix, ils n'*imaginent* pas qu'ils entendent des voix. Ils les *entendent*. De la même manière que vous entendez de la musique ou vos amis parler.

Ne prétendez pas non plus vous préoccuper de la psychose paranoïaque. Une nouvelle information : la plupart des malades mentaux savent qu'ils sont mentalement malades. Ils ont dû faire avec leur maladie et s'adapter depuis très longtemps. Ils entendent des voix et ils savent que personne d'autre ne les entend. Si vous prétendez que vous les entendez, ils sauront que vous êtes un menteur auquel ils ne peuvent pas faire confiance qui cherche à faire ami-ami. La tactique particulière que j'utilise avec des menaces atteintes de psychose paranoïaque est de dire : « Tu sais que je ne peux pas voir l'homme bleu que tu vois. Essayons de nous concentrer sur ce que nous pouvons voir tous les deux. »

Liez le bon comportement aux conséquences favorables : « Non, tu ne peux pas avoir d'amis si tu brandis un couteau sous leur nez. Laisse tomber ton couteau et nous serons amis. » et continuez ainsi. L'une des choses terrifiantes lorsque l'on se trouve dans un état de conscience altéré est le sentiment d'avoir perdu tout contrôle. Vous ne pouvez plus contrôler votre esprit. Vous ne pouvez plus faire confiance à vos sens. Les autres peuvent vous enfermer ou pas. C'est un signe de pouvoir fort que de montrer à une personne mentalement dérangée que vous avez la capacité de contrôler la plus grande part de sa propre vie. Même lors d'une interaction limitée, vous pouvez leur apprendre, au moins en ce qui vous concerne, que de bien se comporter joue en leur faveur.

À moins qu'ils ne semblent bizarres ou en colère, copiez leur niveau d'activité initial. Si quelqu'un se promène tranquillement, marchez tranquillement avec lui. Parle-t-il à toute vitesse ? Commencez à parler à la même vitesse que lui. Néanmoins, soyez un petit peu moins bruyant et un petit peu moins fébrile. Puis, baissez le volume de votre voix et la vitesse de votre activité et de votre discours. Ils feront comme vous pour s'adapter à vous. Vous pouvez parfois les calmer en utilisant seulement cette tactique.

Lorsque c'est votre tour de parler, utilisez une voix grave. Parvenir à prendre en mains des individus agités et d'autant plus des personnes mentalement dérangées s'avère très difficile pour ceux qui possèdent une voix aiguë.

Utilisez des expressions positives (faire), en d'autres termes, dites-leur ce qu'ils devraient faire, et non ce qu'ils ne devraient pas faire. Par exemple, dites: « Marchons sur le trottoir » plutôt que « Ne marchez pas sur la pelouse. »

Une des choses que je dis aux policiers et que vous devriez savoir si vous vous retrouvez en situation de devoir calmer quelqu'un qui présente une altération mentale: « Ayez un plan de rechange. » Ne *dépendez* pas de quelque chose qui devrait fonctionner. Si la situation se dégrade, elle peut partir en vrille très rapidement et très violemment. Soyez prêt à tout moment à faire usage de la force si nécessaire.

Ma meilleure stratégie avec des personnes atteintes de maladies mentales et avec certains drogués est de dire: « Quand avez-vous été diagnostiqué (ou quand avez-vous commencé) ? D'accord, alors cela fait X années que vous devez faire avec. Cela n'est pas quelque chose de nouveau pour vous. Qu'est-ce qu'on doit faire alors? Qu'est-ce qui a marché avant? » Être malade mentalement ne veut pas dire être stupide. Ils savent probablement mieux que vous ce qu'il faut pour se sortir de la situation. Demandez et écoutez.

Cette approche ne marchera sûrement pas avec des psychotiques en pleine crise et marche rarement dans les cas de delirium tremens, deux des cas spécifiques.

b. La crise psychotique

La crise psychotique survient quand quelqu'un, généralement sans antécédent de maladie mentale, traverse des bouleversements émotionnels tels qu'il en vient à perdre le contact avec la réalité. C'est le type de gars qui prend ses enfants en otage pour obtenir leur garde auprès du tribunal. Ou le type qui se fait surprendre lors d'un délit mineur et qui pousse l'escalade jusqu'au kidnapping et à l'agression avec prise d'otages pour essayer de s'en tirer. Il arrive quelquefois que les gens soient si déprimés, en colère ou effrayés qu'ils tentent momentanément des choses qu'ils auraient considérées comme parfaitement stupides lorsqu'ils étaient dans leur état normal. Les flics appellent cela la crise psychotique.

La plupart de ce qui est mentionné plus haut peut aider, mais il ne faut pas songer à leur demander de résoudre leurs propres problèmes. Ils n'ont pas plus d'expérience sur laquelle s'appuyer que vous. Vous allez devoir trouver une solution ensemble tous les deux.

c. Le delirium tremens

Le delirium tremens est une chose avec laquelle les policiers, les urgentistes et les juges sont par trop familiarisés. La situation se présente généralement sous la forme d'un homme nu, enragé, la bouche écumante qui hurle et gronde, casse des vitres, et s'attaque quelquefois à tout ce qui se trouve à sa portée. La nudité est la réaction du bonhomme à une montée en flèche de la température de son corps (une température du foie de 25 °C a été relevée lors d'une autopsie). Je ne sais pas pourquoi ils brisent les vitres. Ils peuvent développer une force herculéenne et réagir très rapidement. Mon équipe a eu à faire à l'un d'eux qui est parvenu à retirer six vis à béton d'un mur juste avec ses doigts pour s'emparer d'un miroir en acier inoxydable, le briser et s'en servir comme d'une arme.

Je n'en connais pas la cause. La plupart sont sous stimulants, cocaïne, méthamphétamines ou PPC, mais pas tous. Certains ont un passé d'abus de stimulants, mais pas tous. Certains ont eu des troubles mentaux, mais pas tous. Lorsqu'ils finissent par s'endormir, la plupart se réveillent en forme, mis à part les blessures qu'ils se sont faites en fracassant une vitre avec leurs poings. Mais je pense qu'ils ne peuvent pas tous survivre, en particulier celui dont la température du foie était montée à 25 °C.

Un autre, sur lequel nous avons été contraints d'user d'un Taser afin de le sauver, ne s'est jamais vraiment remis, mais nous ne savons pas si cela est dû à des dommages qu'il aurait lui-même causé à son cerveau ou si ce sont les effets secondaires d'une fièvre extrêmement forte. Je dis que le Taser l'a sauvé car il était sur le point de s'écraser de toutes ses forces, la tête la première, contre un mur et le Taser était le seul moyen de l'arrêter assez longtemps pour que nous puissions lui passer les menottes et le transporter jusqu'à l'ambulance.

Certains de ceux atteints de delirium tremens meurent lors de leur confrontation avec la police, le plus souvent, en se faisant tirer dessus, mais, quelquefois, parce qu'ils ne veulent pas se rendre et se battent jusqu'à ce que leur cœur lâche, alors que les policiers tentaient simplement de les conduire au poste de police sans trop de mal. Je connais un officier de police qui est resté handicapé à la suite d'une bagarre dans laquelle cinq policiers se sont fait projeter en tous sens par une seule menace, pourtant pas très costaud, en plein delirium tremens.

Des experts nationalement reconnus m'ont expliqué qu'il était impossible de calmer une menace en plein delirium tremens. J'y suis parvenu à deux reprises.

À chaque fois, j'avais un bon soutien à distance de vue et une échappatoire rapide à proximité. Je ne peux vous garantir que cela marcherait pour quelqu'un d'autre ou que je pourrais recommencer. Je me suis déplacé lentement. J'ai parlé lentement, à voix basse. Je lui ai dit tout ce que je m'apprêtais à faire avant de le faire. « Je vais vous toucher le bras gauche avec ma main. Bien. Je vais maintenant le tourner un peu et vous passer les menottes. »

Cela a marché. Deux fois. Deux succès ne font pas un système.

d. Les simulations

À la section « Désescalade dans la Parade de Domination de Groupe », j'ai mentionné l'intérêt qu'il peut y avoir à savoir feindre la folie et je vous ai dit que cette capacité pouvait être très utile dans la rue face à un agresseur. Lorsque quelqu'un se conduit comme un fou, je cherche un ou deux signes incontestables de cette folie.

En premier lieu, si le conditionnement mental d'un individu semble hors de contrôle au point qu'il en devient une menace, il va présenter d'autres troubles de comportement dans d'autres domaines de sa vie, comme l'hygiène. Dans notre programme de santé mentale, l'un des premiers signes qui indiquent que quelqu'un commence à perdre les pédales est la dégradation de son hygiène. Vous ne serez peut-être pas capable de voir un changement, lorsque le problème survient dans la rue, mais en règle générale, si quelqu'un est propre, que sa barbe est taillée et ses cheveux bien peignés et qu'il se comporte comme un fou, il est plus que vraisemblable qu'il simule. La même chose avec l'habillement. Si quelqu'un choisit des vêtements pour faire bonne impression sur les étrangers, il prendra un costume. Un exemple avec ce type dans un lycée de banlieue qui portait ses livres dans des sacoches à vélo posées en travers de ses épaules.

Si un individu perd l'esprit, il ne se préoccupera pas de s'habiller de manière à impressionner les autres. Si quelqu'un met des vêtements excentriques, c'est un choix. Si ensuite, il se conduit de manière excentrique, c'est probablement aussi un choix.

La chose la plus importante est un tuyau que m'a donné l'équipe de l'hôpital psychiatrique de l'état de l'Oregon alors que je leur amenais un criminel très dangereux pour un diagnostic. Je leur exprimais alors mes doutes quant au détenu qui pour moi était en train de simuler pour tenter de s'évader. L'équipe me dit : « C'est généralement assez facile de le savoir. Les simulateurs essaient de se comporter comme des fous. Les personnes réellement malades mentalement font tout pour se comporter comme des personnes normales. »

Bien pensé et totalement vrai. Être atteint de maladie mentale n'a rien de réjouissant. Les malades mentaux font tout ce qu'ils peuvent pour paraître aussi normaux que possible afin de ne pas laisser paraître leur différence aux étrangers. Ils veulent être traités comme des gens normaux et travaillent dur pour le mériter.

En règle générale, si des individus se comportent de manière insensée pour vous amener à penser qu'ils sont fous, c'est qu'ils ne le sont probablement pas.

La dernière chose que je regarde demande un simple test. Les malades mentaux n'ont vraiment pas le choix. Ils ne peuvent tout simplement pas décider de ne pas entendre des voix ou décider soudain que leur claustrophobie est irrationnelle et qu'ils peuvent la surmonter. Les simulateurs le peuvent. Si un type a peur de quitter sa chambre excepté lorsqu'il y a du dessert, il n'a pas aussi peur qu'il prétend.

Dans notre poste, les officiers avaient la charge à la fois de détenus et de civils atteints de maladies mentales. Mes officiers avaient exprimé leur préoccupation quant à l'un des patients, un citoyen privé, je l'appellerai P – qui essayait de s'approcher au plus près pour mieux loucher sur les équipements attachés à leurs ceintures. J'y suis donc allé pour voir et son attitude éveilla immédiatement mes soupçons. Le type n'était pas seulement scrupuleusement propre, mais il avait un petit air costumé – il ressemblait à l'un des membres du groupe ZZ Top avec une énorme barbe foisonnante et des lunettes noires en permanence sur le nez.

Dès que j'arrivai, j'envoyai mon officier prendre sa pause déjeuner, aussitôt P se rapprocha pour tenter de regarder par-dessus mon épaule.

« Vous avez une arme ? »

« Éloigne-toi de moi. » lui répondis-je à voix basse sur le même ton.

« Tu ne peux pas me parler comme ça » dit P.

« Je ne suis pas ton infirmière. Je vais te botter les fesses. Éloigne-toi. »

Il partit.

Rapidement, au cas où quelqu'un pense que j'avais parlé durement à ce pauvre incompris de malade mental… même s'il n'était pas en train de simuler, il s'intéressait d'un peu trop près aux armes portées par mes officiers. Tôt ou tard, à moins qu'il ne se fasse tirer dessus avant, il allait s'en prendre à un officier. Avec l'obsession de P pour les armes, l'officier pouvait se retrouver en situation de danger de mort. L'officier risquait d'être blessé voire tué et P allait presque certainement être abattu.

L'intérêt principal de la désescalade verbale réside dans le fait que vous n'avez pas besoin de recourir à la force physique. Je préférerais largement me montrer grossier ou froid plutôt que de subir une enquête pour meurtre, en particulier une mort que j'aurais pu éviter avec un simple mot, deux tout au plus. Même un mot grossier.

5. Les prises d'otages

Il existe différents types de prises d'otages et il n'y a pas toujours moyen d'entamer une désescalade. Quelquefois, la désescalade n'est pas de votre ressort. Si un négociateur professionnel est impliqué, laissez-le exercer ses talents. Il y a des choses que vous pouvez faire pour limiter les risques de mourir.

En tout premier lieu, si un groupe important d'hommes en armes déboule à un endroit (école, théâtre, centre commercial) fuyez. Quittez les lieux quel que soit le cas. Même si vous avez été touché. Le but lors d'un siège orchestré par des terroristes, c'est de capturer un maximum de gens, de les enfermer dans un endroit facile à défendre, *de les barder d'explosifs*, et de tuer autant d'otages, de sauveteurs, de policiers et de reporters que possible. Les terroristes qui ont survécu tenteront ensuite de s'enfuir en se mêlant à la foule, prétendant parfois faire partie des ambulanciers ou des volontaires qui aident les blessés.

Ils garderont le contrôle du groupe en tuant ou violant devant tous les autres otages quiconque tentera de résister, de reprendre la situation en main ou de faire le malin. Réconforter les enfants, tenter quelque chose que vous auriez appris lors d'une formation de survie en étant otage, ou utiliser n'importe quoi de ce que je vous conseille ici vous identifiera comme quelqu'un qui s'est entraîné à survivre et conduira à votre exécution sommaire.

Si vous voyez l'une de ces situations survenir, prenez vos jambes à votre cou.

Dans la plupart des autres scénarios potentiels de prise d'otages, tuer tous les otages ne sert pas les objectifs du preneur d'otages. En cas de menaces irrationnelles, les conseils relatifs à la manière d'établir un lien, donnés à la section 4.a., peuvent aider. Le conseil habituel pour la survie d'un otage est de s'identifier comme une *personne* et de *minimiser vos différences* par rapport à la menace.

S'identifier consiste à tenter de lancer la conversation avec les preneurs d'otages en vous présentant comme une personne de bon aloi et authentique avec autant de choses en commun avec la menace que vous pouvez trouver. Il est plus difficile de tuer quelqu'un que vous connaissez qu'un étranger.

Les policiers lorsqu'ils sont pris en otage ont reçu le conseil de minimiser leurs différences en ôtant leurs vestes d'uniforme aussitôt qu'ils trouvent une excuse.

Cela devrait vous paraître familier. Voilà le deal.

Vous ne devez pas vous laisser « marginaliser. » Plus « marginalisé » vous serez, plus les agresseurs pourront se convaincre que vous êtes un « marginal », plus il leur sera facile d'utiliser de violence, et plus ils se sentiront confortables en utilisant toujours plus de la violence. S'identifier comme une personne est une manière plus facile, plus positive de le dire (l'idée d'agir), mais le mécanisme est celui de la « marginalisation. »

Quelques conseils de Peyton Quinn :

Ne pas insulter.

Ne pas provoquer.

Ne pas être dans le déni face à ce qui arrive.

Ne pas offrir à la menace un moyen de sauver la face.

Chapitre IV
CONTRE-ATTAQUE

Alors que je discutais avec une amie dans un lieu public, son regard se figea soudain au-dessus de mon épaule et ses yeux s'écarquillèrent. Je me retournai d'un coup, le coude levé, pivotant avant d'avancer ployé vers la menace. Je ne ressentis pas le contact solide d'une tête, mais je sentis un bras se faire balayer et je continuai. Toujours baissé, je me retrouvai derrière la menace, je levai alors une main pour lui empoigner le visage et contrôler sa colonne vertébrale, l'autre trouvant un poignet à tordre.

Et je m'arrêtai là. Un ami essayant de me surprendre. Sic.

L'évitement et la désescalade ont échoué ou vous n'avez même pas eu l'occasion d'y avoir recours. Vous avez été attaqué. Quelque chose s'est soudain fracassé par-dessus votre tête et quelqu'un a saisi vos cheveux pour vous entraîner vers un placard. Que devez-vous faire ?

Revenons un pas en arrière. Qu'auriez-vous dû déjà faire avant même de réaliser que la bagarre était lancée ?

Ce chapitre ne concerne que ce quart de seconde qui précède toute bagarre, mais c'est un quart de seconde sacrément décisif.

Dans ce chapitre, je laisserai de côté la Parade de Domination. Si vous ne réussissez pas à vous en sortir, c'est votre problème. De plus, la PD n'est pas particulièrement dangereuse à moins de tomber et de se fracasser le crâne. Il est question ici de survivre au premier contact lors d'une agression de manière à pouvoir reprendre la situation en main. [23]

23. *Au cas où ce ne serait pas clair, une bagarre implique deux personnes tentant de s'infliger des sévices physiques ou de se dominer physiquement. Une agression implique une seule personne tentant d'infliger des sévices physiques ou de dominer une victime. Si une victime d'agression parvient à transformer cette agression en une simple bagarre, la situation s'en trouve améliorée de manière significative.*

1. Les fondamentaux

Ce dont vous avez besoin implique rapidité, efficacité, simplicité, pouvoir agir sur la plupart des choses sans avoir à s'adapter, pouvoir facilement s'entraîner et vous permettre de poursuivre le combat. Cela vous paraît-il simple ? Ensuite, cela étant acquis, il faudra vous entraîner pour que votre vitesse de réaction soit de l'ordre du réflexe.

Rapidité. Idéalement, le mouvement devient si efficace que dès le premier signal d'une attaque potentielle vous pouvez le lancer et frapper le premier. Comme la réaction est plus lente que l'action, c'est difficile. Pas impossible, juste difficile. Au minimum, alors qu'à force d'entraînement, votre vitesse de réaction devient de l'ordre du réflexe, ce mouvement devrait être assez rapide pour que, après avoir reçu un premier coup, vous puissiez frapper la menace en retour avant qu'il ne lance une deuxième attaque.

Efficacité, cela doit fonctionner. C'est presque trop évident pour être dit, mais j'ai vu enseigner beaucoup trop de mouvements qui n'étaient pas applicables dans la vraie vie ou dans les conditions réelles d'une agression (par exemple, attraper des couteaux au vol, d'une manière ou d'une autre, intercaler votre coude entre un poing et votre visage plus vite que la vitesse du poing ou bloquer une succession rapide de coups de poing à la seule force du poignet).

Simplicité. Si le mouvement est complexe, il sera trop lent pour être utilisé, trop difficile pour être maîtrisé malgré l'entraînement, trop facile à rendre inopérant par excès de raffinement. La simplicité est plus efficace en situation de combat réel que la complexité.

Sans avoir à s'adapter. Le mouvement doit fonctionner sur la plupart des attaques courantes. Si vous devez modifier votre mouvement pour vous adapter à l'endroit où, et à la manière dont l'agresseur se tient, ou s'il attaque de la main droite ou de la main gauche, en haut ou en bas, cela nécessite une série de décisions qui ne peuvent que ralentir votre action. Dans un combat, vous ne pouvez pas perdre du temps à réfléchir. Vous avez besoin d'un mouvement initial qui se révèle efficace dans (presque) toutes les situations.

Facilité d'entraînement. Pour que cela devienne un réflexe, vous devez pouvoir le répéter et le répéter encore. Vous devez aussi pouvoir le pratiquer en toute sécurité, de toutes vos forces et à pleine vitesse.

Vous devez être capable d'enchaîner. C'est un avertissement pour moi. Je connais quelques mouvements de contre que j'aime bien, mais je suis un spécialiste du combat rapproché. Si ce n'est pas votre cas et que vous utilisez mes contres, vous réussirez à vous en sortir avec les honneurs pendant le premier quart de seconde... et ensuite, vous ne saurez plus quoi faire.

S'entraîner pour que la vitesse de réaction soit de l'ordre du réflexe. Si vous devez réfléchir, la deuxième voire la troisième attaque de la menace atteindra sa cible. Chaque frappe, chaque coup diminue votre capacité physique à réagir à la prochaine attaque. Le temps fait des ravages. Blessé, vous êtes d'autant plus vulnérable.

a. Les composantes de la vitesse

Il existe certains concepts qui vous aideront à comprendre ce qu'est la vitesse et comment elle intervient dans un combat. Ces derniers sont des éléments importants qui seront développés dans le chapitre VI sur le combat lui-même, mais, à un niveau différent, ils entrent déjà en ligne de compte ici.

La boucle dite de OODA, développée par le Colonel John Boyd de l'armée de l'air des États-Unis, est le schéma standard de la prise de décision au combat. Toutes les décisions sont prises de cette manière. Avant que votre entraînement ne vous permette de sauter des étapes, s'entend.

O-*Observer*. En premier lieu vous devez voir ce qui se passe. Si vous ne voyez pas ce qui est sur le point d'arriver, vous ne pouvez rien faire pour vous en prémunir.

O-*Orienter*. Vous recevez l'information mais sans le commentaire. Vous voyez le flash d'un truc qui brille au moment où il atteint votre ventre. C'est l'étape d'Observation. « Oh mon Dieu un couteau ! » et « Il est en train de me poignarder !! » participe de l'étape d'Orientation, comprenant ce qu'est ce truc « qui brille ». Si vous ne pouvez pas comprendre ce qui se passe, vous ne pouvez rien faire d'efficace.

D-*Décider*. C'est seulement après avoir orienté l'information que vous pouvez décider ce que vous devez faire la concernant.

A-*Agir*. Vous ne commencez à bouger qu'après que la Décision a été prise.

Si l'action de la menace, son coup de poing ou son coup de couteau, est la première chose que vous Observez, vous débutez le processus de OODA avec trois temps de retard. Cela sera difficile à rattraper. Chaque action doit être Observée, aussi, si les attaques de la menace arrivent plus vite que votre capacité à les Orienter et à Décider, vous allez revenir indéfiniment au début de la boucle sans jamais Agir. Une succession d'attaques est l'un des moyens les plus efficaces pour induire la peur chez les autres jusqu'à les tétaniser. Les truands professionnels sont bien au fait de tout ça.

Cette boucle est aussi à l'origine de la maxime qui veut que « l'action bat la réaction. »

Les étapes les plus lentes de la boucle de OODA correspondent généralement à l'orientation et à la décision. Votre capacité à Orienter rapidement est la résultante principale de l'entraînement et de l'expérience. Si vous savez reconnaître qu'une main qui se glisse à la ceinture s'assure de la présence d'une arme, vous savez que vous allez vous engager dans une confrontation armée. [24] Avec l'expérience ou l'entraînement vous pouvez faire la différence entre vérifier la présence d'une arme ou le fait de la sortir et agir en conséquence.

Votre capacité à décider se base sur plusieurs choses. Aussi surprenant que cela puisse paraître, si vous êtes bien entraîné et que vous avez beaucoup d'outils dans votre « boîte à outils », cela peut vous ralentir car vous perdrez du temps à choisir le meilleur outil. Vous n'avez pas de temps à perdre lorsque quelqu'un est sur le point de vous agresser.

Si votre instinct vous dicte de récolter des informations avant de prendre des décisions importantes, vous risquez de vous faire massacrer, car, lors d'une agression, la plupart des informations que vous récolterez impliqueront les sévices que la menace est en train d'infliger à votre corps. La seule information importante est que vous êtes en train d'être agressé et que vous devez réagir maintenant.

> Comme beaucoup de pratiquants d'arts martiaux le savent, la plupart des coups sont téléphonés. Les yeux se focalisent, la respiration s'accélère, les épaules tombent ou la main recule, avant même que la frappe parte et cela quelle que soit la frappe.
>
> Les parades ne sont pas téléphonées. Si c'était le cas, elles seraient trop lentes pour être efficaces. Un fait remarquable, même si le mouvement est identique, la frappe est téléphonée et la parade ne l'est pas. Méditez sur ce point, et pensez au fait que votre contre-attaque ne doit pas être téléphonée mais instinctive, comme une parade. Même si elle risque de causer des dommages, comme une frappe. (Voir les photos 4-1 et 4-2.)

24. *Les gens qui dissimulent des armes ont tendance à vérifier pour s'assurer que les armes sont bien là et qu'elles n'ont pas bougé. Je tire l'arrière de mon pouce le long de ma ceinture. J'ai tellement l'habitude d'être armé que je le fais même lorsque je ne porte pas d'arme. C'est un signe.*

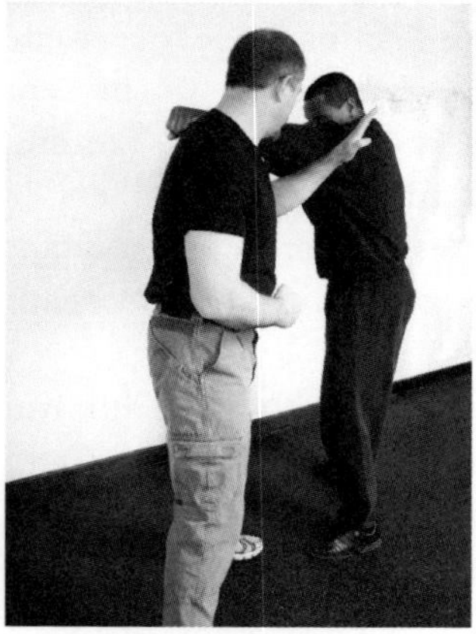

4-1 : *Une parade ne doit pas être téléphonée.*

4-2 : *Une attaque est généralement téléphonée, même si le mouvement est exactement le même que pour la parade.*

L'entraînement aux contre-attaques laisse de côté les deux étapes intermédiaires de la boucle de OODA. Il se concentre sur Observer/Agir. Le système utilisé pour s'entraîner est le Conditionnement Opérationnel (CO).

Le Conditionnement Opérationnel est simple. Un stimuli est associé à une réponse. La réponse que vous voulez est récompensée (un sourire, un « bon travail, recommence » ou juste la sensation de satisfaction d'un impact bien placé). Les réponses incorrectes sont sanctionnées. [25] N'attendez pas la perfection pour récompenser. Récompensez tout progrès de manière à ce que l'entraîné se projette vers le but recherché.

Puis poursuivez l'entraînement et les répétitions jusqu'à ce que le pratiquant reçoive le stimuli et y réponde dans l'instant sans réfléchir. À travers l'entraînement, le CO permet une réponse simple comme une réponse de l'ordre du réflexe, une espèce de réflexe artificiel. C'est possible en écartant les deux étapes intermédiaires de la boucle de OODA. Il n'y a ni Orientation, ni Décision. Votre corps est entraîné : X survient, faites Y.

Choisissez les stimuli avec soin. Les arts martiaux utilisent généralement le CO pour s'entraîner, mais les pratiquants s'entraînent pour répondre à des stimuli très spécifiques. Un coup de poing droit de bas en haut peut être

25. *La punition et la récompense ont une signification très spécifique en psychologie comportementale. Une récompense est tout ce qui peut encourager un comportement spécifique. Une punition est tout ce qui peut décourager un comportement. Un froncement de sourcils, un « recommence » ou simplement ne pas récompenser un effort conduit à ce que cet effort ne soit pas répété de la même manière et compte donc comme une punition. Cela n'implique pas les claques ou autres successions de coups.*

paré par un blocage haut du bras gauche. Répétez l'action mille fois et elle deviendra un réflexe artificiel. De la même manière, le poing gauche sera paré par un blocage haut du bras droit. Des milliers de répétitions. Ensuite, ce sera un blocage extérieur pour parer un direct au visage. Des milliers de plus. S'entraîner de cette manière pendant des années permet à un pratiquant de contrer un pourcentage convenable d'attaques à une vitesse approchant presque celle du réflexe.

Cela fonctionne et nombreux sont les pratiquants d'arts martiaux qui font l'expérience d'une réponse instantanée à une attaque surprise. Cette approche demande également beaucoup de temps.

En sériant les stimuli, vous pourrez accélérer le processus, d'années en jours ou en heures. Cela nécessitera un renforcement et un retour à l'entraînement périodique, mais la capacité de rendre une technique efficace pour faire face à de nombreuses attaques est vitale au cours du premier quart de seconde. Sérier les stimuli consiste ni plus ni moins à s'entraîner à ce que toutes les simulations d'attaques puissent être traitées de la même manière. Les arts martiaux qui privilégient les angles d'attaque plutôt que les types d'attaques vous permettent de faire un grand pas dans la bonne direction.

Il existe trois séries d'attaques qui sont essentielles et deux autres qui sont importantes.

1) *Une attaque frontale*. Il s'agit essentiellement de toute forme d'attaque que vous voyez venir ou lors de laquelle vous voyez toujours la menace après avoir ressenti l'impact. (Vous ne voyez pas toujours venir l'attaque avant d'être blessé, telle est la vie dans les grandes villes.) Si la technique est bonne, que l'attaque vienne de la droite ou de la gauche, avec une main armée ou non armée, qu'il s'agisse d'un coup de pied ou d'un coup de poing, cela ne devrait faire aucune différence.
2) *Une frappe ou un déséquilibre par traction de l'arrière*. Je peux combiner les deux, car ce que j'enseigne fonctionne dans les deux cas, comme pour la rétention d'arme.
3) *Se faire déborder par l'arrière*. Je n'ai pas trouvé une technique qui fonctionne à la fois lorsque vous êtes soulevé du sol et tiré vers l'arrière ou lorsque vos pieds quittent le sol avant que vous soyez projeté vers l'avant. Si je parviens à mettre une technique au point, le processus d'enseignement s'en trouvera immanquablement simplifié.
4) *Des vecteurs agissant de bas en haut*. Peut-être moins vital, mais j'ai également quelque chose lorsqu'un vecteur vise mon corps de bas en haut, car mon expérience a démontré qu'il s'agissait habituellement d'un couteau. Ce que j'utilise pour l'option un, ci-dessus, fonctionne

ici, mais il est plus que vraisemblable que je risque quand même de recevoir le coup de couteau. Ne vous laissez pas perturber par ça. Les blessures participent de l'environnement naturel d'une bagarre.

Si vous pensez pendant ne serait-ce qu'une seconde que ce qui est écrit dans ce livre ou dans n'importe quel autre livre a pour finalité de vous sortir indemne d'une agression criminelle, reposez immédiatement ce livre et prenez le temps de réfléchir plus avant. Les criminels agressent les gens pour se faire de l'argent. Pour acheter de la drogue. Ils prennent ce qu'ils veulent et ils sont passés experts en la matière. Un sale type expérimenté aura toujours le dessus sur un gentil garçon sans expérience. Tout ce que mon livre peut fournir est un petit pourcentage de réussite et, je l'espère, un minimum de conneries pour encombrer votre esprit.

5) *Bouger le premier.* Une cinquième technique permettant de réduire la distance et de neutraliser la menace lorsque l'opportunité s'offre à vous de bouger le premier. Il n'est pas question ici de Conditionnement Opérationnel, mais juste un rappel pour ne pas laisser de côté l'action préventive.

Tels sont les stimuli que je vous suggère pour votre entraînement. Si vous avez une peur particulière ou si vous avez conscience que dans votre environnement les criminels suivent un schéma différent, trouvez une réponse appropriée. Vous pouvez également me passer un coup de fil pour m'expliquer exactement ce que vos criminels locaux font.

b. Le mouvement parfait

Ensuite, vous devez pratiquer une réponse à chacune des séries de stimuli. Elle doit être simple, rapide et suffisamment flexible pour prendre en compte tout ce qui vient avec le stimulus. À mon avis, ces mouvements doivent être parfaits. Un mouvement parfait permet de faire quatre choses en une seule action :

1) Il améliore votre position ;
2) Il perturbe la position de la menace ;
3) Il vous protège de dommages potentiels ; et
4) Il cause des dommages à la menace ou déstabilise la menace si des dommages ne se justifient pas, mais il est question ici de contre-attaque. Si vous tombez dans un guet-apens, seuls se justifient les dommages qui vous permettent de vous en sortir sain et sauf.

4-3 : Hors de portée.

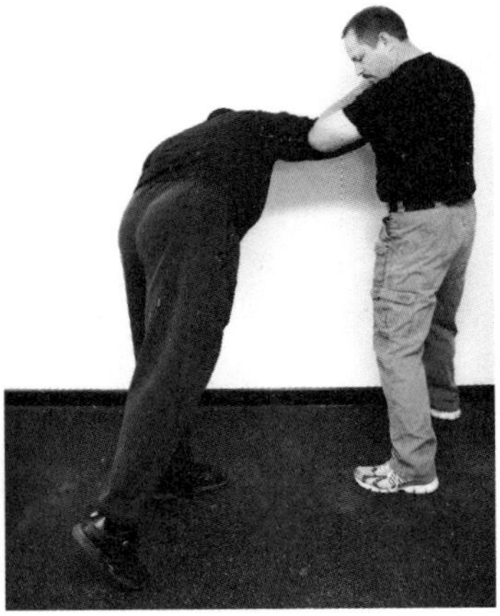

4-4 a ou 4-4 b :
Lorsque vous êtes hors de portée, votre coup ne peut atteindre la cible et est donc inefficace et risque de vous faire perdre l'équilibre.

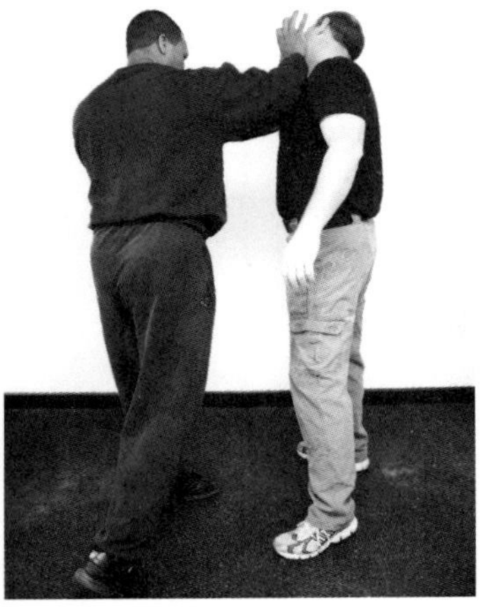

4-5 : La distance est bonne.

Un mouvement est parfait lorsqu'il répond à ces quatre critères. C'est sacrément bien, s'il en assure au moins trois. S'enfuir en courant le permet à l'exception des dommages causés à la menace. Du point de vue légal, c'est plus que parfait. Tactiquement c'est juste bien, si la menace ne vous poursuit pas plus vite que vous ne courez.

> « *Améliorer votre position* » (1) consiste à vous placer à un endroit où vous pourrez plus sûrement appliquer de la force sur le corps de la menace. [26] Cela implique d'être assez près pour atteindre ce que vous devez atteindre avec juste ce qu'il faut de déplacement pour que vous puissiez appliquer de la force pour frapper, pousser ou tirer et idéalement tirer avantage d'un angle inapproprié dans le déplacement de la menace (photos 4-3 à 4-5).

> « *Perturber la position de la menace* » (2) consiste à le placer (ou vous-même) à un endroit ou dans une position où il ne pourra pas appliquer efficacement toute sa force sur votre corps. Mettre de la distance fonctionne dans ce cas. Frapper l'arrière de sa tête ou lui faire perdre l'équilibre l'empêche d'utiliser toute sa force pour frapper tant qu'il n'a pas récupéré. Passer derrière lui ou sur son flanc, à l'arrière de son coude, vous place dans un angle mort où il lui est difficile de vous attaquer (photos 4-6 à 4-8).

4-6 : Se tenir hors de portée est plus sûr.

26. *Cela dépend du but recherché. Dans le quart de seconde de la contre-attaque, il est impossible de vous dégager. Vous ne vous attendiez pas à être frappé aussi vous ne disposiez pas d'un plan tout prêt prévoyant où et comment vous enfuir. Si ce n'est pas le cas, alors améliorer votre position pourrait consister à prendre de la distance ou à vous mettre à l'abri.*

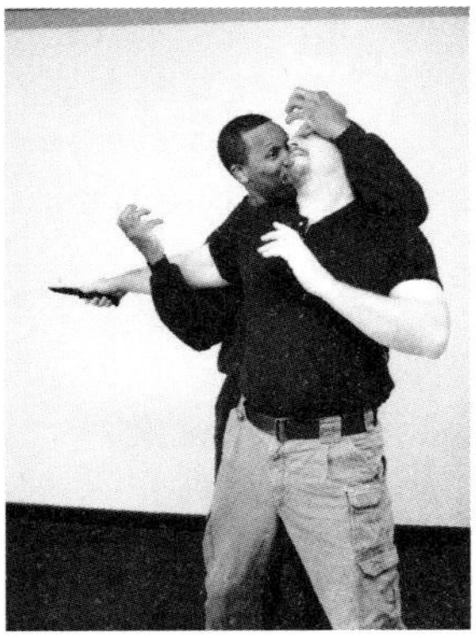

4-7 : Sur le flanc ou derrière est plus sûr.

4-8 : Il n'est pas mal également de faire plier la colonne vertébrale.

Le blocage est essentiellement réactif et, en particulier sous l'effet de la surprise, c'est une action trop lente et qui demande trop de réflexion pour être efficace. Pour pouvoir agir et (3) vous « *protéger de dommages potentiels* », rien n'est totalement sûr dès lors que quelqu'un tente de vous agresser ou de vous tuer – le mouvement lui-même doit être conçu pour vous défendre, la sécurité découle de la position et du mouvement.

« *Causer des dommages à la menace* » (4) sonne comme une évidence, mais, avec une technique qui ne dépend pas de la manière de bouger de la menace ou de l'endroit où elle se trouve, l'application de certains principes est indispensable pour réussir à infliger des blessures avec une attaque non ciblée et souvent déséquilibrée.

Rappelez-vous aussi que vous devez être capable de continuer jusqu'au bout. Cela peut mettre un terme à la confrontation. Si ce n'est pas le cas, vous devez être prêt. Améliorer votre position consiste en grande partie à vous placer à une distance où vous pourrez continuer à vous battre de manière efficace.

En gardant cela à l'esprit, vous devrez trouver vos propres réponses. Je vais décrire ici quelques-unes des miennes et les méthodes que j'enseigne – mais vous ne devez pas les imiter sans autres interrogations. Il s'agit de *votre* vie. *Votre sécurité est de votre responsabilité.* Autorisez-vous à créer les techniques qui fonctionneront pour vous.

Les techniques de contre-attaque ne permettent pas toujours de conclure le combat. Cela peut arriver. Peu de temps après avoir enseigné la Parade de Dracula pour la première fois (je travaillais toujours dessus), un agent de probation me contacta : « Mec ! Le lendemain du jour où tu nous avais montré ça, un type m'a sauté dessus et je lui ai fait le truc de Dracula. Je l'ai mis KO ! »

C'est bien, mais ce qui compte principalement pour vous, c'est que bien exécutée, une technique de contre-attaque puisse vous mettre à chances égales dans le combat.

Lorsqu'une menace vous attaque, elle a un plan et elle compte sur l'effet de surprise. Elle s'attend à ce que vous soyez tétanisé par la peur et que cela lui laisse la possibilité de faire toutes les choses ignobles qu'elle projetait de faire. Elle s'attend à ce que votre propre adrénaline l'assure de la victoire.

Une réponse conditionnée opérante interviendra avant que la poussée d'adrénaline vous tétanise et vous empêche de vous battre ou de fuir. Le conditionnement opérant agit à la vitesse des nerfs, les hormones à la vitesse du sang. Cela vous laisse la possibilité d'une technique à la vitesse, à la puissance et à la précision acquises par l'entraînement avant que la réponse propre au stress de survie n'intervienne et ruine vos capacités motrices les plus fines et les plus complexes.

La réponse CO, en particulier si elle occasionne des dommages à la menace, perturbera ses plans. Elle l'obligera également à reprendre la boucle de OODA au début et cela fera monter son taux d'adrénaline, réaction qu'elle avait plutôt espéré créer chez vous pour que vous soyez tétanisé. Cela ne veut pas dire que vous éviterez la tétanisation, mais comme chacun de vous subit un flux d'hormones, les chances se répartissent de façon plus équitable sur le champ de bataille.

2. Exemples

Ce qui va suivre sont quelques exemples des contre-attaques CO. Si certaines d'entre elles résonnent en vous, tant mieux. Mais ne vous laissez pas aller au mimétisme. Comprenez pourquoi elles marchent et adaptez-les à vos propres besoins.

a. Attaque frontale

La contre-attaque la plus simple est le talon de la paume de la main en pleine figure. Ce n'est pas une action défensive, ni une combinaison avec parade. Votre radar est en marche, vous pensez que quelque chose ne va pas et soudain quelque chose, n'importe quoi, arrive sur vous et vous portez un coup puissant et rapide (avant tout *rapide*) au visage avec le talon de la paume de votre main.

Dans le cas d'une arme ou d'un coup de pied, vous devrez entrer sur un pas pour frapper. Je préfère un pas plongeant, qui est comme une chute contrôlée. Si votre frappe est correctement structurée, elle transmettra la puissance de tout votre corps en train de tomber jusqu'au talon de votre paume. Pour la plupart, les gens tombent plus lourdement qu'ils ne frappent.

Personnellement, ce n'est pas la technique que je préfère mais elle est efficace pour les cogneurs. Est-ce qu'elle améliore votre position ? Légèrement. Si vous êtes un cogneur, le talon de la paume évite que l'attaquant n'entre trop profondément et le pas plongeant vous met à distance pour porter plus de coups.

Est-ce qu'elle rend la position de l'attaquant plus précaire ? Absolument. Lorsque votre coup projette sa tête en arrière, sa colonne vertébrale se retrouve dans une position qui ne l'autorise pas vraiment à faire quelque chose, au moins l'espace d'un instant.

Le talon de la paume en pleine figure cause effectivement des dommages. Porté de manière structurée, sur un pas plongeant et selon un angle approprié : il peut réellement traumatiser les vertèbres cervicales.

Est-ce qu'il vous protège ? Oui, et c'est un point important :

Les amateurs combattent les corps. Ils étudient les corps, ils brisent les corps et ils s'entraînent à des techniques de contre. Les professionnels combattent les esprits. Nous en reparlerons plus tard, mais toute la section consacrée à la désescalade ne s'intéressait qu'à combattre les esprits – et vous combattez un esprit.

Les gens, pour la plupart, sont estomaqués lorsque quelque chose leur arrive au visage. Ils abandonnent l'attaque pour se protéger. Les gens interrompront une frappe parfaitement portée, un coup de batte de base-ball ou un coup de couteau pour esquiver un gobelet en carton projeté en direction de leur visage. Cette réaction défensive est très efficace, mais il est très difficile pour nombre de gens de s'en remettre à une technique purement offensive. Ils veulent s'acheter une assurance vie, faire quelques efforts pour se défendre. Juste au cas où.

Dans le premier quart de seconde, un simple mouvement offensif rapide et convaincu est une protection plus sûre que d'essayer de diviser vos ressources mentales et physiques entre l'offensive ou la défensive. Dans cette situation, j'ai pu voir que l'offensive offrait une protection nettement plus efficace que la défensive, mais je ne peux que me prévaloir de mon expérience pour vous en convaincre. Faites confiance à votre propre bon sens.

J'enseigne et j'utilise deux techniques de contre en cas d'attaques frontales, en fait, pour tout ce que je vois venir. J'en utilise une naturellement lorsque je suis pris par surprise et j'ai recouru à l'autre à l'occasion. Elles m'assurent une position très favorable pour le combat rapproché, qui est ce que je préfère, et m'ouvrent de nombreuses options moins traumatisantes, ce que mon patron préfère.

Pourquoi deux ? Une sacrée bonne question. Merci de l'avoir posée. Parce qu'il existe deux réactions instinctives pour esquiver quelque chose qui vous arrive brutalement en pleine figure. Certaines personnes plongent vers le bas, se retournent, et lèvent le bras pour que le coude serve d'obstacle entre leur propre visage et la menace. D'autres, moi inclus, tendent à lever les deux bras devant le visage, les paumes vers l'extérieur. Si la technique à laquelle vous vous entraînez est basée sur votre réaction naturelle, elle sera plus facile à apprendre.

Dans les deux techniques, le travail des jambes est identique. Placez-vous en position de garde (le poids du corps équilibré entre les deux jambes, un pied en avant pour bien marquer le côté de la garde, les mains en position haute sans que rien ne puisse obstruer leur mouvement, peut-être comme si vous vouliez vous gratter l'oreille) et tournez le pied avant pour que les orteils pointent légèrement vers l'intérieur, cela permet de protéger l'aine avec un minimum de mouvement.

À partir de cette garde, faites un pas plongeant sur l'avant avec le pied le plus proche de la menace. Le pas plongeant consiste à lever soudain la jambe la plus proche de la menace et à la laisser retomber en tendant la jambe arrière, pour reprendre ses appuis sur le pied de garde. Utiliser la gravité permet de marcher ou de faire un mouvement brusque sur l'avant plus rapidement. Cela ne nécessite que peu de puissance et lorsque maîtrisé à force d'entraînement, ce pas n'est plus téléphoné. En utilisant au maximum la gravité et la masse corporelle, même les gens de petite taille peuvent frapper fort.

Si vous exécutez un pas plongeant sur l'avant ou sur les côtés, le pied arrière glisse pour rétablir la garde et une bonne distance de combat. Si vous faites un pas plongeant sur l'arrière, il se passe la même chose mais ce déplacement est accompagné d'un demi-tour pour faire face à la menace.

Dans la technique de la cape de Dracula, au premier signe visuel ou téléphoné d'une attaque, vous contre-attaquez en cachant votre visage dans le creux de votre coude avant et en effectuant un pas plongeant pour bousculer la menace. Rentrez le menton et ramenez votre main avant sur l'épaule opposée afin que seule une petite fente étroite au-dessus de vos yeux reste vulnérable. Vous pouvez enrouler votre main arrière autour de votre corps pour protéger également vos côtes. Bien exécutée, tout le poids de votre corps et la puissance de votre jambe seront focalisés sur la pointe de votre coude qui pénétrera la garde de la menace ou attaquera et impactera généralement le visage si la menace est de petite taille, le sternum s'il est grand, ou la gorge si la menace a à peu près la même taille que vous. Lors de l'impact, le bras avant peut se dérouler pour contrôler le cou de la menace ou glisser pour frapper son oreille, tandis que le bras opposé peut frapper ou monter sous le bras de la menace jusqu'au niveau du coude pour lui lever le coude et faire tomber la menace en la retournant. Vous pouvez combiner des frappes avec les genoux avec n'importe laquelle de ces actions (photos 4-9 à 4-13).

4-9 : Structure de la parade de Dracula vue de profil.

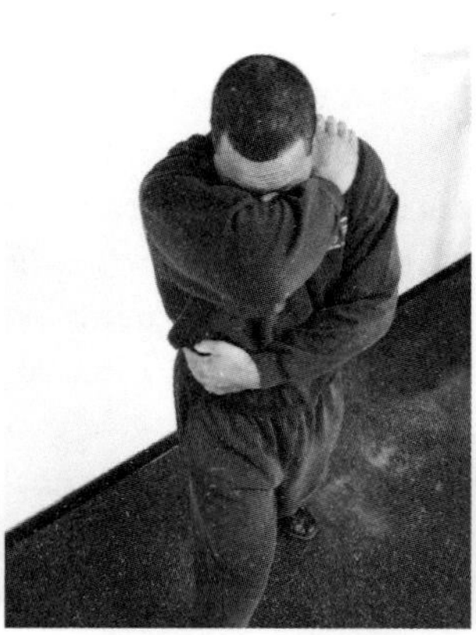

4-10 : Structure de la parade de Dracula vue de face.

4-11 : Vérification de la structure.

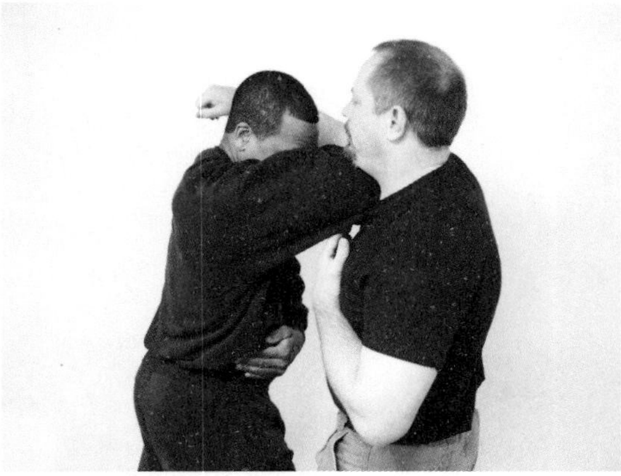

4-12 : Application de la parade de Dracula.

4-13 : Développement possible.

Dans la parade de Dracula, le mouvement du coude n'est pas un swing ni un coup, voyez-le comme une frappe. Il s'agit d'une joute. Le coude en protection sur l'avant, la pointe du coude guide la poussée.

La parade de Dracula requiert un gilet de protection et un bouclier de frappe pour être pratiquée en toute sécurité. Quelques élèves possédant une masse corporelle importante et une bonne technique parviennent à passer à travers, mais l'équipement fournira une protection suffisante dans la plupart des cas. L'élève commence par pratiquer la technique seule, en s'attachant à la structure du coude et à l'exécution du pas plongeant. Il ne doit pas anticiper l'élévation de sa jambe avant le pas plombé ; il faut préserver l'effet de chute dans l'action.

Une fois que l'action est acceptable, l'élève est confronté à un partenaire portant un gilet de protection et tenant un bouclier de frappe au-dessus du gilet de protection (photo 4-14). L'élève se tiendra normalement ou adoptera une garde (en alerte mais relâché). Le partenaire lancera une attaque, coup de poing, coup de pied ou une charge (des armes souples peuvent être utilisées tant qu'elles ne risquent pas de détériorer le bouclier). L'élève lance immédiatement sa contre-attaque. La force peut être considérable. Une attention toute particulière doit être portée aux attaques qui doivent être réalistes et déterminées. Ce que vous voulez, c'est que l'élève acquiert un réflexe de défense face à une attaque, pas qu'il rosse quelqu'un qui lui fait signe de la main.

4-14 : Parade de Dracula pratiquée avec un bouclier de frappe.

Les attaques ne devraient pas être des attaques entre sparring-partners avec force feintes ou esquives pour tromper l'élève. L'attaque d'un forcené est une charge de tout le corps. Les feintes n'ont pas leur place ici.

Puis l'élève est confronté à trois partenaires répartis régulièrement dans son champ de vision – flanc gauche, centre, flanc droit. Les partenaires sont tous équipés de gilets de protection et de boucliers. L'un d'eux, et seulement l'un d'eux, lancera une attaque. L'élève répondra à ce mouvement en lançant immédiatement une contre-attaque sur cette menace. L'exercice commence alors pour développer à force d'entraînement des réponses de l'ordre du réflexe artificiel.

Vous devez être conscient ici d'un artifice d'entraînement indésirable. En limitant la pratique à cette seule technique, vous risquez, par inadvertance, d'entraîner l'élève à s'arrêter, à se tétaniser, après son mouvement de contre-attaque initial. [27] Dès que vous êtes satisfait de la technique de l'élève, poussez-le plus loin en l'obligeant à continuer à se battre jusqu'à ce qu'il puisse se désengager en toute sécurité.

L'entrée en pointe de lance est une technique que je me suis vu utiliser depuis la première fois qu'un boxeur s'en est pris à moi. Vous la retrouverez dans beaucoup d'anciens systèmes de jujitsu et pourrez la reconnaître dans la position du blocage renforcé propre au karaté traditionnel. Tony Blauer, un chercheur, un professeur, un innovateur (tu aimes toujours la grande armure, Tony ?) a fait d'une version moderne bien documentée le cœur de son système de lance (S.P.E.A.R.) (photos 4-15 à 4-17).

4-15 : Structure en pointe de lance vue de face.

4-16 : Structure en pointe de lance vue de profil.

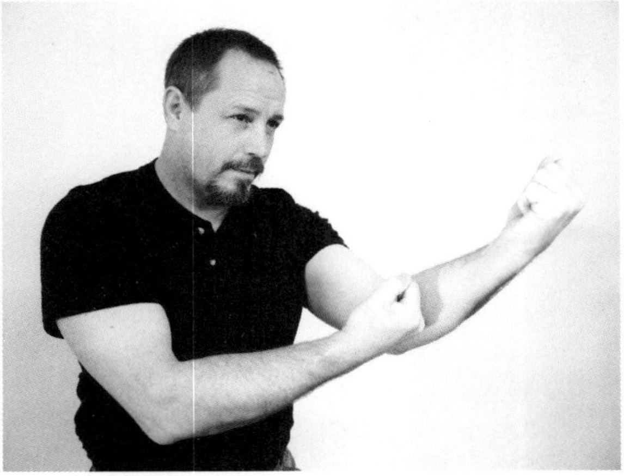

4-17 : Vous reconnaissez ceci ? La technique de karaté traditionnel dite du « blocage renforcé » morote uke. Je ne fais que l'appliquer doigts ouverts pour pouvoir saisir.

27. *Un artifice d'entraînement est une habitude instillée par l'entraînement qui a pour objet l'entraînement et non la survie. C'est généralement une mauvaise habitude.*

Au premier signe d'une attaque téléphonée, vous contre-attaquez en lançant vos deux mains sur l'avant de manière à ce que la main de devant arrive juste sur le côté du cou de la menace et que le dos de la main arrière repose du bout des doigts sur la moitié de l'avant-bras de la main avant. Les deux mains sont tournées paumes vers le haut. Simultanément, vous faites un pas plombé sur l'avant, pour réduire la distance qui vous sépare de la menace. La position des bras est identique à l'arc d'un brise-glace et tend à exploser la garde de la menace et/ou à perturber n'importe quelle attaque de la menace. Les hanches et les pieds doivent suivre les bras, ne vous penchez pas pour exécuter le mouvement (photo 4-18). Lorsque la technique est correctement appliquée, l'un de vos avant-bras va généralement frapper le triangle carotidien de la menace. La position finale rend la menace vulnérable aux torsions de cou et aux coups de genoux portés à l'abdomen, aux cuisses ou aux genoux (photo 4-19).

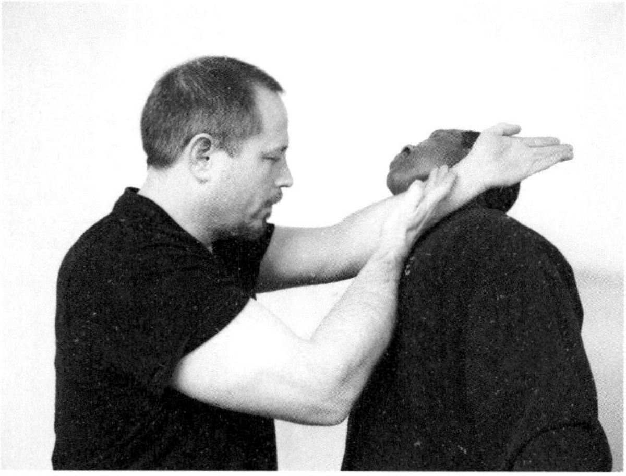

4-18 : Application de la pointe de lance.

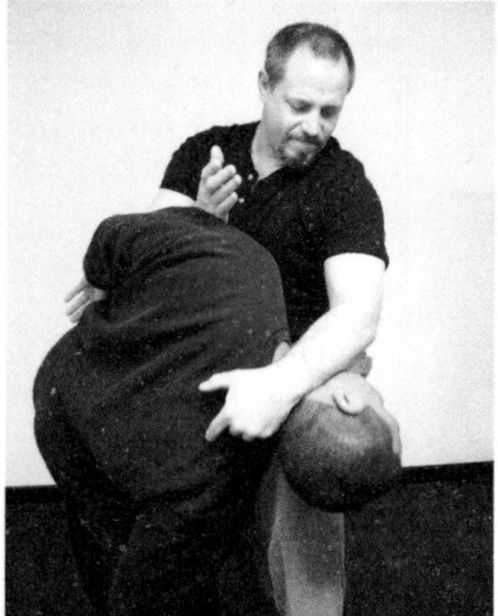

4-19 : Suite possible.

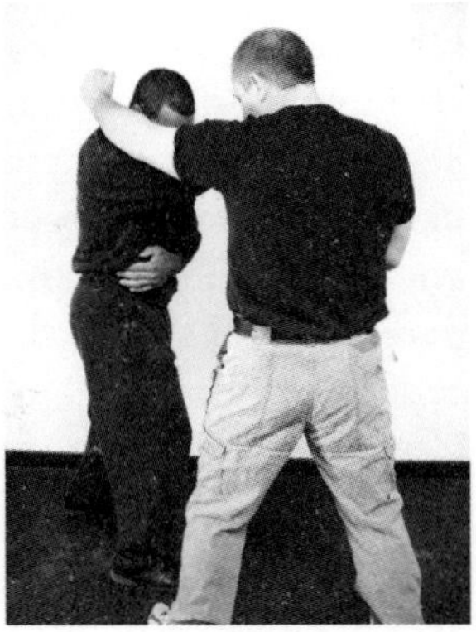

Les photos ne permettent pas d'illustrer tout ce qu'impliquent ces techniques. Les gens qui n'aiment pas le combat rapproché ont tendance à laisser les hanches trop en arrière dans ces deux mouvements, ce qui affaiblit la technique, compromet l'équilibre et rend moins efficaces les techniques qui suivent. Avec la pointe de lance, les gens puissants ont tendance à frapper au niveau de la clavicule puis à repousser la menace en sacrifiant l'avantage de la distance pour un combat rapproché.

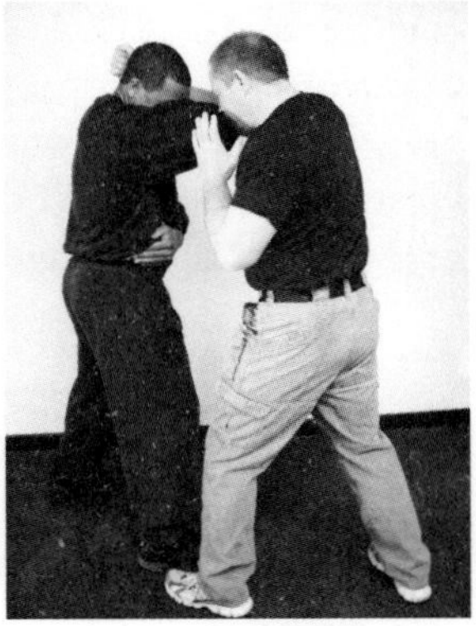

Le potentiel de dommages occasionnés à la menace est énorme. La parade de Dracula focalise une grande quantité de force sur un tout petit point de l'os. La pointe de lance frappe le triangle carotidien, l'un des points vitaux les plus sensibles du corps. Les deux techniques vous donnent le courage d'engager un combat au corps à corps, ce que certains adorent.

En aucun cas, ce livre n'a été conçu comme un livre illustré ou un livre technique. Examinez les photos 4-20 à 4-34.

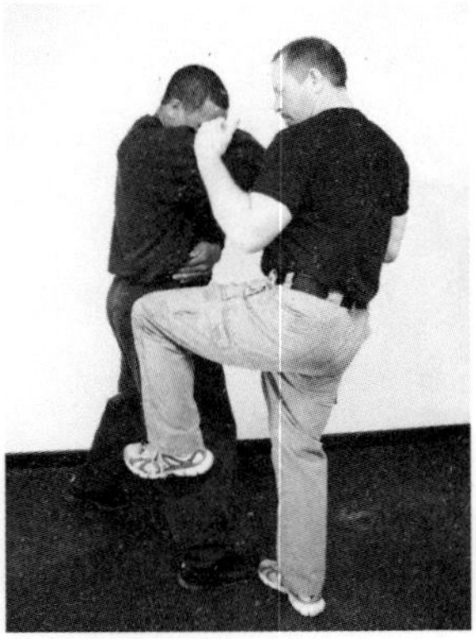

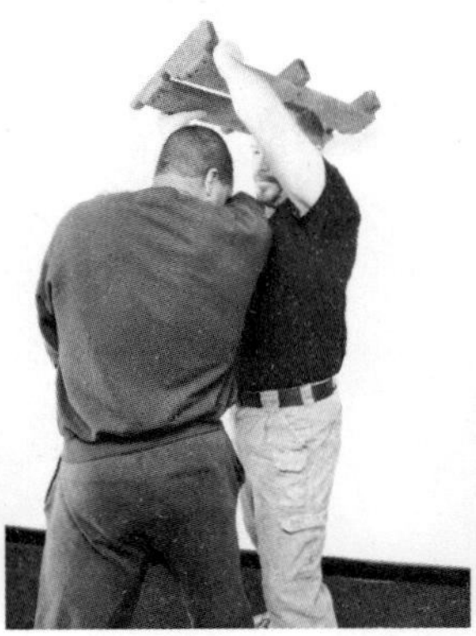

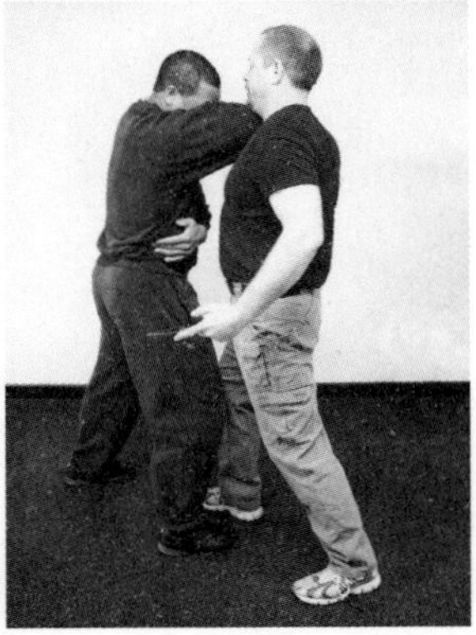

4-20 à 4-24: Toute contre-attaque doit fonctionner contre la plupart des attaques sans devoir être modifiée. La même technique doit agir de la même manière sur les techniques à droite ou à gauche. Le combat rapproché permet d'éviter les coups de pied et de se protéger des coups portés avec des clubs de golf, des barres de fer et des planches de bois. Il n'y a aucune garantie qu'un coup de couteau n'atteigne pas sa cible, mais les dommages occasionnés peuvent inciter la menace à abandonner, et finalement à limiter l'attaque à un coup plutôt qu'à huit.

Observez ce que les deux protagonistes font et ce qu'ils travaillent. Du fait de la combinaison d'une parade structurée et d'une distance réduite, ils peuvent contrer une grande variété de techniques. Les positions des mains dans ces parades structurées permettent de dévier la force qui arrive sur vous. Réduire la distance permet de neutraliser les attaques circulaires et de parer les coups de pied. Les coups de pied spécifiques ne sont efficaces qu'à certaines distances.

L'entraînement de la pointe de lance suit le même protocole que celui de la parade de Dracula à l'exception de l'armure ; plutôt que d'utiliser une armure, le partenaire peut rassembler ses coudes et ses avant-bras, les poings vers le haut, les mains collées contre son front. L'objectif est de simuler le cou (photo 4-25). Si vous ne pratiquez pas les exercices de renforcement des bras, vous pouvez avoir besoin d'investir dans des protections pour les avant-bras. Elles supporteront les frappes. Il peut également être nécessaire pour l'instructeur de se tenir derrière le partenaire et de déclencher des attaques de bras pour donner la réplique à l'élève (photo 4-26).

4-25 : Simuler un cou artificiel pour pratiquer la pointe de lance.

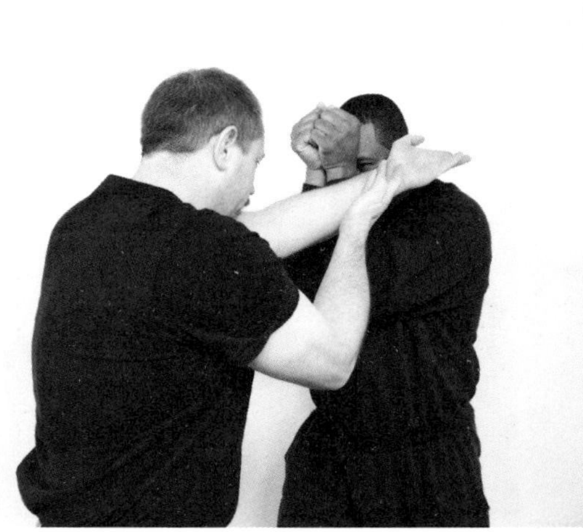

4-26 : La pratique de la pointe de lance.

b. Attaque arrière

L'une des attaques les plus courantes, en particulier sur les femmes, consiste à saisir le visage ou les cheveux par-derrière et à tirer d'un coup sec sur l'arrière pour leur faire perdre l'équilibre. Elles peuvent aussi être tirées vers le haut ou jetées au sol.

Vous devez répondre rapidement et de manière décisive à tout contact agressif inattendu dans votre dos. [28] La réponse doit être la même que l'attaque, soit contrer une saisie, une frappe, soit un déséquilibre sur l'arrière, voire même une menace tentant de prendre votre arme si vous êtes armé. Dès que vous sentez un contact agressif inattendu, vous devez vous retourner vers le point de contact en montant le coude le plus proche et en effectuant un pas plongeant. Profitez du poids ainsi transmis à la pointe de votre coude pour porter une contre-attaque (photos 4-27 à 4-29). Enchaînez immédiatement avec des frappes, des contrôles au sol et des torsions de la colonne vertébrale, selon besoin, jusqu'à ce que vous maîtrisiez la situation.

4-27 à 4-29 : Pas vers l'arrière et coup de coude vers le haut pour contrer une attaque arrière.

28. *C'est le stimulus décisif, un contact agressif inattendu. Pas un copain qui vous touche l'épaule ou un petit enfant qui essaie de prendre votre main. Vous savez faire la différence. Il est indispensable que le stimulus utilisé à l'entraînement copie le plus possible une attaque réelle, que le contact (frappes, saisies) soit agressif.*

Vous vous retournez vers le point de contact car c'est l'indice décisif quant à l'endroit où se tient la menace. Le coude peut faire beaucoup de dégâts, notamment avec la parade de Dracula, mais quelquefois, il se retrouve prisonnier des bras de la menace. Cela n'a pas d'importance, et c'est là encore où résident les différences entre amateurs et professionnels dans un combat. Les amateurs essaient de faire les choses à la perfection. Les professionnels tentent simplement de faire les choses le mieux possible. Il ne s'agit pas de trop en faire, aussi si je m'entortille dans ses bras ou si je le rate totalement, pas de problème. Je pars de là. Et si je parviens à attraper le type comme il faut et qu'il tombe, c'est juste parfait.

Du fait que cette première étape repose sur l'utilisation du poids du corps qui tombe, c'est un tout petit écart que de faire en sorte d'utiliser comme un avantage le fait d'être déséquilibré en étant tiré sur l'arrière. Ce point sera à nouveau traité au chapitre VI : le combat. Combattre est une question de force et de chaos. Un mauvais combattant essaie d'ignorer les forces en jeu et le chaos. Un bon combattant tente de minimiser les effets des vecteurs de force et du chaos pour combattre en suivant ses propres stratégies. Un combattant hors pair utilise les choses qu'il ne peut pas contrôler pour

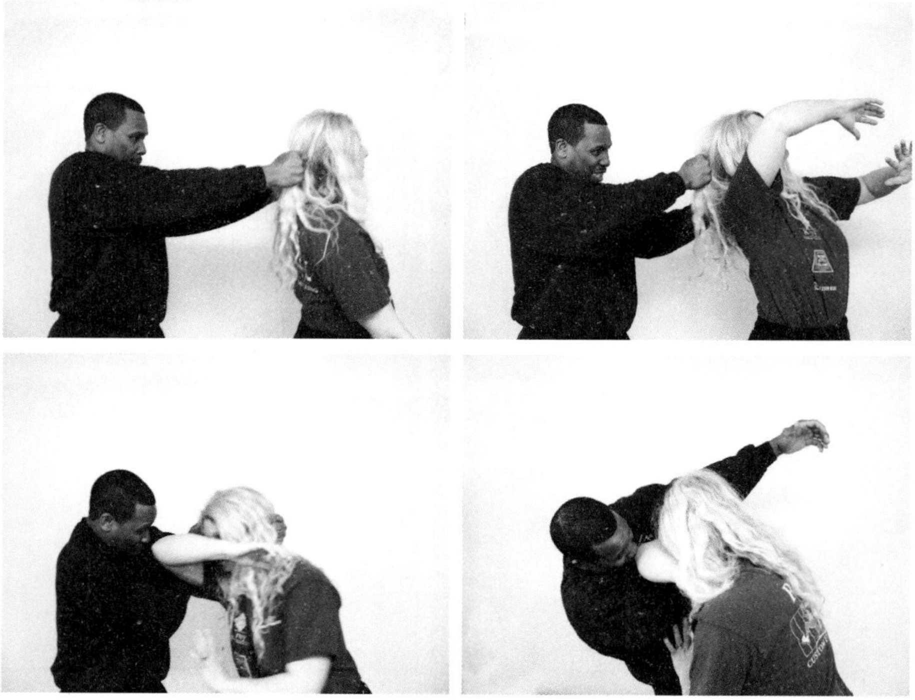

4-30 à 4-33 : L'une des quelques techniques efficaces lorsque la victime est saisie par les cheveux par-derrière pour soulever ses pieds du sol. Elle utilise tout son poids en tombant.

augmenter sa propre vitesse et sa puissance effective. Est-ce qu'être déséquilibré en étant tiré d'un coup sec en arrière est si négatif si vous pouvez utiliser la chute pour frapper avec quatre fois plus de force qu'à l'ordinaire ? (photos 4-30 à 4-33).

La parade de Dracula et la pointe de lance sont des irimi, le mot japonais pour entrées. C'est évident, vu que l'objectif est de réduire la distance en toute sécurité. J'ai toujours fait attention à ne pas utiliser des termes japonais lorsque j'enseignais à des officiers de police, aussi je les appelais simplement entrées. C'était parfait. Cependant, lorsque vous enseignez des techniques de défense sur des attaques arrière ne dites jamais à une salle remplie de policiers que vous êtes sur le point de leur enseigner des « entrées arrière. » Vous perdrez une bonne demi-heure de cours le temps que les rires se calment. D'où l'expression encore plus maladroite de « contre-attaque. »

4-34 : Parce qu'il est difficile de sortir un revolver de niveau trois de son étui, du fait des qualités de maintien de ce dernier, nous avons estimé qu'il était plus efficace et plus sûr de se concentrer sur la neutralisation de la menace lorsque l'une de ses mains est engagée à dégager son arme, plutôt que de se battre pour récupérer l'arme.

Lorsque vous vous entraînez à réaliser cette technique, un élément de sécurité consiste à garder une main vers le haut pour protéger la mâchoire et l'oreille du côté où vous avez agrippé votre partenaire.

Cette technique vous donnera une chance de vous défendre d'une frappe venant de derrière, d'un étranglement (si vous agissez dès le contact, sans attendre que la menace ait une meilleure saisie) de mouvements vifs pour saisir votre arme et même de coups de couteau (le premier coup fera mouche avant même que vous le sentiez, n'oubliez pas que votre objectif est d'éviter les huit suivants). Cependant, elle sera inefficace si la menace vous agrippe et vous pousse sur l'avant en soulevant vos pieds du sol, comme lorsqu'un videur vous prend par la peau des fesses pour vous jeter dehors ou que l'on vous serre très fort dans les bras avant de vous projeter contre un mur.

La technique de défense que je préfère dans ce cas est très simple, mais très difficile à mettre en œuvre en toute sécurité. Si vous vous sentez soulevé du sol *sur l'avant*, vous vous accrochez à quiconque vous soulève et vous vous relâchez.

Pouvoir se relâcher d'un coup demande un peu de pratique, mais même les gens très forts ont du mal à soulever une poupée de chiffon géante. Vous relâcher d'un coup va vous faire tomber généralement devant les genoux en mouvement de la menace. Il tombera à son tour. Si vous vous êtes accroché à ses bras, la menace sera incapable de contrôler sa chute. Il risque de tomber face contre terre ou sur son épaule au niveau de son acromion. J'ai encore le souvenir de ce jeune pratiquant qui avait été projeté alors que ses bras étaient prisonniers. Malgré les tapis souples, il avait eu la clavicule fracturée.

L'étape de la contre-attaque se situe dans le premier quart de seconde de tout combat. D'une manière ou d'une autre, vous avez travaillé votre éthique depuis votre naissance. La civilisation a travaillé sur les aspects légaux depuis que l'écriture est apparue. Les criminels ont poli leur dextérité depuis qu'ils ont été en âge de voler l'argent de poche des autres enfants. Votre capacité à éviter, à échapper ou à désamorcer une attaque peut prendre quelques secondes ou des heures.

L'attaque, lorsqu'elle se produit, survient en un instant et elle se termine en une fraction de seconde. Ce que vous faites alors déterminera comment vous serez positionné pour affronter les deux étapes suivantes. Quoi que vous fassiez, il faut que ce soit efficace et il faut que ce soit rapide.

Chapitre V
LA TÉTANISATION

Ralph était un vétéran, un combattant à la fois compétent et expérimenté. Mais également, un type vraiment bien, doté d'une bonne dose de conscience et de dextérité verbale. En tant que sergent, il entretenait d'excellents rapports à la fois avec les détenus et les autres surveillants. Il savait faire son boulot.

Un détenu prit ses paroles, son expression, pour une insulte. C'était un détenu qui était un expert de l'attaque éclair. Ralph reçut trois coups avant de prendre conscience qu'il était attaqué. Alors, son instinct lui commanda d'agripper la menace pour essayer de ralentir le processus en cours et de se laisser le temps de réfléchir.

Tout finit bien. Il y eut une bonne quantité de sang, principalement celui de la menace. Les blessures de Ralph étaient superficielles. Les cinquante-six ou sept détenus qui observaient choisirent de ne pas intervenir. Il y eut des blessures mineures pour certains d'entre eux.

Le sergent se tortura mentalement pendant longtemps, parce qu'il était resté tétanisé. Ce n'était pas une tétanisation à proprement parler – trois coups pour une attaque éclair moyenne cela représente moins d'une demi-seconde. Il tourna et retourna les choses dans sa tête, se demandant comment il avait pu laisser tomber sa garde et comment la menace avait pu profiter de l'opportunité et pourquoi il n'avait rien vu ni senti venir à temps pour réagir.

C'est en cela que réside la différence entre un combat et une attaque, la victime est prise de court, tentant de combler son retard, tentant de comprendre la situation pour mieux y répondre, tandis que la menace est déjà bien engagée dans les différentes étapes de son plan. C'est à ce moment-là que vous réagissez en cas d'attaque : quinze mesures trop tard, à la moitié du quatrième quart, et vous ne savez pas si vous jouez au basket ou au football et vous n'êtes même pas habillé en conséquence.

Parce qu'il l'avait fait pendant des décennies, Ralph pensait qu'il aurait dû mieux faire. Il était vivant et s'en était tiré presque indemne. La menace avait été emmenée menottes aux poignets. Cela ne pouvait honnêtement pas se terminer beaucoup mieux que ça. Mais cette demi-seconde de tétanisation ne l'a pas laissé dormir tranquille pendant très longtemps.

Si vous vous amusez avec des serpents assez longtemps, vous finirez par vous faire mordre. C'est normal. Mais l'animal humain ne peut s'empêcher de demander: « Pourquoi moi, pourquoi à ce moment-là, pourquoi, pourquoi, pourquoi? » Un surveillant expérimenté sera capable de prévenir 99 % de ce qui risque de se passer, mais lorsque le 1 % survient, il peut se sentir à nouveau comme n'importe quel bleu.

Ralph a bien réagi. Nous détestons tous cela, mais la tétanisation est normale et naturelle, et les agresseurs comptent sur cette réaction, en espérant qu'elle dure pendant toute l'agression. Tous ceux qui pensent qu'ils ne peuvent se laisser surprendre ou qu'ils ne peuvent rester tétanisés, ne serait-ce qu'un instant, alors qu'ils ont baissé leur garde, se trompent.

Que vous ayez bien réagi ou pas lors de la phase de contre-attaque, la chose que vous ferez ensuite sera de vous tétaniser. Si vous êtes chanceux ou bien entraîné, le conditionnement opérationnel peut avoir fonctionné et la menace peut avoir été contrée, se retrouvant couchée au sol, tentant de comprendre ce qui vient de lui arriver. Si les choses ne se sont pas bien passées, vous pourriez être celui qui, couché au sol, reçoit des coups de bottes dans les côtés, se demandant ce qui vient de se passer et essayant de vous souvenir de ce qu'il faut faire ensuite et vous sentant tout à coup obligé de vous rappeler la couleur des yeux de votre première petite amie… *ne pas vous en souvenir serait une chose vraiment terrible si vous deviez mourir*, comme vous le murmure votre esprit.

Je peux presque vous garantir que vous allez vous tétaniser. Que cela dure une fraction de seconde ou le peu de temps qu'il vous reste à passer sur terre dépendra de la combinaison de votre nature, de votre entraînement et de votre expérience.

1. L'héritage biologique

La biologie comportementale liste trois réactions de survie face à la soudaineté d'un stress extrême, les trois « S » : se battre, s'enfuir, et se tétaniser. Dave Grossman en dénombre quatre : se battre, s'enfuir, prendre une posture et se soumettre. [29] Les *cinq* réactions énumérées, se battre, s'enfuir, se tétaniser, prendre une posture et se soumettre sont des réactions en chaîne qui interviennent dès qu'une menace immédiate et sérieuse met votre vie en danger. [30]

Dans cette chaîne de réactions, se battre n'a rien d'une Parade de Domination ou d'un combat entre sparring-partners et n'a rien à voir avec la manière d'attaquer d'un prédateur. Dans ce contexte, « se battre » rappelle les battements d'ailes désespérés d'une proie alors que tout espoir est quasiment perdu. Cela n'a rien de systématique ni de performant, mais cela rappelle un claquement de sabots ou un grincement de dents qui s'apprêtent à mordre ou simplement à gober l'air. Si, dans une situation de stress de survie, votre cocktail d'hormones de la peur vous permet de lancer un coup de pied assez haut, c'est le type de combat vers lequel votre corps et votre cerveau postérieur vous conduiront, malgré toute la rigueur et le réalisme de votre entraînement.

La chaîne de réactions qui conduit à s'enfuir n'implique qu'une fuite irraisonnée dictée par la panique. Les gens trébuchent et tombent vraiment comme dans les films d'horreur parce que la réaction de survie consécutive au stress (RSS) les prive de leur coordination. Ils sont trop aveuglés par le rétrécissement de leur champ de vision pour voir leurs propres pieds lorsqu'ils courent et ils sont tellement focalisés sur le danger qui est derrière eux, qu'il est fréquent que la victime fonce droit dans un poteau électrique, un arbre ou en plein cœur de la circulation.

Ce chapitre est entièrement consacré au processus de tétanisation et au moyen d'enrayer ce processus. Les raisons qui participent du processus de tétanisation sont nombreuses et nombreuses sont les différentes formes de tétanisation. La chaîne de réactions est un mécanisme de survie basé sur le simple fait que les prédateurs perçoivent le moindre mouvement. Si vous ne bougez pas, il se peut qu'ils ne vous remarquent pas et de ce fait, il est possible que vous surviviez.

---

29. *Grossman, Dave.*
30. *Les réactions en cas de désastres majeurs sont relativement différentes, plus limitées et prévisibles. Référez-vous à The Unthinkable d'Amanda Ripley.*

Prendre une posture et se soumettre sont les deux fondamentaux de la Parade de Domination et dans une certaine mesure de toute la violence sociale. Généralement, les êtres humains ne cherchent pas à blesser les autres êtres humains. C'est sans intérêt et dangereux. Que les êtres humains cherchent le respect, la peur, un statut ou de l'argent, c'est plus facile et plus sûr d'effrayer quelqu'un pour l'amener à se soumettre que de le frapper jusqu'à ce qu'il se soumette.

Prendre une posture renvoie des signaux agressifs : un regard dur, un défi verbal... tout le processus jusqu'au choc et à l'effroi d'un bombardement d'artillerie. N'oubliez pas que vous combattez des esprits et non des corps. Dans le bombardement d'artillerie ou le combat aux poings, vous détruisez rarement 100 % des capacités de combat de la menace. Au lieu de ça, vous détruisez sa volonté.

Les individus, à moins de détruire leur cerveau ou de fracasser tous les os de leur corps, peuvent continuer à se battre. Les nations et les organisations peuvent continuer à se battre à moins que vous ne tuiez tous ceux en âge d'appuyer sur une gâchette. Dans tous les cas, les individus ou les nations sont rarement vaincus. Ils renoncent.

Prendre une posture, en adoptant une attitude intimidante, influence l'individu qui finit par abandonner. Une posture convaincante conduit l'autre à se soumettre, et c'est ce qu'il y a de mieux. Comparer cette réaction à la violence, à celle qui suit : « Ne me faites pas mal, ne me faites pas mal, je ferai tout ce que vous voulez, ne me faites pas mal. » Elle s'accompagne d'un langage de corps spécifique, le regard qui se détourne, le corps qui semble se recroqueviller sur lui-même. Vous pouvez le voir dans le cas d'un enfant battu et vous le verrez aussi dans les yeux d'un homme mourant de faim qui a renoncé.

Cela devrait paraître immédiatement évident que deux mécanismes différents sont en jeu et que ces derniers évoluent en fonction des différentes situations. Les trois S sont des réactions qui interviennent en chaîne face à un prédateur. Nul besoin de prédateurs dans le sens de criminels, il suffit de lever les yeux et de se retrouver nez à nez avec une barbe pour que la plupart des gens se tétanisent. La tétanisation est la réaction la plus courante car la plus sûre. Quelques-uns se mettent à courir, ce qui marche parfois, mais qui déclenche souvent l'instinct de chasseur chez un prédateur. Je n'ai jamais vu ou entendu parler de quelqu'un dont le premier instinct avait été de se battre après avoir été surpris par un grand carnivore. Cette réaction semble être le dernier recours lorsque vous vous trouvez à un endroit où il vous est impossible de courir et que les crocs sont trop près de vous.

Ces réactions fonctionnent dans un environnement spécifique, lorsque les êtres humains sont attaqués par des espèces différentes. Les choses qui vous rendent maladroit lorsque vous êtes terrifié – la distorsion sensorielle, le sang qui quitte les membres pour être refoulé au centre du corps – ont leur intérêt au moment d'être dévoré. Le sang refoulé au centre de votre corps implique que le prédateur peut mastiquer vos bras et vos jambes sans que vous vous mettiez immédiatement à saigner. La distorsion sensorielle, alors que tout ce que vous sentez ou entendez vous semble lointain et assourdi, est un don du ciel si les sensations et les sons sont ceux de crocs déchirant vos chairs et brisant vos os. Gardez en tête que, typiquement, les animaux sont encore vivants dans les premiers instants où ils se font dévorer.

Même la réaction paroxysmique à l'ultime terreur, tomber en catatonie et lâcher vessie et intestins, est une stratégie de survie. Un prédateur sait ce qu'est la mort. Des gens ont survécu à des attaques d'ours en faisant semblant d'être morts. Par exemple, en 2008, en Colombie Britannique, Brent Case a été attaqué par un grizzly de plus de quatre cents kilos. Afin de sauver sa vie, M. Case a fait semblant d'être mort. Un ours possède une certaine intelligence et il lui arrive de conserver de la nourriture pour plus tard, lorsqu'un peu faisandée, elle devient plus tendre.

Une souris qui continue à se débattre, même faiblement, est un amusement pour un chat. Celle qui abandonne et se résigne à mourir réussit parfois à survivre, car le chat finit par se désintéresser de la souris pour s'amuser avec autre chose.

N'interprétez pas ce que je viens de dire comme des stratégies de survie avec de forts taux de réussite. Ce n'est pas le cas… mais, lorsque les circonstances sont très, très mauvaises, des stratégies à faibles taux de réussite valent mieux que rien. Et il N'existe PAS de stratégies à forts taux de réussite lorsqu'il est question d'éviter de se faire dévorer. Elles sont bien ancrées car après des millions d'années d'évolution, même un taux partiel vaut d'être pris en considération comme un avantage.

Prendre une posture et se soumettre sont des chaînes de réactions intervenant dans les interactions sociales. La Parade de Domination, bien sûr, et tout le reste… même la guerre. La colonne napoléonienne était une manière inefficace d'utiliser les soldats armés de mousquets. Le calcul ne fonctionnait pas, car seule la ligne de front relativement étroite était en mesure de tirer, mais n'avait pas le temps de recharger. Une ligne dressée sur son chemin, également armée de mousquets, pouvait assurer des tirs plus nourris sur la colonne… pourtant, les colonnes restèrent longtemps de mise, car elles avaient visuellement un fort pouvoir d'intimidation. Des lignes mathématiquement supérieures tendaient à se disloquer et les soldats à s'enfuir, poussés par la peur.

S'il suffisait de tuer pour gagner les guerres, nous en serions encore à utiliser des arcs. Un bon soldat armé d'une arme qui se charge par le canon peut faire feu à trois reprises en une minute. Je suis un archer médiocre, et pourtant je peux tirer sans problème douze flèches à la minute. Jusqu'au début, voire jusqu'à la moitié du dix-huitième siècle, l'arc était plus précis et avait une plus longue portée que les armes à feu de l'époque. Mais ils ne produisaient pas de fumée ni de feu et ne faisaient pas un bruit de tonnerre. Ils ne faisaient pas peur aux hommes et n'effrayaient pas les chevaux… et les guerres ne se gagnent jamais en tuant des gens, elles se gagnent en brisant leur volonté.

Ce cycle posture/soumission est universel quand il est question de violence sociale.

L'autre élément à prendre en considération est que vous pouvez sciemment imiter n'importe laquelle des réactions en chaîne et vous en servir comme d'une *stratégie*.

Essayer d'établir une domination sociale est une très mauvaise idée en dehors de votre propre espèce, en particulier en remontant la chaîne alimentaire. Soumettez-vous à un requin et vous serez probablement dévoré. Mais beaucoup de gens ont tenté de se faire plus grands et plus bruyants qu'ils n'étaient et sont ainsi parvenus à convaincre un prédateur de partir en adoptant les postures caractéristiques d'autres espèces. Faire le mort ou même feindre une crise cardiaque ou une attaque peut permettre de stopper ou de circonvenir des incidents violents, y compris la Parade de Domination. Je ne peux compter le nombre de fois où j'ai fait ami-ami avec un chien « dangereux » en utilisant le langage de corps d'un chiot voulant jouer.

2. Qu'est-ce que la tétanisation ?

La tétanisation est un état dans lequel vous êtes incapable de bouger alors même que vous êtes en danger. Quelquefois, ce n'est pas volontaire. Au moment de la poussée d'adrénaline, vous vous retrouvez dans le mode tétanisation de la chaîne de réactions. Quelquefois, il s'agit d'une stratégie : vous choisissez de ne pas bouger car c'est votre meilleure option. Quelquefois, alors que vous semblez tétanisé, il vous est sincèrement impossible de dire si vous ne pouvez effectivement pas bouger ou si vous ne voulez simplement pas bouger.

Sous l'effet d'un stress extrême, la perception est altérée, cela vaut à la fois pour vos sens et votre conscience du temps. J'ai à la maison un rapport d'intervention au cours de laquelle j'ai dû pénétrer dans une cellule barricadée par une menace armée. Entre le moment où la porte a cédé et le moment où j'ai tiré, les choses dont je me rappelle tiennent en trois secondes. Le chef de groupe considère que cela a pris une minute et il fait état d'un échange verbal qui n'a jamais eu lieu. Quant au reste du groupe, leurs rapports stipulent que ce fut presque instantané.

Le chef de groupe avait eu une poussée d'adrénaline plus forte que la mienne. La perception qu'il avait eue de cet événement très rapide en avait augmenté la durée et son cerveau s'était appliqué à remplir les blancs avec force détails. (Votre cerveau est capable de le faire. Ne soyez pas surpris. C'est l'une des principales raisons pour lesquelles vous ne devez pas parler aux autorités immédiatement après un incident sérieux.)

J'avais une poussée d'adrénaline relativement forte, mais j'étais dans la norme. Est-ce que cela avait pris trois secondes ? Cela me demanderait trois secondes juste maintenant pour faire ce que j'avais fait alors : scanner, viser, abandonner la cible, chercher une autre cible, viser, tirer, faire le tour de la cellule, puis faire un pas hors champs… mais dans la norme ? Le reste de l'équipe avait sûrement raison. Cela avait été très rapide.

Le fait est que parmi les personnes qui se voient agir au ralenti ou même se tétaniser, certaines n'ont en fait jamais cessé de bouger, ou ne sont restées tétanisées que pendant une fraction de seconde alors que dans leurs souvenirs le moment s'est prolongé. Et d'autres personnes qui se rappellent parfaitement avoir fait des tas de choses étaient en fait restées tétanisées alors que leur imagination bouillonnante faisait le reste. Les rapports personnels d'événements, en particulier dans le cas des tétanisations, sont souvent sujets à caution.

3. Les types de tétanisation

Les raisons de se tétaniser sont nombreuses, nombreuses sont les manières de se tétaniser et chaque type possède des implications différentes. Certaines sont relativement faciles à combattre à force d'entraînement, certaines ne peuvent qu'être minimisées, certaines disparaissent complètement. Certains types de tétanisation ressemblent à des tétanisations. Ce n'est pas le cas pour d'autres. Et certains ne sont même pas perçus par votre conscience. Vous devez comprendre le problème avant de pouvoir comprendre la solution, et la tétanisation – un gros problème en soi – n'est pas bien comprise par les êtres humains.

a. Les tétanisations tactiques

La tétanisation peut être un *choix* tactique. Vous vous tétanisez volontairement soit pour passer inaperçu, soit pour permettre à la menace de se calmer, soit pour récolter des informations.

Il est quelquefois plus judicieux de ne pas bouger. Les prédateurs se focalisent sur le mouvement. L'absence de mouvement les amène à s'intéresser à autre chose. C'est la base de la réaction en chaîne propre à la tétanisation. Lorsque vous *décidez* de le faire, *espérant ainsi ne pas vous faire remarquer*, vous optez pour une tétanisation tactique. Cependant, vous devez percevoir le moment où vous êtes pris pour cible afin de répondre de manière appropriée.

Dans les situations de survie, la partie primitive de votre cerveau induit une certaine dynamique qui vous pousse à dire « toujours vivant, ne change rien. » Alors même que votre cerveau prend conscience que les circonstances ont changé, le cerveau postérieur tente de vous empêcher de changer quoi que ce soit. Le premier combat à mener pour bouger est peut-être un combat contre vous-même.

La tétanisation peut s'avérer également une bonne décision tactique lorsque vos réactions ne font qu'aggraver la situation. Comme un ancien ami avait coutume de dire : « Lorsqu'un homme intelligent se rend compte qu'il est dans un trou, il arrête de creuser. » Dans une situation de violence sociale, une tétanisation tactique peut aider la menace à *se calmer*. Ce n'est plus une bonne stratégie dès lors que les dommages ont déjà commencé. Ce n'est pas non plus quelque chose qui marche si votre langage de corps continue à exprimer antagonisme et défi.

La troisième raison possible pour choisir la tétanisation tactique est la nécessité de récolter des informations. Si votre intuition vous met en garde, il est peut-être temps d'arrêter, de regarder, d'écouter et de sentir. Pour ensuite évaluer et planifier.

b. Les tétanisations physiologiques

Je pense que je peux en identifier deux types différents. *Lorsque le corps passe* de son état métabolique normal à un état dopé à l'adrénaline, on note un petit tremblement comme celui décrit par Marc Mac Young dans *The Professionnal's Guide to Ending Violence Quickly*. Il est question littéralement d'un nouvel esprit et d'un nouveau corps, alors qu'au moment du changement de vitesse se produit une légère tétanisation.

Juste comme le moteur n'alimente plus les roues entre les vitesses, vous ne ferez plus rien le temps de faire passer votre esprit routinier inconscient en mode survie. Certaines personnes changent de vitesse plus vite que d'autres. La dernière étape de l'entraînement aux contre-attaques consiste à passer en continu de la technique à la transition instantanée en mode combat. C'est de cette manière que vous devez vous entraîner si vous voulez changer les vitesses en réduisant au minimum le temps de tétanisation.

Une autre tactique fonctionne dès lors que vous avez pris conscience d'un risque. Vous mettez au point un plan viable et un « signal d'alarme. » « Si ce dernier (le signal d'alarme) se déclenche, je fonce vers cette porte (le plan). » Votre corps et votre esprit sont programmés pour changer de vitesse.

Le second intervient lorsque le danger est si extrême, ou semble l'être, qu'il déclenche *la réaction en chaîne de la tétanisation* du « je ne pouvais plus bouger. » Quelquefois avec la perte de contrôle de la vessie et du reste. C'est le cerf dans les phares d'une voiture ou le moineau si terrifié qu'il reste posé dans vos mains dans un état semi-comateux. Il existe de nombreux niveaux différents.

Sachez que la réaction en chaîne de la tétanisation est déclenchée par la peur, mais que le ressenti n'est pas toujours désagréable, alors que vous avez une impression de chaleur et de flottement et que le son de l'océan résonne dans vos oreilles. Les gens qui avaient été si terrifiés qu'ils avaient été incapables de bouger, ont décrit cet état et ont décidé qu'ils n'avaient pas vraiment eu peur et qu'ils n'avaient pas été vraiment tétanisés. L'idée leur avait semblé relativement bonne à ce moment-là de ne plus bouger.

À moins d'être familiarisé avec cette sensation, vous pouvez être complètement tétanisé et ne pas le savoir.

c. La tétanisation mentale non-cognitive

Les tétanisations mentales interviennent lorsque les décisions ou les schémas de pensée, ou les interruptions des schémas de pensée vous empêchent d'agir. Les tétanisations non-cognitives sont plus profondes que les tétanisations cognitives, enracinées dans des problèmes qui ont généré certaines habitudes plutôt que dans des décisions ou des réflexions. Les tétanisations mentales sont fréquentes, ce qui n'implique pas pour autant qu'elles sont toutes cognitives.

Lonnie Athens [31] pose en principe le fait que l'une des raisons qui rendent le changement difficile est que, peu importe à quel point votre vie est compliquée, à quel point vous êtes maltraité ou à quel point il est évident que la mort est inévitable sur la voie que vous vous êtes tracée, vous êtes

---

31. Athens.

vivant. Votre esprit subconscient, en particulier s'il a déjà été confronté à de nombreuses morts, est tout à fait conscient que votre superplan pour changer de vie n'est rien d'autre qu'un plan. D'une manière subconsciente, votre esprit sait que tirer des plans sur la comète est un jeu, *ça* c'est du concret, et il tentera de s'en tenir à ce qui marche. Lonnie Athens appelle cette réaction s'en tenir au schéma directeur. Quel que soit le moment, la première fois que vous tenterez de vous sortir d'une situation dangereuse en adoptant la perspective de l'entraînement, vous connaîtrez cette forme de tétanisation.

Si votre Conditionnement Opérationnel vous fait réagir de manière appropriée, vous pouvez avoir le temps de la surmonter, mais, maintenant, vous devez gérer le fait que votre cerveau postérieur ne faisait que satisfaire l'enfant en vous laissant suivre tous ces cours d'arts martiaux bien qu'il n'ait jamais cru en aucun d'eux. Vous allez devoir consciemment vous obliger à agir. D'après mon expérience, si une deuxième action se révèle également efficace, le cerveau postérieur se laissera fléchir et vous pourrez agir.

Il est intéressant de noter que cette tétanisation a son corollaire dans un autre domaine d'opérations critiques, celui des techniciens urgentistes et des médecins militaires sur les terrains d'opération, et ces derniers ont recours à un mécanisme qui leur permet de la surmonter. À la fin de la formation de l'école 91A du Fort Sam Houston, j'ai eu l'opportunité d'assister à une simulation d'un crash d'hélicoptère pris sous le feu, à la supervision, au triage, au traitement et à l'évacuation de huit victimes sans perdre mes moyens. Des mois plus tard, alors que je discutais avec une jeune femme, elle fut prise d'un malaise soudain et s'effondra, heurtant sa tête contre les marches de l'escalier. Je restai figé pendant une seconde comme un pauvre imbécile. Il est fréquent d'entendre des histoires similaires racontées par des médecins décrivant leur « toute première fois. »

Le truc qu'ils utilisent pour se sortir de cet état de tétanisation est de se parler à eux-mêmes : « Qu'est-ce que je suis supposé faire ? Ah ! Euh, DSAI ! Oui, c'est ça ! Est-ce que ça va ? Vérifier les voies respiratoires... » Quelques mouvements suffisent pour retrouver les automatismes de l'entraînement qui leur permettront de s'engager dans l'action. Les premières secondes sont hésitantes mais ensuite ils retrouvent toute leur compétence. Ce fut la même chose pour moi lors de mes premiers combats.

Un phénomène concomitant est la *boucle comportementale*, reproduire sans fin les mêmes gestes alors qu'il est évident qu'ils ne sont pas efficaces. Quelquefois, avec des conséquences tragiques, même si cela semble totalement évident à un témoin objectif que vos actions ne peuvent qu'entraîner une mort certaine. [32] Le mécanisme est le même – la mort peut être imminente, mais le cerveau postérieur ne sait qu'une chose, ce que vous faites ne vous a pas tué alors que *tout changement risque de le faire.*

Changer de plans génère cette petite hésitation liée à la tétanisation qui est inévitable pour s'ajuster au changement de situation. Lorsque vous pensez savoir à quoi vous avez à faire, (par exemple, menotter un récidiviste, mais, qui n'est pas ivre au point d'être dangereux) et qu'il apparaît soudain que vous vous êtes fourvoyé (un couteau s'enfonce dans votre ventre), cela prend quelques secondes pour changer de mode. Il est encore question ici de changer de vitesse.

d. Les tétanisations cognitives

Les tétanisations cognitives sont les dysfonctionnements qui dans le processus de pensée peuvent vous conduire à vous tétaniser.

Lorsque les informations arrivent en trop grand nombre, comme lors d'une succession de frappes, vous pouvez vous retrouver prisonnier de l'aller-retour *Observation Orientation* (la boucle OODA du colonel John Boyd), recevant de nouvelles observations avant d'avoir eu le temps d'orienter celles que vous avez déjà reçues, ce qui vous empêche à jamais de Décider ou d'Agir. Vous êtes coincé, cherchant en permanence à Orienter de nouvelles Observations, et lors d'une agression, il est plus que vraisemblable que chacune de ces observations implique pour vous toujours plus de dommages.

La stratégie d'entraînement dans ce cas est d'utiliser l'aller-retour OO comme un stimulus dans le Conditionnement Opérationnel. Le stimulus groupé vous amène à vous sentir submergé, la réponse consiste soit à quitter les lieux, soit à stopper la source. Rappelez-vous que vous ne pouvez vous entraîner efficacement au Conditionnement Opérationnel dès lors qu'il y a deux réponses à un seul stimulus, aussi choisissez intelligemment.

La nouveauté. Si vous ne pouvez pas comprendre ce qui se passe, vous ne pouvez pas formuler une réponse adaptée. Aussi, vous est-il impossible de terminer l'étape d'Orientation de la boucle OODA. Comme dans le cas de n'importe quelle tétanisation cognitive, ne la considérez pas comme un problème purement logique. Elle survient avec le trop-plein de peur chimique. Le phénomène du « j'ai vu défiler ma vie devant mes yeux » peut être une tentative de votre cerveau de scanner votre mémoire afin de trouver quelque chose qui serait en rapport avec la situation dans laquelle vous vous trouvez.

---

32. Le député de l'État de Géorgie, Kyle Dinkheller, a été tué le 12 janvier 1988. Alors même que son assassin, qui se décrivait lui-même comme un vétéran du Vietnam, chargeait son fusil, le député Dinkheller continua à l'invectiver, répétant ses ordres. Bien que la manière dont tout cela devait finir était évidente (au regard de la vidéo), il ne tira pas sur le tueur au moment où il aurait dû.

Deux exemples tirés de ma propre expérience : le contact au visage, en particulier mains ouvertes, entre adultes, est un tabou très fort dans notre culture. Lorsque cela survient, c'est le signe d'une forte emprise ou d'une grande intimité. Les criminels l'utilisent quelquefois, au début d'une attaque, en assenant une « bonne gifle », cette dernière a pour objectif de tétaniser les gens afin de mieux les soumettre. Pour la plupart des gens, la dernière fois qu'ils ont reçu une paire de gifles, c'était lorsqu'enfants, ils étaient punis. Ils replongent dans l'état d'esprit qui prévalait lors de cette punition.

Le deuxième exemple : il est rare qu'il y ait une raison physiologique au malaise qui vous fait perdre connaissance lorsque vous êtes atteint par un tir, à moins d'un anévrisme cérébral ou d'une déficience cardiaque, mais j'ai vu, à l'entraînement, des officiers de police s'évanouir et faire les morts lorsqu'ils étaient touchés bien qu'ils n'aient pas été blessés à tirs réels. Après tout, la seule fois qu'ils s'étaient fait « tirer dessus » auparavant, c'était lorsqu'enfants, ils jouaient aux gendarmes et aux voleurs, et qu'ils devaient faire les morts s'ils ne voulaient pas se faire traiter de tricheurs. Est-ce que les officiers de police qui choisissent de « mourir » pendant l'entraînement sont ces mêmes officiers de police qui s'évanouissent et se vident de leur sang dans la vie réelle alors que leurs blessures ne sont pas mortelles ?

Ces exemples relèvent finalement de la nouveauté puisqu'il n'y a pas eu de nouvelle information pouvant les corroborer depuis l'enfance. La nouveauté extrême, comme de se servir d'un chat comme d'une arme, peut entraîner une tétanisation encore plus conséquente.

La nouveauté peut passer la frontière de la *dissonance cognitive*. Si vos attentes en matière de bagarre ne collent pas avec ce que vous voyez, votre cerveau se trouve contraint de faire le point pour arriver à une forme de compréhension. Si la bagarre dans laquelle vous êtes engagé ne ressemble pas ou ne répond pas aux conditions du combat pour lequel vous vous êtes entraîné, vous resterez tétanisé. À mon avis, c'est avec cela que les pratiquants d'arts martiaux devront composer alors qu'ils sont convaincus que leur entraînement les a préparés à affronter la réalité.

Les deux suivantes sont étroitement liées. L'une des tétanisations tactiques est conçue pour permettre l'acquisition d'informations. Elle n'est pertinente que dans la phase précédant les dommages. Une fois que les coups de botte pleuvent ou qu'une arme est en jeu, vous devez absolument faire quelque chose. L'une des tétanisations les plus fréquentes est celle de la victime qui cherche à comprendre *pourquoi*. Faire le point sur son expérience est quelque chose que vous devez faire après, lorsque vous êtes de nouveau en sécurité. Au moment de l'agression, vous devez agir, pas comprendre.

Une réaction très similaire est le désir de mettre au point un *plan* avant d'agir. Chaque seconde perdue à concevoir un plan est une seconde au cours de laquelle vous subirez des dommages. Les dommages diminuent votre capacité à appliquer votre plan. Vous avez toutes les chances de mourir, sans avoir rien fait, alors que vous tâtonnez pour élaborer le plan parfait.

e. Les tétanisations cognitives sociales

Les tétanisations cognitives sociales surviennent lorsque vous tentez d'appliquer la panoplie des règles sociales que vous avez intériorisées à une situation qui n'a rien de civilisé, lorsque ce que vous attendez n'est pas ce que vous voyez. C'est la tétanisation qui vous saisit lorsque vous vous retrouvez de l'autre côté du miroir.

Le manque de confiance se classe dans cette rubrique. Si la personne est convaincue, quel que soit son niveau, que son entraînement est imparfait ou irréaliste, cela augmentera la répugnance de son cerveau postérieur à agir en dehors des schémas conventionnels. Ce n'est pas toujours une mauvaise tétanisation, un entraînement imparfait *peut* empirer la situation. Si la personne pense qu'il ou elle ne possède pas les capacités requises, sa prophétie peut finir par se vérifier.

La solution évidente est d'insuffler de la confiance. Devenez un meneur. Dites à vos élèves qu'ils peuvent tout faire. Ce remède est presque aussi mauvais que le problème. Il est beaucoup plus facile d'insuffler de la confiance que de faire acquérir des compétences.

Développer la *compétence*. Entraînez-vous à fond. Si vous travaillez dur avec des corps en mouvement, des impacts réels, si vous supportez les coups puissants et êtes capable de les rendre, vous risquez malgré tout de voir surgir le doute juste avant le combat… mais une fois que le combat est lancé, alors là mec ! Après avoir passé des années à m'entraîner avec mes collègues athlètes, j'ai eu l'impression que le criminel violent que j'avais en face de moi lors de mon premier combat en situation réelle n'était qu'une chiffe molle. J'ai pris un coup au visage et je me suis dit : « Hé, ma femme frappe plus fort que toi ! » Si la compétence est là, soyez assuré que la confiance suivra.

J'ai mentionné dans le premier chapitre les observations de Mauricio Machuca sur l'aptitude et la capacité. Une nouvelle fois, tout est connecté. Faire ressortir ses problèmes techniques, découvrir ses limites pour soit les dépasser, soit adapter son entraînement en conséquence peut être bénéfique ici lorsque cela permet d'éviter une tétanisation aux conséquences mortelles.

En tant qu'instructeur, vous devez être conscient qu'il est presque impossible de dire si une capacité s'est réellement modifiée dans le cadre de l'entraînement. Il est plus vraisemblable que la personne n'a fait que se convaincre elle-même que l'entraînement n'est qu'un jeu de rôle et que c'est OK si elle ne fait que prétendre arracher des yeux. Si c'est le cas, la tétanisation se cache là, attendant l'occasion de se déclencher.

J'utilise parfois l'analogie avec le « lâcher prise ». Certaines personnes ne possèdent pas cette capacité ou ont besoin d'une provocation extraordinaire. La capacité peut se modifier face à certains types de provocation. Je l'ai fait et je l'ai entendu dire par de nombreux instructeurs qui, en plein cours de self-défense, alors qu'une femme ne parvenait pas à se défendre efficacement, avaient fini par lui insuffler la motivation nécessaire en affirmant que l'agresseur allait s'en prendre à ses enfants.

L'identité même de la personne, à travers le mécanisme du *déni*, peut l'empêcher d'agir. Que ce soit : « Je ne suis pas ce type de personne à qui cela arrive, cela ne peut pas m'arriver », ou l'affirmation tout aussi dévastatrice : « Je sais ce que je devrais faire, mais je ne suis pas ce type de personne qui serait prête à le faire. » L'identité, la perception que la victime a d'elle-même, l'empêche d'agir. Quelques fois même, au prix de sa vie.

Votre identité est pourtant tout au plus une illusion, si elle était aussi solide que les gens aiment à le croire, les états d'âme n'existeraient pas. Vous avez le pouvoir à cet instant d'être tout ce que vous voulez ou avez besoin d'être. Prenez simplement le pouvoir.

L'*ambivalence* est une situation que Freud adorerait. C'est le mot utilisé lorsque ce que vous voulez et ce que l'on attend de vous ou ce que vous pensez être entre en conflit direct. Vous avez vraiment envie de démolir votre beau-frère mais vous n'avez pas envie d'entendre votre sœur vous en parler pendant les dix années à venir. Moins flippant, c'est ce qui arrive lorsqu'un officier de police impliqué dans une situation extrêmement dangereuse commence à réfléchir aux conséquences judiciaires et aux risques d'enquête interne, alors qu'il est question pour lui de vie ou de mort.

Desmond Morris affirmait que l'alpha harcèle le bêta jusqu'à ce que ce dernier se batte et que les blessures qui en résultent finissent par affaiblir l'alpha jusqu'à remettre en cause son statut. L'équation qui en résulte, la peur des blessures versus le désir de maintenir sa domination sur le bêta, tendrait à tétaniser l'alpha.

Je ne suis pas d'accord. Dans une société saine, l'alpha n'a pas recours à la domination physique pour préserver sa position. Je pense que l'équation problème/hésitation découlera du fait que l'intervention du physique dans une relation avec un subalterne ne fait que démontrer le sentiment d'insécurité de l'alpha par rapport à sa position. Provoquer le conflit permettra de composer avec ce sentiment. Dans cet exemple, l'alpha a beaucoup à perdre, pas à cause des blessures physiques qui peuvent le rendre vulnérable, mais à cause de ses propres actions qui ne manqueront pas d'éroder sa réputation.

Alors que les gens grandissent en société, ils acquièrent une série de comportements qui leur permettent de gérer le conflit. Mais il est question ici de conflits entre gens civilisés, dans lesquels le niveau de violence sociale est limité. Lorsque confronté à un authentique prédateur, qui se contrefiche des règles sociales ou de qui est la victime, il est alors question d'un monde totalement différent. C'est ce que je nomme « l'autre côté du miroir. » Les règles – les règles sociales, comment votre esprit et votre corps fonctionnent, ce que l'on vous a appris pour interagir avec les autres, ou ce à quoi les gens tiennent – ne s'appliquent plus.

Soudain, vous vous retrouvez prisonnier d'une culture étrangère dont vous ne connaissez pas les règles, et qui met votre vie en danger, crée en vous une réaction de panique relativement profonde. Toutes ces raisons physiologiques combinées aux informations récoltées et au déni font de vous une épave balbutiante.

f. La pure tétanisation sociale

Certaines personnes sont entraînées pour se tétaniser, conditionnées pour être des victimes. Cela a probablement débuté comme de la soumission, ou avec l'intention de donner cette impression, mais la programmation s'est ancrée beaucoup plus profondément. Cette *impuissance qualifiée* est une stratégie de survie à long terme face à des mauvais traitements répétés lorsque le maltraitant choisit de considérer tout signe d'indépendance ou de réaction comme un affront à son statut social. J'ai pu constater de mes propres yeux les conséquences de cet entraînement, mais, il y a des gens beaucoup plus qualifiés que moi pour décrire le processus et ses implications. Les similitudes entre certaines histoires de maltraitance et ce que les victimes sont devenues font tristement écho au film d'Elie Wiesel *Nuit*.

4. Dépasser la tétanisation

Parmi les types mentionnés ci-dessus, beaucoup découlent des conseils donnés à l'entraînement. Il existe certains types de tétanisation que vous pourrez éliminer ou minimiser à force d'entraînement. Plus vous expérimenterez de choses différentes, moins vous risquerez d'être tétanisé par la nouveauté. Mieux vous connaîtrez vos points faibles, moins votre manque de compétence vous tétanisera.

Pourtant, vous continuerez à vous tétaniser. Je ne sais pas dans quelles circonstances, ni qu'elle en sera la profondeur ni la durée, mais la tétanisation sera là, même chez des combattants expérimentés pris dans une embuscade. Je me suis même retrouvé tétanisé après les événements. Alors que tout était terminé. Je me suis vu rester figé, le regard égaré, cherchant à me rappeler ce que je devais faire après. Les tétanisations sont des choses qui arrivent.

Pour dépasser la tétanisation, vous devez admettre que vous êtes tétanisé. Si vous croyez ou si vous savez que vous devriez faire quelque chose mais que vous ne le faites pas, vous êtes tétanisé. Si vous êtes en train de vous faire amocher ou que vous voyez quelqu'un d'autre se faire amocher et que vous avez une sensation chaude et confortable, qu'un bruit de vagues rappelant celui de l'océan envahit vos oreilles, vous êtes tétanisé.

Prenez-en conscience. Admettez-le. Dites : « Je suis tétanisé ». Il est préférable de le crier car cela vous rappellera que vous pouvez avoir un effet sur le monde. Il est facile de se dire des choses dans sa tête et de ne pas les faire. Alors ordonnez-vous de faire quelque chose – crie, rends les coups, cours – et faites-le. Et à nouveau, ordonnez-vous de faire quelque chose, peut-être même de répéter la même action et faites-le.

C'est le même mécanisme que pour le médecin se parlant à lui-même tout au long de sa première intervention sur un trauma réel.

C'est quelque chose que j'ai mis en place après coup. Il ne s'agit pas d'une théorie mais plutôt d'un retour sur des situations dans lesquelles je me suis retrouvé tétanisé et où, alors que j'aurais dû être gravement blessé, je m'en suis sorti indemne, afin de comprendre comment je me suis convaincu de bouger.

1ère étape. Admettre que vous êtes tétanisé.

2e étape. Persuadez-vous de faire quelque chose.

3e étape. Répétez l'étape 2.

D'après ma propre expérience et après avoir doublement vérifié mes copains ELFC (était là, a fait ça), cette méthode semble universelle.

Les professionnels continuent à se tétaniser. Et c'est de cette manière qu'ils parviennent à dépasser leur tétanisation. Nous ne pouvons pas savoir si ceux qui ne sont pas parvenus à dépasser leur tétanisation l'ont tentée et que la méthode n'a pas marché. Nous ne pouvons pas savoir si elle peut être enseignée, ou si le simple fait de la lire ici suffira à vous permettre de l'utiliser le moment venu. Je l'espère.

5. L'habitude anti-tétanisation

Il y a une chose qui aide à dépasser les tétanisations et plus généralement, en combats réels. C'est également une habitude de vie qui peut profondément affecter ce que vous accomplissez dans la vie et la manière dont vos amis vous perçoivent. Cela peut vous forger une réputation.

Développer l'habitude de faire les choses désagréables rapidement et sans hésitation. Si vous devez sauter dans l'eau froide, sautez dans l'eau froide. Si vous devez vous lever, sautez du lit. Nettoyez la vaisselle quand elle doit être lavée. Au travail, finissez les boulots difficiles alors que tout le monde se dérobe avec de fausses excuses pour ne pas vous aider.

Comme pour l'usage de la force, toute votre angoisse doit être concentrée sur le fait de décider *si* vous devez faire quelque chose. Une fois que c'est décidé, faites-le. Rapidement, efficacement, et sans hésitation.

La capacité de le faire étonne la plupart des mortels. C'est presque considéré comme un superpouvoir.

Chapitre VI
LE COMBAT

La menace marchait vers la sortie du casino. Il avait l'air de râler. Cela semblait le contrarier d'avoir été contraint de quitter les lieux et qui plus est de le faire.

Soudain, il fit un bond en l'air et pivota, m'assénant un bon coup de poing. Je plongeai et son poing passa au-dessus de ma tête pour s'écraser brutalement sur la mâchoire de mon binôme. Cela fit un bruit de viande passée à l'attendrisseur.

La menace atterrit et pendant une seconde, j'eus l'ouverture parfaite – ses côtes étaient exposées, il était légèrement penché en avant, avec une table à roulettes de l'autre côté pour l'empêcher de tomber plus loin – il suffisait que je lui assène un coup de pied latéral pour l'étourdir. Ce qui posait problème, c'était ces mêmes avantages. Nous étions là pour jeter ce type dehors, pas pour lui briser les côtes contre une table. Je laissai passer l'occasion.

Lorsque tout fut terminé, après un pugilat sous la table à roulettes, je me remis sur mes pieds en tremblant, songeant « Bon sang, cela n'avait rien à voir avec un combat entre sparring-partners. »

Vous avez depuis longtemps fait le point sur votre éthique et vos connaissances légales. Vous comprenez les criminels et vous savez percevoir un guet-apens ou une provocation. Vous n'auriez pas pu éviter celle-là, pas pu la désamorcer. Le coup est parti de nulle part et vous vous êtes retrouvé avec le goût du sang dans la bouche. Il vous était possible de porter une contre-attaque. Vous ne savez pas. Vous ne vous en souvenez pas. L'espace d'une seconde, vous avez hésité, incertain quant à ce que vous deviez faire, mais vous vous en êtes tiré…

Une fois passé le premier instant de tétanisation, le combat commence.

Quels que soient les arts martiaux ou les techniques de défense auxquels vous vous êtes entraîné, ils ont une chance de marcher ici. Cependant, il faut arriver jusque-là. De préférence en un seul morceau.

Cela pourrait être le chapitre le plus long du livre. En toute justice, cela pourrait couvrir des millions de pages juste en répétant ce que tout le monde a déjà écrit sur le combat et la self-défense. Mais il ne s'agit pas d'un manuel technique. C'est un guide vers quelque chose qui est un pays très étrange pour la plupart des gens. Je vais vous initier, vous faire découvrir la manière dont les règles changent dès que l'on passe de l'autre côté du miroir.

Il existe quatre éléments incontournables dans chaque combat : vous, la menace ou les menaces, l'environnement, et la chance. Ce que vous pensez savoir de ces quatre éléments peut être très différent de l'autre côté du miroir.

Dans ce chapitre, nous allons aborder quelques-uns des éléments qui participent de l'usage de la force en situation réelle, ceux-là mêmes qui sonnent comme des évidences vus de l'intérieur, mais qui peuvent être nouveaux pour vous. Vous trouverez également certains des concepts présentés dans le chapitre consacré à la tétanisation réintroduits dans le contexte du combat. Il serait irréaliste de discuter de n'importe quel scénario de combat sans parler de tétanisation.

1. Vous

Vous avez certaines attentes quant à qui vous êtes, votre façon de penser et ce que votre corps peut faire. Si vous avez pratiqué les arts martiaux, le combat ou la self-défense, ces attentes peuvent être très profondément ancrées en vous. Elles font partie de votre identité.

> Lorsque j'utilise le mot « combat » dans ce chapitre, cela implique spécifiquement pour moi le recours à la force pour échapper à une agression. Je ne veux pas parler d'une espèce de combat mutuel ou de ce qui touche à la Parade de Domination. Vous êtes en train de vous faire agresser. Cela signifie que vous avez été attaqué sans l'avoir provoqué. Cela signifie que vous n'avez eu aucun moyen d'éviter l'agression, vous n'avez pas pu courir pour échapper à l'agresseur, et vous n'avez pas pu discuter pour prévenir l'agression. Vous êtes en train de vous faire agresser, et la seule option qui vous reste est de vous battre pour vous en sortir.
>
> Sentez-vous libre de faire des distinctions entre se battre et combattre et survivre à une agression. Pour autant que ces distinctions vous aident à clarifier votre éthique. Mais ne vous laissez pas prendre aux mots. Lorsque quelqu'un tente de vous ôter la vie, il n'est plus temps pour les mots.

À moins que vous ayez été confronté à la violence et au chaos, les choses auxquelles vous croyez ne sont que des hypothèses. Ce ne sont pas des faits. Vous vous rappelez du chapitre sur les croyances, la morale et l'éthique ? Ce qui va suivre peut heurter vos croyances. Si c'est le cas, vous risquez de le prendre comme une attaque personnelle. Ce n'en est pas une. Si votre seule exposition à la violence s'est faite dans le cadre de l'entraînement ou à travers des livres ou des films, vous n'avez vu que les photos d'une maison. Je vis dans la maison.

Laissez-moi une chance de vous montrer quelques-unes des choses que toutes les photographies semblent rater.

a. C'est votre cerveau qui est aux abois

Vous devriez avoir pris conscience jusqu'à un certain point du nombre de personnes différentes que vous pouvez être et du nombre d'états d'esprit différents dans lesquels vous vous trouvez chaque jour. L'esprit du premier jour n'est pas le même que l'esprit qui regarde votre femme par-dessus la table du petit déjeuner vingt ans après. L'esprit dans lequel vous êtes lorsque vous jouez avec des enfants ou que vous caressez un chiot n'est pas le même état d'esprit que lorsque vous gardez un œil sur un rival au travail.

La manière dont votre cerveau réagit lorsque vous faites quelque chose qui vous fait peur (l'altitude ou les profondeurs ou, en ce qui me concerne, l'immersion dans des eaux marécageuses connues pour abriter des serpents, des caïmans et des poissons carnivores… brrr) est différente de la manière dont votre cerveau regarde la télévision. De la même manière, la troisième ou la dixième fois que vous entendez des coups de feu dans la nuit n'affecte même plus votre sommeil.

Vous possédez tous ces esprits et vous en avez encore bien d'autres que vous n'avez pas encore eu l'occasion d'expérimenter. Soyez reconnaissant que ce soit le cas. Il est plus que vraisemblable que l'état d'esprit dans lequel vous serez en passant de l'autre côté du miroir sera totalement différent de n'importe lequel des précédents. Il est difficile de se mettre dans cet état d'esprit la première fois et c'est dommage car le danger peut être très très grand.

Dans le chapitre consacré à la tétanisation, nous avons abondamment discuté de ce qui se passe. Les habitudes mentales les plus néfastes que vous pouvez rapporter du monde normal sont probablement le désir de rassembler beaucoup trop d'informations et le besoin impératif de préparer un plan.

Vous devez assimiler que vous être en train de subir des dommages ou que vous êtes sur le point de subir des dommages. Vous devez savoir ce que vous pouvez faire pour les éviter – les voies de repli possibles ou les cibles potentielles de la menace ou les armes à votre disposition. Tout autre chose ne vous ferait que perdre du temps.

Il est vrai qu'avec plus d'informations vous pouvez choisir un plan plus efficace, mais :

- Rassembler des informations prend du temps.
- Le temps est synonyme de dommages.
- Vous ne pouvez pas dire sur l'instant quelle information vous sera utile.

Au cours des négociations qui suivent une prise d'otages, nous chargeons des gens de rassembler tout ce qu'ils trouvent sur la menace afin d'aider le premier négociateur à établir un profil, mais nous ne pouvons pas dire si l'amour de la menace pour la pêche ou pour son chien favori ou le fait que sa mère ait abusé de lui seront la clé qui aidera à démêler cet incident particulier. Toutes les informations ne sont pas utiles à un moment précis et quelquefois vous devez en rassembler beaucoup pour trouver celle qui pourrait se révéler pertinente. Ensuite vous devez identifier celle qui est pertinente. Tout ça prend du temps. Et, comme je l'ai dit précédemment, le temps est synonyme de dommages.

Dans le monde normal, la plupart des situations critiques résultent de délais artificiels que vous avez dépassé de quelques minutes ou quelques heures et qui peuvent vous valoir une bonne engueulade. Dans le cas d'un couteau qui vous menace, le délai est très court avec des conséquences beaucoup plus sérieuses.

Comment les professionnels gèrent-ils le problème temps/information ? Ils savent quand ils ont du temps, rassemblent toutes les informations qu'ils peuvent et lorsqu'il est temps de bouger, ils bougent. Dans l'instant. Avec les informations dont ils disposent.

Lorsqu'un gros dur s'en prend à moi, tentant de m'imposer une Démonstration d'Affirmation de Statut (le plus souvent) ou de m'agresser (rarement)...[33] je peux presque toujours calmer la situation en parlant, mais chaque seconde passée à écouter ou à parler me sert également à regarder. Où sont ses mains ? Cache-t-il des armes ? De quel côté se tient-il ? Est-ce qu'une jambe est prête à frapper ? Qui regarde ? Des membres de son gang ? Combien ? Dans quel état d'esprit sont les observateurs ? Avec quoi peut-il m'atteindre s'il attaque à cet instant ?

S'il bouge, je bouge. Peu importe le temps que j'ai eu ou pas eu pour me faire une idée de ce qui est en train de se passer. Mais avant cela, il n'y a pas une seconde à perdre.

---

33. *En fait, la DAS et l'agression ont des effets et obéissent à une dynamique très similaire. Ce qui doit les différencier ce sont les motivations, ce qui implique dès lors des processus de désescalade différents.*

La deuxième mauvaise habitude est de préparer un plan. Lorsque je réponds, par exemple, à un appel au secours d'un officier de police à la radio, que je cours lui apporter mon aide ou que j'interviens avec mon équipe, je dispose d'un peu de temps pour planifier l'intervention. Quelquefois très peu (le temps de courir à son aide), quelquefois beaucoup. Si personne n'est blessé et qu'il n'y a pas d'otage, je vais ralentir une opération, et si possible, convaincre le criminel de se rendre.

Comme pour les évacuations lors des incendies ou des tremblements de terre, il est contre-productif de commencer la planification après que l'alerte est passée. Il est contre-productif de commencer à planifier après que les poings sont entrés en action.

Planifier en plein chaos n'est de toute façon pas du tout efficace. Les criminels font rarement exactement ce que nous attendons et les officiers de police meurent lorsqu'ils s'en tiennent à un plan alors que les circonstances ont changé. Même si vous avez un plan, même si votre plan est bon, même s'il a déjà fonctionné pour vous par le passé, vous devez être capable de passer à autre chose et d'improviser à la seconde où le monde ne cadre plus avec le plan initial.

Ces dernières ne sont que des habitudes mentales. Il y en a d'autres et qui sont plus profondes et plus ancrées. La chimie de votre cerveau change en réponse au stress de survie (RSS). Une partie de votre cerveau qui habituellement n'intervient que lorsqu'il est question de nourriture et de sexe veut exercer son antériorité et diriger votre corps de la manière qu'elle avait de le diriger lorsque les tigres aux dents aiguisées rugissaient dans la savane et cette partie de votre cerveau risque de prendre complètement le dessus.

Elle peut se manifester de nombreuses manières différentes et ces dernières semblent varier en fonction de qui vous êtes et de la gravité de la situation. Quelquefois, tout se passe comme dans un brouillard; vous ne vous souvenez de rien jusqu'à ce que tout soit terminé, et lorsque vous regardez autour de vous, vous vous rendez compte que tout s'est très très bien passé. Quelquefois, vous vous souvenez de détails, le plus souvent de détails sans importance, avec une précision extrême et tout semble comme au ralenti. Vous vous souvenez de tout.

Pourtant, vous ne vous souvenez pas de tout avec autant de précision que ça, et vous vous en rendrez compte si vous comparez ce que vous gardez en mémoire avec une vidéo. À mon avis, il ne s'agit pas autant de distorsions sensorielles, que de distorsions de la mémoire. La partie consciente du cerveau est complètement submergée (le brouillard, pas de mémorisation) ou distraite (une focalisation extrême sur des détails insignifiants) ce qui permet à la partie la plus primitive du cerveau d'obtenir que le nécessaire soit fait.

Ce fut le cas pour moi chaque fois que j'ai eu l'occasion de prendre un coup au visage, j'étais bon pour le bruit assourdissant et la chaude sensation de flottement. Je devais me battre pour revenir à la surface et rester dans le combat et j'avais le sentiment de nager pour remonter le courant. J'ai fini par en prendre l'habitude et être de moins en moins sujet à ce phénomène.

Des pensées vraiment, vraiment stupides envahissent votre tête. Lors d'un des combats les plus sérieux que j'ai eu à affronter (encerclé, deux contre un, pas de recours, personne au courant) j'ai soudain été obsédé par le besoin de me rappeler quel goût avait mon gâteau de mariage. Ma femme l'aimait plus que moi… qui me demandais de quelle couleur étaient les yeux de ma première petite amie, mais c'était en fait… bizarre.

Certaines pensées sont plus normales comme la peur d'être poursuivi en justice ou l'inquiétude de savoir ce que va devenir votre famille si vous mourez. Ces pensées n'en risquent pas moins de vous distraire. C'est une platitude de le dire, mais vous devez faire ce que vous avez à faire.

La boucle comportementaliste mentionnée au chapitre des « tétanisations » peut également prendre le dessus. La partie primitive de votre cerveau qui veut traiter avec des smilodons se préoccupe également de rythme, de rituel et de superstition. Vous pouvez vous retrouver à faire ou à dire la même chose encore et encore alors qu'il est clair que cela ne marche pas. Vous vous êtes enfermé dans une boucle mentale.

Le rythme est réconfortant, comme vous devez le savoir s'il vous est arrivé d'être si profondément bouleversé que la seule chose que vous souhaitiez faire était de vous asseoir dans le noir et de vous balancer d'avant en arrière en ruminant. Tel est l'héritage du cerveau primitif qui se transforme également en rituel, du fait même que vous êtes toujours en vie, alors que vous vous acharnez à frapper un gros costaud sur la poitrine sans résultat et que vous persistez à le faire depuis cinq secondes. La partie primitive de votre cerveau en vient à vous faire croire que c'est grâce à la magie d'un charme que vous gardez la mort à distance.

Les gens qui s'enferment dans ces boucles tendent à y rester jusqu'au moment où ils sont sévèrement blessés. C'est d'autant plus grave qu'une blessure affecte d'autant plus votre capacité à faire quelque chose d'efficace.

Cela nécessite un effort de volonté de faire ce que vous avez appris à faire à l'entraînement. Si vous êtes déjà parvenu à sortir de votre tétanisation, vous savez que vous possédez cette volonté. Vous devez exercer votre volonté et l'exercer jusqu'à ce que vous soyez tiré d'affaire.

b. Et c'est votre corps

Le chapitre consacré à la tétanisation physiologique couvrait certains effets de la Réponse au Stress de Survie, et notamment l'afflux de sang vers les organes vitaux qui permet d'éviter, dans la mesure du possible, qu'une jambe déchiquetée ne vous tue.

Cela entraîne quelques autres effets secondaires. Le plus important est le fait de devenir maladroit. La puissance de votre décharge chimique déterminera le niveau de maladresse. Même sous l'effet d'une décharge relativement modérée (et celles-ci sont rares, à moins qu'il vous soit fréquemment arrivé de vous faire agresser et que vous vous attendiez à la présente agression) vos capacités motrices fines se dégradent. Les capacités motrices fines sont ces choses que vous ne pouvez pas faire lorsque vos mains tremblent, comme d'écrire, de presser délicatement une gâchette, ou de mettre un doigt ou une lame exactement là où vous voulez sur une cible en mouvement.

Sous l'effet d'une décharge plus normale, vous perdez vos capacités motrices complexes. C'est-à-dire votre coordination. Tout ce qui implique par exemple de bouger vos pieds et vos mains en même temps. Comme de combiner des coups de poing avec des déplacements de pieds. Ou de projeter. Ou de bloquer des articulations. Vous savez encore faire ce que vous avez appris à l'entraînement, mais avec une forte dégradation au niveau de l'exécution.

Sous l'effet d'une décharge extrême, soit vous resterez tétanisé, soit vous tomberez dans un mode totalement passif, comme une souris à moitié déchiquetée qui n'attend plus qu'une chose, que le chat se décide à l'achever. Si cela vous offusque qu'une personne que vous ne connaissez pas se permette d'écrire cela comme si vous étiez susceptible d'être personnellement concerné, j'en suis désolé. Mais, vous devez savoir que même les héros meurent en appelant leurs mères. Cela vous concernera si les choses tournent vraiment mal. Vous pouvez boire votre Kool-Aid© de déni et vous faire valoir de vos diplômes, de vos ceintures et de vos trophées, mais ces derniers ne sont que des talismans pour que s'éloigne l'ombre de la peur. *Même les héros meurent en appelant leurs mères.*

C'est juste une question de muscles. Votre gestion des informations, les perceptions de vos sens changent également. Réfléchissez bien à tout ceci, car si vous ne recevez pas les informations pour lesquelles vous vous êtes entraîné, vous ne pourrez pas prendre les décisions pour lesquelles vous vous êtes entraîné.

La vision est altérée. Le plus fréquent est un rétrécissement du champ visuel, une focalisation extrême sur un champ très réduit. Certains officiers de police rapportaient qu'ils pouvaient lire la plaque de leur partenaire comme si elle flottait dans les airs. [34] Un sacré niveau de focalisation. Ce que cela implique, en pratique, c'est que vous êtes incapable de voir ce qui vient des côtés, d'au-dessus ou d'en dessous. C'est très facile de surprendre quelqu'un sous adrénaline. Je l'ai fait à maintes reprises.

L'ouïe devient carrément étrange. Il existe une grande documentation traitant des exclusions auditives, un mot plutôt fantasque pour parler de surdité temporaire et limitée. Quelquefois vous ne pouvez absolument pas entendre une arme qui tire juste à côté de votre tête ou les tirs ressemblent à de petits pans pans. [35] Vous pouvez ne pas être capable d'entendre des gens crier, même lorsque « derrière toi ! » pourrait être une information vraiment utile.

Dans le même temps, le bruit émis par la respiration de la menace peut devenir assourdissant.

La sensibilité de vos mains et de l'extrémité de vos doigts peut avoir complètement disparu. Les gens laissent tomber les objets lorsqu'ils ont une poussée d'adrénaline, c'est très fréquent. Ils ont du mal à composer un numéro de téléphone ou à se servir de leurs clefs. Le même mécanisme qui leur vole leurs capacités motrices fines engourdit leurs doigts. C'est bien de moins ressentir la douleur, c'est mal de ne plus pouvoir percevoir le poids d'un corps ou les cibles sur la menace.

c. L'entraînement et vous

Vous devez avoir probablement entendu dire à de nombreuses reprises que vous vous battrez de la manière dont vous vous êtes entraîné. C'est d'une certaine façon exact. Vous vous battrez dans cette étrange mixture qui mêle ce que vous avez fait à l'entraînement, votre éthique et vos instincts, le tout baignant dans un bouillon d'hormones. Au mieux, vous réussirez à vous hisser au niveau de votre entraînement, mais, même cela ne fonctionne que si ce contre quoi vous vous êtes entraîné ressemble à ce à quoi vous êtes confronté. Vous devez connaître votre dynamique de la violence et vous entraîner en tenant compte de la manière dont les prédateurs attaquent réellement.

Attaqué, vous ne posséderez plus ni le mental, ni le corps que vous aviez lors de l'entraînement. Vous aurez le sentiment de vous retrouver dans la

34. *Dr Alexis Artwohl, « Distorsions de la perception et de la mémoire des officiers de police impliqués dans des fusillades » Bulletin du service chargé de faire respecter la loi au FBI, octobre 2002.*
35. *Cela me fascine car au moins l'une des sources de l'article du Dr Artwohl mentionnait qu'il n'avait même pas perçu de sonnerie dans ses oreilles après le tir. Ce qui semble impliquer que, d'une manière ou d'une autre, ses oreilles s'étaient physiquement isolées.*

peau du débutant maladroit, diminué par une surdité et un aveuglement partiels, pas si malin que ça. Vous ressemblerez à un bleu car, surprise, vous serez un bleu.

Un bon entraînement aidera malgré tout car il arrive que cela marche, et la part primitive de votre cerveau n'est pas complètement stupide. Elle choisira ce qui marche (et ensuite, bien sûr, elle tentera de transformer ce qui marche, peu importe ce que c'est, en talisman et en rituel. Telle est la nature de la bête humaine.) Alors que vous obtiendrez des résultats, vos capacités referont surface. La plupart des choses qui sont enseignées en self-défense et dans les arts martiaux fonctionnent. Mais vous devrez presque certainement vous convaincre d'agir.

L'entraînement, lorsqu'il correspond à des situations réelles, aide. L'inadéquation entre attente et réalité est source de blocages. Les blocages vous tétanisent. Rien ne marche à tous les coups, aussi, est-il nécessaire de s'entraîner à se relever après un échec. La menace choisit le lieu et l'heure pour agir, aussi, à l'entraînement, placez-vous dans des situations qui vous sont défavorables.

Ceci m'est personnel et peut être l'une de ces choses qui peut se révéler un conseil pertinent dans la vraie vie. Je ne m'étire pas et je ne m'échauffe pas avant l'entraînement. À part dans le cas des opérations tactiques, je n'ai jamais eu le temps de m'échauffer avant un combat réel. Je veux, autant que possible, m'entraîner avec le corps qui sera le mien au moment du combat, vieux, fatigué, blessé et raide, comme il peut l'être. La raison qui fait que c'est valable jusque dans la vraie vie, c'est que les étirements et les échauffements ne devraient pas être quelque chose que vous faites qu'en cours. La vie est meilleure lorsque vous vous étirez le matin, que vous faites au minimum un léger échauffement et que vous demeurez étiré et actif toute la journée.

Travaillez vos abdominaux en isométrie lorsque vous conduisez ; étirez vos épaules, votre rachis et vos jambes pendant les pauses. Prenez les escaliers. Courez quand vous pouvez. Faites que bouger correctement ne soit pas seulement une chose réservée à l'entraînement mais quelque chose que vous faites tout le temps et quelque chose que vous faites dans des endroits et avec des vêtements qui vous obligeront à vous adapter si les choses tournent mal.

d. Atténuer les effets

Il existe certaines techniques pour traiter la Réponse au Stress de Survie (RSS). Bruce Siddle dans *Sharpening the Warrior's Edge* [36] passe en revue une grande partie de la littérature consacrée à la RSS, et l'indexe sur le rythme cardiaque (nota, le rythme cardiaque est un *symptôme* de la décharge d'hormones, il n'en est pas la cause). Des techniques permettant de faire redescendre le rythme cardiaque sont utilisées pour limiter le niveau d'hormones du stress.

La faiblesse de tous ces systèmes réside dans le fait qu'ils prennent du temps. Si quelqu'un tente de vous décapiter avec une machette, vous n'avez pas le *temps* de prendre les quatre respirations qui vous permettront de vous calmer. Respirer peut se faire lorsqu'on vous aborde, tout en rassemblant les informations et en cherchant un moyen de vous sortir de là. Inspirez en comptant jusqu'à quatre, retenez votre respiration en comptant jusqu'à quatre, expirez en comptant jusqu'à quatre, retenez votre respiration en comptant jusqu'à quatre et recommencez. Je compte plus longtemps, mais compter jusqu'à quatre est ce qui est le plus communément enseigné.

Redresser la colonne vertébrale et s'ancrer au sol peut également fonctionner. Prenez conscience du sol sous vos pieds, faites descendre votre poids pour ressentir la gravité. Tournez légèrement vos pieds comme lorsque vous les enfoncez dans le sable, puis laissez la rotation remonter dans vos hanches, votre colonne vertébrale, vos épaules et votre cou. Cela présente un avantage supplémentaire car jamais un bagarreur expérimenté n'a pris le risque de se battre en me voyant redresser le dos. Cela peut être combiné à la respiration autogène présentée ci-dessus.

Se centrer est une technique psychologique de premier secours s'appliquant aux enfants mais je l'ai trouvée très utile pour, à la fois, me calmer et calmer les autres et me concentrer sur le moment présent. Maintenant, décelez et identifiez cinq sons (j'entends le bruit de la fourchette de mon fils sur son assiette, le chauffage qui ronfle derrière moi, la mauvaise musique irlandaise jouée quelque part, le bruit de mastication, une chaise écrasée sous le poids d'un corps), cinq perceptions (mon avant-bras sur le bord de la table, une brise sur mes pieds nus, mon pouls à l'arrière de mon maxillaire supérieur gauche, les poils à l'intérieur de mes narines alors que je respire, la moquette sous mes pieds) et cinq odeurs (l'omelette de mon fils, le tabac à l'abricot dans le narguilé, l'eau de vaisselle dans la cuisine, ma propre peau alors que je viens juste de me réveiller, la poussière chaude émise par le chauffage). Se centrer est une autre de ces capacités très utiles à la vie. Votre capacité

---

36. Siddle.

à retrouver votre calme augmentera votre niveau de conscience et vous forcera à vous focaliser sur vos sens, en particulier sur les odeurs que votre conscience ignore le plus souvent.

L'autopersuasion m'a aidé à m'en sortir de ma première blessure réelle comme l'aurait fait un toubib. Il suffit de vous dire à vous-même ce que vous devez faire et de le faire. Replacez-vous volontairement dans le mode élève : « Je dois me battre contre ce type et je suis en train de me faire laminer, qu'est-ce que dirait l'entraîneur ? » Devenez votre propre entraîneur. Je l'ai fait à voix haute, alors que je tentais de maîtriser une menace tout en m'expliquant ce que j'étais en train de faire et pourquoi : « Mon gars, si tu continues à résister je vais devoir user de la force. Si tu ne te retournes pas sur le ventre, je vais devoir le faire moi-même et si tu continues à te débattre, je vais écraser mon genou sur ta gorge et ça risque de faire très mal. » Alors même que je me parlais à moi-même pendant tout le processus, la menace et les témoins interprétèrent mes paroles comme les conseils que donnerait un père qui tenterait de ne pas avoir à recourir à la force. Cela fonctionne aussi comme ça. Quelquefois des gens vraiment en colère ou sous l'emprise de la drogue ou de l'alcool ne savent pas ou ne se rappellent pas comment se rendre. Leur dire comment faire est souvent la meilleure solution. De plus, beaucoup de gens oublient de respirer sous l'effet du stress. Si vous parlez à voix haute, vous respirez.

La méthode qui prend le moins de temps et que j'ai le plus utilisée en combat réel ne vise pas uniquement à vous calmer mais vous permet de changer de mode. C'est quelque chose que j'ai découvert au cours d'une conversation informelle avec George Mattson, l'un des illustres pionniers du karaté aux États-Unis. Il disait : « Si vous pouvez sentir les choses, c'est que vous respirez correctement. » Ce que j'ai compris alors c'est que de sentir consciemment la menace devait me permettre non seulement de continuer à respirer, mais aussi de me calmer pour pouvoir me mettre dans la peau du prédateur. [37] Ça s'est révélé très très efficace.

37. *Un prédateur n'est pas automatiquement un criminel. Lorsque des officiers de police commettent une bavure, ce n'est pas parce qu'ils ont réfléchi froidement, comme le ferait un prédateur. C'est presque toujours parce qu'ils ont laissé leur affect guider leur réflexion, comme les protagonistes de la Parade de Domination, qui laissent les préoccupations de leur ego et de leur statut social influencer leur jugement. Pour un prédateur criminel, la violence est un moyen d'obtenir ce qu'il veut. Pour un homme honnête en mode prédateur, la violence est un moyen de mettre rapidement un terme à quelque chose, de manière efficace et par-dessus tout, sans trop de dommages – et cela si possible pour tout le monde.*

2. La(les) menace(s)

Les différences sont nombreuses entre la menace ou les menaces à laquelle ou auxquelles vous pouvez être confronté lors d'une agression et les partenaires avec lesquels vous vous entraînez. Avant tout, les menaces ne sont pas vos amis. Vous faites attention aux personnes avec lesquelles vous vous entraînez et elles font attention à vous. Une menace se moque bien de savoir si vous serez capable d'aller à l'école le lendemain ou la semaine prochaine.

Cela implique deux conséquences majeures sur la manière de vous entraîner et sur les effets que peut avoir votre entraînement. L'objectif des arts martiaux est de démolir les adversaires. Dans chaque exercice que vous faites, chaque combat, chaque tournoi où vous ne démolissez pas votre partenaire, c'est qu'une règle a été introduite pour sécuriser l'entraînement. Vous faites quelque chose et vous avez été entraîné à faire quelque chose (ramener les poings, porter des gants de 450 g, se relever après une projection...) qui a été spécialement conçu pour NE PAS blesser votre adversaire. Cette habitude s'est enracinée aussi profondément que n'importe quelle autre composante de votre entraînement.

La deuxième conséquence est liée au fait que la menace ne s'est pas entraînée de cette manière, aussi lorsqu'elle vous frappe ou vous donne un coup de couteau, cela n'a rien à voir avec ce que vous avez vu ou ressenti à l'entraînement. De manière inconsciente, vous avez compté sur les règles et vous vous êtes même peut-être reposé sur ces dernières pour faire aboutir en toute sécurité vos propres techniques. *Lorsque vous prenez conscience que ces règles n'existent plus, vous devenez une nouvelle fois vulnérable à la tétanisation.*

Les menaces n'attaquent pas comme vos partenaires. Les quatre choses qui choquent la plupart des pratiquants d'arts martiaux lors de leur première confrontation sont :

Les attaques surviennent beaucoup plus vite que lors de l'entraînement. Dans une embuscade, la menace fonce pour causer le plus de dommages possibles, pas pour donner ou contrer des attaques entre sparring-partners. Dans un assaut fulgurant, des gens absolument pas entraînés peuvent frapper au mieux quatre fois en une seconde. Les pratiquants d'arts martiaux bien entraînés frappent environ dix fois en une seconde. C'est beaucoup, beaucoup plus rapide que la plupart des gens qui s'entraînent. C'est la raison pour laquelle tant de gens se laissent déborder dans les phases d'Observation-Orientation.

Les voyous frappent plus dur que ce que vous avez connu à l'entraînement. Cela ne devrait pas être *surprenant*, pourtant les gens, pour la plupart, restent *choqués* par ce premier coup au visage. Que ce soit avec une gifle bien assénée ou un coup porté avec un bock de bière, les voyous frappent dur. Les boxeurs également frappent dur et les pratiquants d'arts martiaux peuvent certainement frapper dur – mais, entre les gants, les équipements de sécurité et les règles de sécurité, trop souvent quelqu'un qui frappe avec l'intention de blesser éprouve une sensation totalement nouvelle.

L'attaque survient à une distance très courte. Les arts martiaux et les sports de combat ont pour règle universelle de débuter leur combat à une distance qui met les combattants hors de portée l'un de l'autre. Avancer pour être à distance d'attaque fait partie de la maîtrise technique. Les menaces ont recours à la ruse ou organisent des embuscades pour franchir cette distance, c'est pourquoi lorsqu'ils attaquent, tout se passe très vite – dans une agression, la distance est indissociable du temps, et souvent, plus la distance est courte plus l'attaque est trop rapide pour être contrée ; c'est difficile – l'attaque arrive à la distance optimum, la menace n'a aucune difficulté à atteindre ce qu'il veut et ne met pas son équilibre en péril, et il compte sur l'effet de surprise. Il n'y a pas de salut initial, pas de mains serrées, pas d'arbitre pour dire : « Commencez ! » Il y a un coup, donné trop vite, trop fort et trop près, venu de nulle part.

C'est une surprise. Si la menace se rend compte que vous vous attendez à être attaqué, elle peut toujours attendre un meilleur moment ou trouver une autre victime. L'une des choses qui caractérisent l'acte de prédation par rapport à la violence sociale, c'est que pour un prédateur, qui vous êtes n'a aucune importance. Si vous vous révélez une cible difficile, il choisira une cible facile. Les victimes sont interchangeables. Dans les exercices codifiés ou les combats entre sparring-partners, les pratiquants d'arts martiaux savent toujours quand quelque chose va arriver. Les victimes d'agression ne le savent pas.

Les prédateurs attaquent plus durement, plus rapidement et à une distance plus courte pour un plus grand effet de surprise que les partenaires d'entraînement.

Les partenaires d'entraînement ont également tendance à sentir meilleur et à être en meilleure santé que les menaces lâchées dans la jungle urbaine. Dans certaines strates de la société criminelle, une mauvaise hygiène, des maladies, des plaies suintantes et des maladies transmissibles par le sang font intégralement partie du package. Il y a une règle de sécurité absolue : si c'est humide et que cela ne vient pas de vous, n'y touchez pas. C'est comme ça car, ce que vous risquez ici c'est d'avoir la malchance de contracter une maladie qui changera radicalement votre vie, et qui finira par vous tuer dans les sept à dix ans à venir… ou vous fera mourir le soir même.

Certaines menaces tenteront également de se servir de ça comme d'une tactique verbale : « Si je te frappe, tu ne pourras pas me frapper en retour. J'ai le SIDA. » Je lui ai expliqué ce que cette logique avait de fallacieux. Il a opté pour une attitude plus sage.

Lorsque vous vous entraînez dans un seul système, vous avez une idée assez précise de la manière dont votre adversaire va vous attaquer. Votre partenaire et vous avez été formés pour donner des coups de poing, de pied ou de couteaux d'une certaine manière. Vous êtes habitué à vous défendre contre ces attaques. Vous allez avoir des problèmes si vous pensez que ces dernières sont les seules manières d'être attaqué. J'ai entendu des pratiquants d'arts martiaux expérimentés dire : « Personne n'attaque d'aussi près », « personne ne peut causer de dégâts en étant nez à nez avec vous » et « personne n'attaque jamais en maniant son couteau comme un pic à glace. »

Et pourtant, ils le font. Et ils vont même jusqu'à utiliser les cartes de crédit comme armes et à mettre un verrou au fond d'une chaussette pour s'en servir de matraque. Ils seront capables de mordre et de griffer et de tenter de vous piquer avec des seringues hypodermiques usagées. Ils vous cracheront leur propre sang à la figure et n'hésiteront pas à vomir ou même à déféquer sur eux pour que vous ne vous aventuriez pas à les toucher.

À l'entraînement, vous savez à quoi vous attendre, le type d'attaque, le nombre d'adversaires, si des armes sont en jeu. Exception faite des Parades de Domination, vous ne pouvez pas savoir à quoi vous attendre de la part d'une menace.

La menace peut aussi ne pas réagir comme un partenaire. Certains présentent des états mentaux altérés : ils peuvent être ivres, drogués, malades mentalement, ou émotionnellement perturbés. Ce que l'on vous a enseigné au sujet de la douleur peut tout aussi bien ne pas s'appliquer. La menace peut même ne pas ressentir que vous lui pincez un nerf, peut même ne pas broncher alors que sa mâchoire vient d'être fracassée. Même les techniques que vous avez apprises comme étant des « musts » physiologiques peuvent se révéler inopérantes. La tête et les mains peuvent ne pas se déplacer vers l'endroit de la douleur que la menace ne ressent simplement pas. Elle peut tout aussi bien ne pas se courber en deux en recevant un coup puissant à l'aine. Certains individus peuvent parfaitement se battre à l'aveugle (il s'agit d'une distance extrêmement courte, n'oubliez pas que le toucher est beaucoup plus précis et plus rapide que la vue) et votre tentative de lui arracher les yeux lui être totalement indifférente.

C'est juste de l'ordre du physique. Nous avons tous certaines attentes sur la manière dont les êtres humains réagissent aux blessures. La plupart du temps, ces attentes sont de nature psychologique plutôt que physiologique. Nous attendons d'une personne que nous avons atteinte d'une balle au cœur qu'elle meure rapidement, mais, rien dans un cœur détruit ne peut retenir une menace suffisamment décidée à viser et à tirer avec sa propre arme dans les dix secondes qui suivent. Vous pouvez être tué par un homme mort qui refuse simplement d'admettre sa propre mort.

En 1990, alors qu'elle était en repos, l'officier du Département de Police de Los Angeles, Stacy Lim, fut accostée par quatre hommes et elle reçut une balle de magnum 357 en pleine poitrine. La balle endommagea son foie, atteignit son cœur, et détruisit sa vésicule. Elle tira à son tour et pourchassa la première menace, la tua alors que les autres prenaient la fuite. Elle survécut.

Nous pensons que la douleur, la peur, un os brisé ou l'épuisement conduiront la menace à abandonner le combat. La plupart du temps, mais pas toujours. Et cela n'appelle pas de réponse automatique. Frappez dix personnes à la tête de la même manière et l'une d'entre elles peut perdre connaissance, trois tressaillir, deux ne même pas le ressentir, l'une s'enfuir en courant, l'une être prise d'une rage meurtrière, et une autre juste vous regarder comme si vous étiez un parfait idiot. Enfin la dernière peut se mettre à rire en trouvant ça drôle ! Vous ne savez pas à quel type de menace vous avez à faire jusqu'au moment où vous devez l'affronter... et même cela peut varier car si vous prenez le dessus, certains individus s'enfuiront, d'autres tenteront de se rendre, et d'autres encore, pris de panique, joueront violemment des pieds et des poings. La personnalité de la menace peut changer au cours de la confrontation. Votre personnalité peut elle aussi changer.

Vous devez faire avec la menace qui est en face de vous et vous adapter à ce que vous voyez.

3. L'environnement

Les arts martiaux et les sports de combat standardisent et simplifient l'environnement de manière à ce qu'ils puissent mieux juger et tester des compétences particulières. Plus il y a de variables dans une situation plus la chance joue un rôle dans ce qui peut advenir, et dans une confrontation où la compétence prime, la chance est l'ennemi.

Pour s'adapter à l'environnement, il est une loi :

Que quelque chose soit de l'ordre du hasard ou du moyen dépend entièrement de celui qui le voit et l'exploite en premier.

Le monde est grand et rempli de beaucoup de choses. Des déplacements de pieds légers, des déplacements de pieds glissés, des déplacements de pieds irréguliers. Des obstacles qui peuvent être enjambés ou servir de bouclier ou recevoir l'impact d'une tête judicieusement propulsée. Des outils ou des objets en tout genre qui dans la main peuvent offrir une protection, servir pour attaquer ou pour distraire. Des vêtements qui peuvent agir comme une armure ou servir à emprisonner les mains ou à bander les yeux.

S'entraîner à utiliser l'environnement est l'une de ces choses qui est infiniment complexe. À cet instant, à portée de mes mains, il y a des douzaines de choses que je peux utiliser comme armes, des configurations de murs qui peuvent ou pas stopper les balles, des obstacles que je peux exploiter ou déplacer, la lumière et l'ombre que je peux utiliser pour dissimuler ou récolter des informations. C'est tout à fait simple. Qu'est-ce que je peux utiliser ? Comment ?

Il faut juste s'entraîner à détecter rapidement les différentes possibilités. Ceci est basique.

Ce n'est pas quelque chose que je recommande sous la forme d'un apprentissage conventionnel, qui consisterait à trouver un guru qui vous apprendrait à découvrir le maximum d'armes et à les mémoriser. C'est une manière de penser, quelque chose que vous pouvez intégrer dans tous les domaines de votre vie.

Il existe quelques exercices pour y parvenir. Voici l'un d'eux : saisissez le premier objet à portée de main et trouvez vingt manières de l'utiliser qui diffèrent de son usage habituel. Je suis en train d'écrire sur une tablette, aussi vais-je l'utiliser comme exemple pour ce qui me concerne, je peux l'utiliser en tant que :

- Miroir pour voir derrière moi (lorsqu'il est éteint, l'écran agit comme un miroir noir) ;

- Miroir pour envoyer des signaux ;
- Instrument de mesure (je connais la taille de l'écran) ;
- Outil pour calculer la hauteur ;
- Compas pour dessiner une ébauche (en tenant un stylo contre le couvercle à charnières) ;
- Méthode pour estimer l'angle d'élévation ;
- Presse ;
- Serre-livres ;
- Poids/plomb ;
- Bordure droite ;
- Distraction pour un bébé agité ;
- Objet de troc pour obtenir autre chose ;
- Allume-feu (en utilisant la batterie, presque à coup sûr) ;
- Méthode pour vérifier le dénivelé d'un terrain ;
- Bloc-notes ;
- Frisbee© hors de prix ;
- Couvercle pour un pot dans lequel j'ai capturé une punaise ;
- Rame pour canot ;
- Équipement pour condenser l'eau, ou, bien sûr ;
- Arme pour frapper quelqu'un à la tête.

Tout ceci sans avoir besoin de la démonter, mis à part le cas de la batterie.

L'exemple peut paraître tiré par les cheveux, mais l'exercice est intéressant. Mais, cela n'en constitue qu'une partie. Les habitudes que vous avez développées au chapitre consacré à l'esquive et l'évasion trouvent également tout leur intérêt ici. Il proposait une introduction sur la manière d'observer le terrain. L'une des clefs était de déceler les fenêtres et les murs qui pouvaient être cassés.

Un autre exercice – regardez n'importe quel objet et demandez-vous : « Qu'est-ce que c'est en fait ? »

Je suis en train d'écrire sur une petite table, dans une brasserie de Portland. Qu'est-ce que c'est en fait ? C'est une solide pièce de bois carrée, d'environ 56 cm de côté, composée de huit planches à rainures et languettes de différentes largeurs (c'est inhabituel, la table doit être relativement ancienne). Elle repose sur un unique pied en métal qui se déploie en haut et en bas en quatre bras de métal peints en noir. C'est probablement du fer, à en croire le son. De la fonte ? Chacun des bras supérieurs est maintenu au bois par deux vis. Sous les quatre bras inférieurs, des patins en caoutchouc protègent le sol.

Qu'est-ce que c'est en fait ? Une masse, une composition, une dimension.

Qu'est-ce que c'est en fait ? Tout ce que je décide d'en faire ou de faire avec l'un ou l'autre de ses éléments : échardes et armes et poids et grappins et ancres et...

Si vous êtes comme la plupart des gens, vos yeux glissent sur une chaise à la seconde où vous la nommez « chaise ». Elle devient alors quelque chose sur quoi vous vous asseyez et toutes les autres possibilités sympas disparaissent. Nous le faisons avec les chaises et nous le faisons avec l'espace, cherchant ce qui nous est familier (« Cette partie est plate et plane, comme la salle d'entraînement, je vais essayer de me battre ici »), au lieu d'exploiter ce qui est sympa et inhabituel.

Enfin, nous le faisons également avec les gens. Une fois que vous avez identifié quelqu'un comme étant une menace ou un ennemi (et ce moment est important à déceler) vous vous fermez à d'autres possibilités. La prochaine fois que vous vous entraînerez avec un partenaire, juste pour tester, au lieu de penser à lui comme à un partenaire ou un adversaire, pensez à lui comme à un jouet, un bon gros jouet pour chat. Et vous êtes le chat. Jouez avec lui.

Ou, pensez à lui comme à un outil, considérez que tout ce qu'il fait est en fait pour vous aider.

Utiliser l'environnement repose avant tout sur la manière dont vous pensez et vous regardez. Tout peut vous servir pour autant que vous arriviez à le comprendre.

4. Le hasard

Le hasard est tout ce que vous ne voyez pas venir. Toutes les variables que vous n'avez pas vues ou que vous n'avez pas prises en compte. Vous ne pouvez pas le contrôler, c'est ce qui en fait le hasard. Dans un mauvais jour, il peut tout compenser. J'essaie quelques fois d'expliquer qu'en vue d'une opération tactique, avant de nous engager, nous essayons de limiter la part de hasard. Nous aimons connaître les tenants et aboutissants, où tout le monde doit se tenir, tout ce que nous avons besoin de savoir sur tous ceux qui se trouvent là. Les armes, les obstacles. Nous réfléchissons encore et encore, nous nous entraînons... et ensuite nous nous engageons. Peu importe que nous nous soyons bien préparés, que notre plan soit le meilleur, il y a toujours une chance que l'un des gars glisse sur une minuscule flaque de sueur, se cogne la tête et ce sera la « fin de la partie ».

Les professionnels font tout ce qu'ils peuvent pour minimiser la part de hasard, mais il n'y a aucun moyen de l'éliminer. Les conséquences peuvent être graves.

a. Les cadeaux

Le hasard vous fait tout le temps des cadeaux et la clef est d'en prendre conscience et de savoir utiliser ce cadeau. Les remerciements viendront plus tard. Un poing qui vous arrive en pleine figure est généralement mauvais pour vous. Si un mur en béton se trouve derrière votre tête, une légère esquive peut transformer ce qui est mauvais en cadeau, une menace qui se blesse toute seule.

En milieu carcéral, les sorties de cellule constituent la plus grande part du travail d'une équipe tactique d'extraction. Vous avez un détenu qui peut être armé de poinçons (des couteaux fabriqués en prison) ou de matraques (comme les verrous dans les chaussettes), qui a obturé ses fenêtres et a probablement savonné le sol. Avant l'époque du Taser, l'équipe était supposée arriver à bout de ce dernier sans arme et sans blesser le détenu ou être blessée. La version courte de la technique consistait à fracasser le détenu contre le mur, à lui balayer les jambes pour qu'il tombe sur le dos, à bloquer ses membres, à le retourner sur le ventre et à lui mettre les menottes.

À l'entraînement, il m'est arrivé une fois de jouer le repris de justice et au lieu de tout faire pour rester debout et me battre ou tenter d'esquiver, j'ai plongé dans les jambes de l'équipe au moment où ils entraient. C'étaient de bons combattants instinctifs et ils étaient bien entraînés. Ils me tombèrent dessus comme une tonne de briques, me bloquèrent les articulations et me retournèrent sur le ventre pour me passer les menottes.

Hum. Ils ne s'étaient pas rendu compte que mes actions leur avaient épargné les trois premières étapes de leur plan. Ils ne s'étaient pas rendu compte du cadeau. Nous avons eu une longue discussion et c'est un point sur lequel je mets l'accent à chaque cours ou presque : rien ne marche parce que vous avez fait ce qu'il fallait, tout marche parce que la menace ou le monde a permis que cela arrive. Les blocages spécifiques ou les projections au sol fonctionnent parce que la menace était dans la bonne position et qu'elle vous a donné la dynamique pour ce blocage particulier ou cette projection au sol. Dans la vie réelle, vous ne parviendrez pas à bloquer un bras que quelqu'un tire sur l'arrière… mais cette action qui consiste à tirer le bras sur l'arrière est LE cadeau qui permet un verrouillage de l'épaule ou du poignet. Même les frappes ne fonctionnent pas à moins que la menace ne vous fasse cadeau d'une ouverture.

C'est l'une de ces choses qui, je suppose, peuvent donner plus de profondeur et de relief à votre vie, mais, pour ma part, c'est face au danger que je me suis entraîné à déceler les cadeaux. Les opportunités sont toujours là et cela quel qu'en soit le cadre, dans l'amitié et dans l'amour, dans les circonstances favorables et dans les idées nouvelles. Chaque seconde, l'univers vous offre des cadeaux pour rendre votre vie meilleure, pour autant que vous appreniez à les voir et à les accepter.

b. Gérer le chaos

Il se passe beaucoup de choses dans n'importe quel affrontement, plus de choses que ce que votre conscience est théoriquement en capacité de gérer. Lorsque vous êtes en train de gagner, vous voulez qu'il se passe moins de choses. Lorsque vous perdez, vous en voulez plus.

Lorsque vous gagnez, minimisez le chaos ; lorsque vous perdez, augmentez le chaos.

Les vainqueurs doivent consolider leur position, se rapprocher de la victoire c'est se rapprocher d'un état de contrôle. C'est ce qu'implique « la position avant la soumission. » Si vous avez le contrôle absolu, vous pouvez gagner au moment où vous le choisissez. À mesure que le contrôle diminue, votre capacité à vous garantir la victoire diminue aussi.

En tant que victime d'une agression, vous commencerez avec peu ou pas de contrôle et vous devrez profiter de toutes les opportunités qui se présentent ou vous créer vous-même des opportunités. Cela devrait faire partie des qualités tactiques de n'importe quel art martial ou technique de self-défense que vous étudiez. Votre instructeur peut ne pas utiliser les mêmes mots, mais exploiter et créer des opportunités sont des tactiques inhérentes (même si elles ne sont pas explicitement évoquées) à tous les arts martiaux.

Accroître le chaos est quelque chose de subtilement différent : au lieu de créer des opportunités, vous créez des opportunités pour des opportunités. Vous êtes étranglé par-derrière et la menace sait ce qu'elle est en train de faire. Vous avez 7 à 9 secondes de conscience. Après quoi, soit vous vivez soit vous mourez – et la manière dont vous allez mourir – sera totalement à la discrétion de la menace.

Ramenez vos pieds sous votre corps et projetez vos deux corps à travers une fenêtre ou en bas d'un escalier ou au milieu de la circulation peut vous faire plus de mal que la menace. Ou cela peut faire plus de mal à la menace qu'à vous. Dans tous les cas, cela introduira de nouvelles variables dans la situation. Si vous devez perdre et probablement mourir dans les sept secondes, *quelque chose* doit changer. Maximiser le chaos est faire confiance aux dés en espérant que le changement vous soit bénéfique. Ce n'est pas aussi risqué que cela peut paraître pour deux raisons.

La première, vous êtes perdant de toute façon. Comme lorsque les côtes se brisent lors d'une réanimation cardiaque, cela semble terrible mais vous ne pouvez pas argumenter que vous avez fait plus de mal au patient que s'il était mort. Mourir avec des côtes cassées n'est pas plus terrible que de mourir, vivre avec des côtes cassées est nettement mieux que d'être mort.

La deuxième, se battre est beaucoup plus mental que physique. En introduisant le chaos, vous prenez un avantage: la menace doit s'adapter à un changement majeur que vous saviez sur le point d'arriver. Vous pouvez vous en sortir avec des blessures plus graves ou pas, mais il est plus que certain que la menace en sera d'autant plus surprise. Il se peut qu'elle se tétanise ou panique ou qu'elle abandonne une victoire acquise pour s'éviter à elle-même un échec potentiel (qu'est-ce qu'une paume de main au visage en comparaison d'un coup de couteau.)

c. Du temps supplémentaire (à discrétion)

Gordon Graham ne manque pas de parler de la gestion du risque dans le cadre des services chargés de faire respecter la loi. Je n'ai pas hésité une seconde à lui faire cet emprunt, mais, par la suite, je l'ai appliqué à différents types de combat, ce qui n'est pas dans ses attributions.

Quelquefois, vous n'avez rien à faire. Si quelqu'un est assez stupide pour saisir vos deux poignets, alors quoi ? À part recevoir un coup de tête ou un coup de pied, que vous pouvez tout aussi bien asséner à la menace, en évitant cependant qu'ils soient aussi téléphonés que les siens, que risquez-vous ? Certaines situations de combat dans lesquelles la menace se trouve clairement dans une position dominante (en judo, il serait déclaré vainqueur après être resté en position pendant 25 secondes) mais, qui risque de me valoir une blessure s'il change sa prise… alors pourquoi lutter ? Pourquoi ne pas attendre ?

Attendez et planifiez. Et Communiquez.

En cours de combat, il y a des moments d'accalmie, des moments de sécurité relative. Si vous disposez d'une seconde, saisissez cette putain de seconde et réfléchissez. Respirez plusieurs fois. Regardez autour de vous, cherchez de l'aide. Essayez de mettre les spectateurs de votre côté (« Est-ce que quelqu'un pourrait appeler la police ? Je ne pense pas que je vais pouvoir retenir ce type encore longtemps »). Assurez-vous que votre ego n'a pas pris le dessus, si vous êtes sur le point de gagner pourquoi n'êtes-vous pas parti, pourquoi n'avez-vous pas cherché à vous mettre en sécurité ? Êtes-vous en train de vous battre non plus pour vous défendre mais pour donner une Raclée Éducative ? La tentation est forte. Si d'autres personnes sont impliquées (cela concerne principalement les policiers) est-ce que la pression monte du côté de vos partenaires ?

Lorsque ces moments surviennent, les professionnels les exploitent au maximum.

5. Le combat

Nous avons déjà vu beaucoup de choses: vos changements de comportement sous l'emprise du stress; ce qui différencie les menaces et vos partenaires d'entraînement; comment l'environnement peut changer la donne et le rôle du chaos. Cette section sera un peu moins rigoureuse, mettant en avant certains aspects de la violence réelle, celle à laquelle votre entraînement vous prépare rarement.

Quelqu'un essaie de vous tuer. Même si l'intention n'est pas de donner la mort, la menace est en train d'essayer d'appliquer sur votre corps toute la force dont il est capable. Il ne vous applique pas une technique. Il n'est pas plus en train de mettre en œuvre une combinaison afin de créer une ouverture. La menace est en train de vous frapper à mort. Contrairement à un combat d'entraînement, il ne reculera pas, que ce soit pour vous éviter une blessure, pour ne pas se blesser les poings ou pour garder sa garde haute. Sa défense consiste à vous faire le plus de mal possible, aussi vite que possible pour que vous n'ayez pas le temps de réfléchir. C'est comme ça que ça se passe lors d'une agression.

Il n'y a pas de suspense. Cela n'a rien de juste. Une personne prend l'avantage aussitôt que possible et pousse cet avantage sans relâche jusqu'à l'ultime conclusion.

Les gens font semblant, mais vous le voyez rarement enseigné dans les cours d'arts martiaux. Si quelqu'un vous frappe de toutes ses forces à la tête avec un club de golf et que vous manquez votre parade d'une manière ou d'une autre, l'une de ces deux conséquences est inévitable: vous êtes gravement blessé ou la personne parvient à reprendre le contrôle à la dernière seconde pour vous protéger. Les deux alternatives posent problème – blesser gravement des élèves implique la fermeture du club. Être capable d'arrêter son action signifie que l'intention et l'engagement n'étaient pas là dès le début. Si l'intention n'était pas là, alors, ce que l'élève s'entraînait à éviter n'avait pas les mêmes intensités, sensation et timing qu'une agression réelle. C'est particulièrement toxique si les élèves et l'instructeur pensent honnêtement que l'intention était de tuer et que le fait de contrôler est un signe de maîtrise.

Une réplique est ce que vous proposez à votre uke/partenaire/élève pour qu'il se confronte à ce qui ressemble à une attaque, mais l'objectif de cette réplique est de lui permettre de pratiquer sa technique. C'est une technique conçue pour être contrée, pour permettre de travailler blocages puis frappes ou simultanément blocages/frappes.

Mais ce n'est pas une attaque. C'est une réplique. En s'entraînant de cette manière, même un combat entre sparring-partners en revient à se donner la réplique. Pas de bonnes répliques, en fait, la personne ne veut pas perdre, mais pas non plus des attaques. Les attaques sont conçues pour faire mal, pour occasionner des dommages et pour écraser. Dans un combat entre sparring-partners, les mouvements offensifs sont, le plus souvent, conçus pour feinter, déconcerter ou marquer des points... ce qui sont des choses très différentes.

Une attaque conçue pour blesser, faire mal et vous soumette mentalement et physiquement est complètement différente d'une réplique. Elle est portée à une distance différente avec une intention différente, souvent sur des cibles différentes. Ce n'est pas un jeu pour lequel un engagement peu convaincu suffit, le type de compétition qui nécessite dextérité et timing.

Lorsqu'il est question d'une agression, vous ajoutez l'élément surprise et cela prend la forme d'une avalanche de coups sans que vous puissiez même songer à vous défendre. Aussi différent d'une attaque qu'une attaque est différente d'une réplique.

Les combats ne sont pas statiques. Les choses bougent. Les gens bougent. Les prises à bras le corps, les étranglements et tout ce type de choses surviennent quelquefois dans un combat, mais il s'agit d'actions transitoires. On ne vous prend pas à bras le corps juste pour vous tenir (excepté dans le cas des videurs). Une menace passe ses gros bras autour de vous par-derrière pour vous soulever et vous secouer (l'objectif étant de vous désorienter et de vous intimider par une démonstration de force) ou vous coller contre un mur. Peut-être pour vous jeter du haut d'un balcon. Si vous pratiquez les techniques de défense de base, est-ce qu'elles marchent si la menace refuse de se tenir tranquille ? Si elle vous bloque la tête pour mieux vous projeter de mur en mur ?

Cela demande de la dextérité et de la pratique, mais le mouvement n'est pas une mauvaise tactique. Le mouvement est synonyme de vitesse et de timing et la vitesse et le timing sont un cadeau, un cadeau que vous pouvez exploiter.

Tout n'est pas dangereux. En cela, le temps est discrétionnaire, mais aussi la perception si elle est faussée. Effrayant est différent de dangereux et quelquefois, il faut beaucoup d'expérience pour le comprendre.

Un type vous saisit à deux mains par votre chemise, enroule son poing dans le tissu et commence à vous crier en pleine figure... OH MON DIEU !

Qu'est-ce que vous faites ? Que faites-vous s'il se met à crier ce qui suit :

« Très bien, sale punk, c'est moi l'agresseur et je vais commencer par enrouler mes deux mains jusqu'à ne plus pouvoir m'en servir et je vais te tirer contre moi jusqu'à ce que mes oreilles, ma gorge, mon nez, mes genoux, mon ventre et peut-être même mes cervicales soient tous à ta portée. En plus de tout ça, je vais faire en sorte que tous les témoins aux alentours sachent que je suis un imbécile et que tu n'as pas eu le moindre choix, puisque la chose qui tient ta chemise le fait pour que tu ne puisses pas t'échapper ! En plus, les seules choses que je peux encore faire dans cette situation, c'est de t'asséner un coup de genou, un coup de pied bas, un coup de tête ou de te soulever les pieds du sol, autant de choses que tu auras tout le temps de voir venir ! Qu'est-ce que tu as à dire à ça, sale punk ? »

Il essaie de vous intimider, mais, il n'est pas aussi dangereux, peu s'en faut, que ce que votre premier instinct vous a laissé supposer.

La prochaine fois que vous jouerez au jeu du « et si », tentez-le : « Que se passe-t-il si je ne fais rien ? » Alors que vous cherchez un moyen de vous libérer, que se passe-t-il si vous n'y parvenez pas ? Vous découvrirez qu'il existe des cas où le danger ne réside pas dans la manière dont vous êtes maintenu, et où la menace est contrainte d'opter pour une transition s'il veut vous faire vraiment mal. Cette transition peut être le point vulnérable. Ne vous fatiguez pas à essayer de vous dégager d'une position qui ne présente pas de danger majeur, même si c'est inconfortable et que ça sent mauvais.

Il ne s'agit pas d'une compétition. Vous avez l'instinct d'un chiot, en particulier si vous vous êtes entraîné pendant longtemps dans une pratique que vous aimez. Lorsque je finis au sol avec un criminel, je dois combattre l'instinct qui me ramène au combat au sol des tournois de judo. J'ai pratiqué pendant longtemps, j'étais bon, et j'adorais ça, en particulier le travail au sol. Cela fait aussitôt ressurgir un instinct : la lutte est le plus souvent la manière dont les enfants et les chiots assoient leur domination et affirment leur appartenance.

Lorsque vos instincts et votre entraînement martial sont tous les deux tendus vers la domination, il peut être extrêmement facile d'oublier que votre but premier est de vous libérer ou de neutraliser la menace. Sifu Kevin Jackson m'a demandé comment faire pour se libérer d'un blocage au sol. La menace est tombée avec vous en vous bloquant la tête. Il est au sol, sur le flanc. Vous vous retrouvez derrière lui un genou au sol alors qu'il tient fermement votre cou contre lui.

Kevin passa en revue un certain nombre de possibilités et me demanda ce que j'en pensais. « La menace m'a entraîné au sol en contrôlant mon cou ? J'ai tout simplement cogné sa tête contre le béton. Je ne voulais pas lutter avec lui » (photo 6-1).

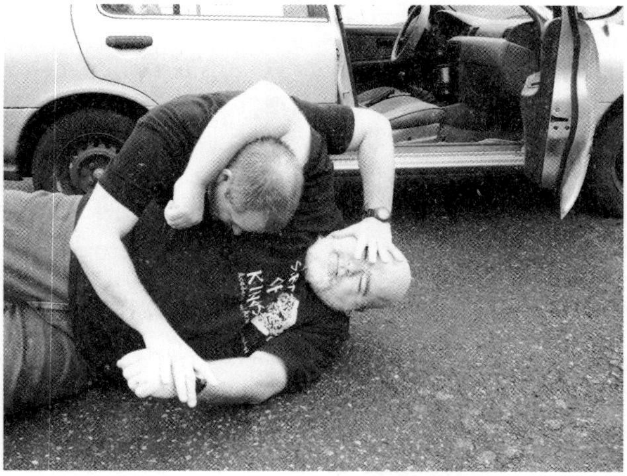

6-1 : Pourquoi lutter pour se dégager d'un corps à corps alors qu'il suffit de lui cogner la tête contre le béton ? Répétez si nécessaire.

Kevin est un expert en arts martiaux. Pour me sortir de cette situation délicate, je lui confirme qu'il est un expert en arts martiaux extraordinaire mais que cela risque quelquefois de se retourner contre lui (et c'est le cas pour nous tous) dès lors qu'il oublie la différence entre s'entraîner pour sortir vainqueur d'un tournoi et s'entraîner pour survivre. Tous les combats entre sparring-partners – aux armes, en duel, entre arts martiaux, ou les combats aux poings, sont des compétitions dont l'objet est d'affirmer sa domination, et non des combats pour assurer sa survie. Mais, il ne fait aucun doute qu'ils procurent du plaisir.

Combattre jusqu'à l'objectif. Les objectifs diffèrent selon les situations. En général, dans un cas d'autodéfense, vous vous battez pour en réchapper. Quelquefois vous devez vous battre pour neutraliser la menace s'il y a d'autres victimes potentielles sans défense qui ne seraient pas en sécurité si vous partiez. Quelquefois, récupérer juste assez d'air pour pouvoir hurler et appeler à l'aide est tout ce que vous pouvez faire.

Ce que vous devez faire impacte sur la manière dont vous vous battez. Prenez-en conscience et, tout aussi indispensable en situation d'autodéfense, soyez conscient du moment où vous retournez à vos objectifs d'entraînement. Aucun juge n'apparaîtra comme par magie pour vous accorder la victoire après avoir maintenu votre prise pendant trois secondes. Le type peut être trop instable pour se rendre malgré la formidable clef de bras que vous avez réussi à lui appliquer, et s'il se rend, comment saurez-vous s'il est sincère et comment parviendrez-vous à vous défaire de lui en toute sécurité pour vous échapper ? Qu'adviendra-t-il s'il ne se rend pas et que vous luxez son articulation et qu'il continue à se battre comme si de rien n'était ?

Si l'objectif est de neutraliser la menace, de l'obliger à arrêter, l'effort doit être consciencieux et explosif. Par essence, vous devez être plus rapide que le prédateur.

Les affrontements sont des mille-feuilles. Les quatre éléments : vous, la menace, l'environnement et la chance ; les forces physiques et mentales ; les coutumes légales et sociales ; ce qui justifie l'affrontement et ce qui selon les deux parties justifie l'affrontement.

Plus la vision que vous pouvez avoir de la situation sera large, plus vous aurez d'options et plus les dangers que vous pourrez éviter seront nombreux. Être conscient de l'environnement physique vous fournit des outils et vous permet d'éviter les imprévus. Être conscient des limites légales de l'usage de la force peut à la fois vous éviter les ennuis et vous faire pencher dans le bon sens (« Est-ce que ça vaut de risquer la prison, fils ? »)

J'encourage fortement la plupart des gens à continuer à communiquer tout au long de l'affrontement. Le minimum que cela puisse faire est d'impliquer les témoins. C'est encore plus important légalement lorsque vous en sortez vainqueur. Alors que l'objectif était de vous échapper, si vous gagnez, vous ne vous échappez pas, une explication aidera à clarifier les choses : « Laissez-moi tranquille ! Je veux m'en aller ! Lâchez-moi les bras pour que je puisse partir ! »

Gagner ou perdre, cela peut jouer sur le conditionnement social de la menace pour que les choses s'arrêtent, en particulier s'il s'agit d'une Démonstration d'Affirmation de Statut ou d'une Raclée Éducative et que des spectateurs observent : « Tu as gagné, laisse-moi partir. » (Cela ne manquera pas de déclencher toutes les alarmes du singe qui est en vous, vous aurez l'impression de renoncer ou même de supplier et vous avez des millénaires de conditionnement qui vous disent de ne pas le faire. Vous aurez à décider si vous êtes avant tout un homme ou un singe, et si vous êtes prêt à vous conduire intelligemment en supportant la honte intérieure qui sera votre unique blessure.)

> Vos tactiques et vos techniques doivent servir vos stratégies et vos objectifs. Si votre stratégie consiste à vous échapper et que vos premières techniques sont des blocages... comment cela marche-t-il?

Vous vous battez contre un esprit, pas seulement contre un corps. Dans les rares occasions où j'enseigne des techniques de défense au couteau (et le nom du cours est « pourquoi je ne prétends pas enseigner des techniques de défense au couteau » si cela à un sens pour vous) la première chose sur laquelle nous nous mettons d'accord c'est le peu de techniques qui marchent réellement contre une attaque rapide et agressive avec une lame, ou les habituels assassinats à l'arme blanche.

Pendant le cours, j'explique que la chose qui peut vous laisser une chance face à des armes ou des attaquants multiples ou n'importe quelle situation présentant un danger extrême est de combattre l'esprit. Lorsque mon tour est venu et que le type vient sur moi avec un couteau, je ne le bloque pas ni ne tente d'esquiver. Je le frappe. Et je crie. Ce qui va tétaniser la menace ce sont les cris et ce sont ces cris qui vont me donner le temps nécessaire pour qu'une technique fonctionne. Quelquefois même, je dégage une main du combat, pour l'amener derrière ma hanche tout en criant : « Laisse tomber ton arme ! Tu le fais tout de suite ! » avec ma plus belle voix de flic. C'est incroyable le nombre d'élèves qui voient clairement l'arme, qui peuvent même la décrire en détail, même si ma main était totalement vide.

Exception faite d'une force mortelle, comme une balle effectivement tirée dans la tête, vous ne battez pas les gens. Ils se rendent. Tout ce que vous pouvez faire pour les convaincre d'abandonner ou les encourager à partir est bien. Tout ce qui attise leur colère ou leur fait peur pour qu'ils arrêtent de se battre est mal. Encourager la menace à se battre (« Je vais te transformer en purée ») ne fait qu'augmenter le danger et *ne facilite en rien* le départ de la menace. L'intimidation peut prévenir une bagarre, mais, au cours d'une bagarre, elle devient motivation pour intensifier la résistance. Si vous pensiez que vous étiez sur le point de mourir est-ce que vous abandonneriez ?

En ce qui concerne les hommes et les femmes et les perceptions du combat : la Parade de Domination est en grande partie purement imaginaire. Les hommes jeunes ne se battent pas parce qu'ils pensent que les femmes vont les trouver cool. Les hommes jeunes se battent parce qu'ils imaginent que c'est ce que les femmes vont penser.

L'une de mes connaissances qui marchait avec sa petite amie dans un quartier peu fréquenté s'est dérobé devant une Parade de Domination de Groupe. Il était tombé sur un groupe de six jeunes faisant la fête sur la plage. Il fit marche arrière et quitta les lieux. Il était persuadé que sa relation était fichue, que, de toute évidence, sa petite amie ne pourrait pas se satisfaire d'une poule mouillée et d'un lâche.

L'équation était évidente : six contre deux, des hommes jeunes, un quartier peu fréquenté, de l'alcool et de la drogue. Sa cervelle de singe le rappelait à l'ordre pour ne pas avoir risqué une raclée (au minimum) et vraisemblablement un viol en réunion pour sa petite amie, avant d'être tous les deux torturés à mort.

Je lui conseillai d'en parler avec sa petite amie et lui rappelai que les femmes ne voyaient pas les choses de la même manière que les hommes.

Ces choses qui le tourmentaient depuis des mois, elle n'en gardait qu'un vague souvenir. Elle ne s'était nullement interrogée sur son courage ni sur sa soi-disant virilité. Elle se rappelait avoir eu le sentiment rassurant d'avoir la chance d'être avec un homme qui n'était pas stupide.

Combattre l'esprit : vous pouvez les tétaniser, les déstabiliser ou les influencer.

Un cri soudain (ou une douleur soudaine et vive) peut tétaniser la menace pendant un instant et vous donner assez de temps pour faire autre chose. Dire ou faire quelque chose de bizarre ou d'inattendu peut le bloquer à la phase Orienter de sa boucle Observer-Orienter-Décider-Agir. Un mouvement rapide, en particulier s'il est combiné à un discours rapide, peut le forcer à rebondir sur les phases Observer-Orienter. Relisez la section consacrée aux tétanisations, mais cette fois, en considérant combien d'entre elles vont être capables, selon vous, de *susciter chez la menace*.

Faire savoir à la menace qu'il ne peut gagner ou le mettre dans une position où il sent qu'il est passé de l'autre côté du miroir conduit la menace à chercher d'autres options. Cela le déstabilise. Je n'irai pas jusqu'à dire que j'aime être frappé, mais les années passant, être frappé au visage est devenu le signal que la fin de la soirée va être des plus amusantes. En fait, je ne fais que penser aux cours de jujitsu avec Dave et aux bagarres avec Mac, mais ce qu'une menace voit, c'est un gars qui semble aimer se faire frapper. Lorsque je reçois un coup, je souris et quelquefois je rigole. C'est absolument pas normal. Cela oblige la menace à revoir ses options.

Conserver un calme professionnel a le même effet. C'est plus le comportement d'un flic, mais user d'une voix dépourvue d'émotion comme tout bon flic (« Juste les faits, madame. ») en pleine bagarre est extrêmement déstabilisant. « Fils, je n'ai vraiment pas envie de te faire mal, mais là ça va faire mal et cela risque de faire plus mal encore. Laisse-moi simplement te passer les menottes et ce sera fini. » Ou le classique : « C'est toi qui choisis. Je serai payé que tu finisses ou non à l'hôpital. » lorsqu'un criminel veut m'obliger à me battre.

Il est également possible de déstabiliser physiquement. L'une de mes techniques favorites consiste à esquiver une attaque et à masquer le visage de la menace, ployant son dos sur l'arrière mais sans le laisser tomber. C'est extrêmement déstabilisant de se retrouver déséquilibré sans pouvoir tomber. Ils deviennent pour la plupart (tous jusqu'à présent) tout à fait enclins à parler.

Un autre exemple. Le manuel de guerre des US Marines préconise une guerre de manœuvres. «… nous voyions que, dans une guerre de manœuvre, l'objectif est de tout faire pour que l'ennemi soit incapable de résister en ébranlant sa cohésion morale et physique… plutôt qu'en le détruisant physiquement… » Le manuel préconise la capacité de bouger et de changer dans l'espace et le temps afin de créer une situation dans laquelle l'ennemi ne peut faire face. Pas une situation dans laquelle l'ennemi peut gagner. L'objectif n'est pas de détruire l'ennemi, mais d'annihiler sa capacité à faire face. Savoir faire face est de l'ordre de la capacité mentale. Il faut vaincre l'esprit, pas l'armée.

Influencer repose en grande partie sur le conseil de Peyton Quinn de laisser une porte de sortie qui permette de sauver la face. Vous voulez qu'il parte sans qu'il ait le sentiment de s'enfuir en courant. Les gens se battront pour leur soi-disant humanité même lorsque cela est stupide, aussi vous ne pouvez en faire abstraction. « Les flics vont bientôt arriver » permet à la menace d'éviter la prison plutôt que de prendre la fuite face à vous. « Je me rends » donne le sentiment à la menace d'être le vainqueur.

Influencer peut marcher avant l'affrontement en servant de technique de désescalade dans ces moments de flottement qui surviennent au cours de la bagarre.

Se battre ne se résume pas à une seule chose. Dans de nombreux arts martiaux, les définitions de la victoire sont très limitées (projection en ippon, 25 secondes d'immobilisation, jeter l'éponge, KO…) et les techniques et les tactiques que vous apprenez visent toutes cet objectif. Le combat est beaucoup plus large lorsqu'il y a plus de possibilités.

Si l'objectif de votre entraînement est le KO, vous risquez de passer à côté de l'ouverture qui permet de faire tomber l'adversaire au sol ou vise versa.

À tout moment, vous pouvez faire une chose parmi quatre. Vous pouvez bouger (la menace, une partie de la menace ou vous-même), déclencher une douleur, causer des dégâts, ou commotionner.

Le mouvement. Quelquefois, lorsque vous ne pouvez pas causer de dégâts, il vous reste la possibilité de pousser ou de tirer la menace pour lui faire perdre l'équilibre ; ou vous pouvez vous servir de sa tête pour contrôler sa colonne vertébrale ; ou positionner l'un de ses membres pour en faire une cible ; ou vous placer à un endroit où vous pouvez prendre le contrôle en toute sécurité.

Quelquefois vous pouvez *déclencher la douleur* avec un pincement, une gifle, ou en appuyant sur un point de pression. Soyez conscient que la douleur est idiosyncratique et peu fiable. Tous les gens ne ressentent pas la douleur de la même manière, ni ne réagissent à la douleur de la même manière. Lorsque vous avez recours à la douleur, c'est pour trois raisons – pour tétaniser momentanément l'esprit de la menace ; pour déclencher une réaction spécifique ; ou pour avoir un moyen de marchander (« Tu arrêtes de te battre et tu te rends et je lâche ton téton. »)

Causer des dommages se rapporte à tout ce que vous avez l'intention de faire pour empêcher la menace de bouger une partie de son corps ou d'utiliser l'un de ses sens. Les gens ont tendance à faire la confusion entre faire mal et causer des dommages. Les tasers font très mal, mais ils ne causent aucun dommage important. Prendre un coup de poing dans le nez fait mal et occasionne des saignements et fait bourdonner les oreilles, mais cela ne ralentit pas un combattant expérimenté. Nombreux sont les bagarreurs qui poussés par l'adrénaline ne remarquent même pas qu'ils se sont brisé les mains en frappant, pas avant que tout soit fini.

Les articulations luxées ou les os brisés comptent parmi les dommages. Cela ne neutralise pas toujours définitivement la menace, mais cela réduit considérablement l'efficacité de la menace.

Un état de choc peut être la conséquence d'une tentative pour arrêter le système dans son ensemble : une force mortelle, un knock-out, un étranglement sont autant de causes pouvant déclencher un état de choc. Une commotion ou des dommages très importants sont les seules choses qui pourront stopper une menace qui ne veut pas abandonner. Par chance, la plupart abandonnent dès qu'ils sont confrontés à la peur, la douleur ou des dommages modérés.

Les coups au corps qui occasionnent des saignements internes ou qui bloquent momentanément le diaphragme (« qui coupent le souffle ») sont autant de tactiques qui peuvent entraîner un état de choc... à part que le saignement interne peut être très lent. Lorsque cela marche, c'est presque toujours une réaction psychologique à la douleur, et non un choc physiologique qui stoppe l'action.

La douleur et les dommages constituent l'environnement naturel de la bataille. Dans un entraînement stérile, il est facile d'oublier ce pour quoi vous vous entraînez. Lorsque la self-défense en vient au physique, cela ne manque pas de faire mal. Les gens seront brisés, les articulations se luxent, le sang coule. Des cailloux s'enfoncent dans la chair.

Dans un cours prévu pour être amusant et éducatif, il est facile d'oublier même ce simple fait.

6. Une lettre à Johann à propos de comment intervenir

Les éléments qui vont suivre sont retranscrits d'un post sur mon blog. L'un des lecteurs réguliers, Johann, m'a demandé : « Comment attaqueriez-vous quelqu'un à distance (3 à 10 m), quelqu'un qui serait, par exemple, en train de maltraiter quelqu'un d'autre ? »

« Comment pouvez-vous stopper une bagarre ? » est une question directe et qui mérite une réponse franche et directe. Cependant, cela nécessite une longue analyse simultanée des faits, des observations, des possibilités et des responsabilités, qui demande du temps entre le moment où la question est formulée et le moment où la réponse qu'elle mérite peut être donnée. Je vais présenter la réponse que j'ai faite à Johann non pas comme une technique, mais comme un exemple, de la complexité incontournable de n'importe quelle confrontation.

Un incident de ce type inspira mon premier post à l'ouverture de mon blog en 2005. Ce cas précis était plus complexe et j'avais été amené à écrire le post non pas du fait de l'incident lui-même, mais parce qu'au cours des événements, j'avais été exposé à la vue du sang. L'autre question qui avait pesé à l'époque concernait les conséquences à long terme et le fait que de sauver une vie est toujours une bonne chose.

> *Bon, Johann, je vais commencer par une ou deux mises en garde et autres généralités. « Pas d'armes d'un côté comme de l'autre » est une assertion que vous ne pouvez vous permettre, même théoriquement. Que vous vous trouviez n'importe où dans le monde réel, vous devez être capable de trouver quelque chose qui peut être utilisé comme une arme même si personne*

d'autre ne le fait. On attend plus ou moins de moi que je remette les gens à leur place sans leur faire mal, aussi, quelquefois, j'y vais mains nues alors que ce n'est pas très judicieux.

Lorsque vous vous retrouvez dans certaines situations, les choses peuvent très très vite tourner mal. Préparez-vous à cette éventualité. Les gens impliqués et même les spectateurs peuvent se retourner contre vous s'ils vous considèrent comme un intrus prétendant mettre un terme à une bagarre entre initiés. Si vous vous focalisez sur l'un d'eux, vous risquez de ne pas voir la réponse de l'autre. Potentiellement, beaucoup de choses peuvent tourner mal.

Prévoyez un plan de repli. De préférence, prévoyez des gens pour vous aider à vous sortir de là si les choses tournent mal. C'est une situation qui alors qu'elle semblait facile à gérer peut faire monter les pulsations de votre cœur à deux pour une.
Déplacez-vous rapidement et de manière décidée. C'est valable pour tout, mais, s'il y a la moindre hésitation, ou la moindre tentative avortée d'appliquer une technique, votre action échouera.

Cela ne signifie PAS que vous devez tout faire pour avoir leurs têtes ! Vous utilisez le minimum de force que vous pensez nécessaire pour réussir. Si vous pensez que vous pouvez y parvenir avec une immobilisation, vous effectuez une immobilisation rapide et décisive – sans marquer d'hésitation. Si vous décidez que vous devez frapper, voire même tenter de décoller une tête, faites-le. Vous ne portez pas un premier coup de faible puissance pour juger de l'effet. Si vous avez évalué le niveau de force que vous devez porter à un endroit plutôt qu'à un autre, vous devez le porter précisément à cet endroit. Si vous hésitez juste avant, vous échouerez.

L'instructeur de Johann lui recommande d'y aller dur avec les poings et les pieds. De par mon expérience, les coups sont relativement peu fiables. Je vais plus loin que ça. Leurs effets peuvent être tout à fait surprenants. J'ai vu des gens se recroqueviller en position fœtale sous des coups que d'autres ignorent et qui lancent un simple regard furibond quand on les frappe à la tête avec une barre de fer. Je me suis retrouvé projeté dans les airs par un solide coup à l'aine qui ne m'a pas affecté le moins du monde pendant les quelques minutes qui suivirent, et descendu par un coup qui m'a à peine touché. J'ai mis des gens à terre à deux reprises avec un solide crochet gauche au niveau des côtes flottantes, mais je me suis retrouvé dans la trajectoire de gars plus grands et plus forts et je n'ai rien senti. Je me suis battu malgré les commotions et je n'ai jamais fait cas de côtes cassées.

Mon expérience veut que plus la menace est proche d'un état de conscience normal plus les frappes sont susceptibles de fonctionner comme elles sont « supposées » le faire, mais comme le plus proche est le moins susceptible d'être dans un état de conscience normal, je vais devoir y aller poings devant. Retenez ceci, les frappes semblent marcher mieux lorsque vous en avez le moins besoin.

Vous pouvez donner des avertissements. Voilà quelques stratégies :

Vous ne prenez pas les coups, aussi, vous pouvez prendre un peu de temps pour peaufiner votre plan, ou obtenir de l'aide, ou trouver un outil. Cela peut sembler injuste d'ignorer la personne qui subit des dommages, mais il n'est pas question ici de justice, il est question de ressources. Si vous vous en préoccupez bêtement, vous risquez d'être blessé et non seulement vous risquez d'être blessé mais vous ne serez plus d'aucune utilité pour la victime. L'une des raisons pour lesquelles il faut planifier ces scénarios et vous entraîner, c'est de limiter la durée des dommages.

Faites-le intelligemment. Est-ce que vous vous rappelez des quatre vérités fondamentales (force, rapidité, proximité, surprise) ? Utilisez-les. La menace ne devrait pas soupçonner que vous êtes là avant que vous entriez en action. Une action rapide et puissante/décisive. Dans une partie de sa question, Johann parle de 3 à 10 m. Sans une arme, vous ne pouvez rien faire à cette distance. Une partie de la réponse repose sur la nécessité de réduire cette distance sans se faire remarquer. La plupart du temps, la menace est focalisée à l'extrême et ce n'est pas vraiment un problème.

Choisissez qui aider. Cela peut paraître un peu simpliste mais quelquefois, le type qui gagne est le gentil. Vous pouvez ne pas le savoir. Cela peut se révéler de la plus haute importance si vous choisissez d'utiliser une force mortelle.

Pouvez-vous combattre l'esprit ? Probablement pas lorsque l'attaque est portée par un fou furieux. Il peut être incapable de vous entendre et il peut ne pas en tenir compte. Augmenter le niveau du stimulus (en tentant de distraire la menace) ne fait généralement qu'augmenter son niveau d'agitation. Cela dit, il existe deux stratégies qui fonctionnent parfois :

1) Les abreuver d'informations comme par exemple : « Les flics arrivent. » Ou « Tu ferais mieux d'arrêter ; je pense qu'il ne respire plus. » Plus il s'agit d'un acte criminel, et ce que j'entends par là est un acte délibéré, planifié et basé sur un historique de réussites en matière de violence, plus ces paroles risquent de faire leur chemin. Ce n'est fondamentalement que de la merde mais les criminels récidivistes savent quand et comment se rendre. Ils gardent à l'esprit les conséquences, comme le fait que d'être poursuivi pour assassinat est plus grave que d'être accusé d'agression, ce qu'un citoyen pris d'un coup de folie ou un déséquilibré mental ne peuvent pas savoir Vous vous souvenez des lignes consacrées aux ressources, et non à la justice ? Cela en fait également partie. Stopper quelqu'un qui se montre violent n'a rien à voir avec la justice, il s'agit uniquement de trouver un moyen de l'arrêter.

2) Les choquer. Je parle généralement doucement mais j'use d'une voix de Stentor capable de faire trembler les vitres. Le bon côté, c'est qu'à une ou deux reprises, cela a eu un effet presque magique sur les protagonistes. Le mauvais côté, c'est que je perds la voix pendant des jours chaque fois que j'y ai recours. Nous parlons ici de bruits vraiment très forts. Je pense qu'un baquet d'eau glacée pourrait faire des miracles (cela marche sur les chiens). Mais je n'ai jamais été autorisé à y avoir recours pour mettre un terme à une bagarre entre détenus.

Ces deux stratégies risquent de ruiner l'effet de surprise. C'est un choix.

Faisons le point une seconde car il y a déjà eu beaucoup d'informations et nous n'avons pas encore commencé à aborder la technique. Il faut prendre les choses les unes après les autres. La technique est la partie la plus facile. Savoir quand et comment appliquer la technique est tout aussi facile. Vous convaincre de le faire peut se révéler plus difficile et je ne suis pas sûr que cette partie puisse vraiment être enseignée.

Tout ceci peut varier en fonction de la position. Dans l'exemple de 2005, la menace avait couché l'autre type sur le dos contre une table, il était penché au-dessus de lui pour mieux lui écraser le cou avec son avant-bras et avait agrippé la chemise de la victime avec l'autre main. Si l'attaque s'était produite en haut d'une côte, à cheval entre le bas-côté et un fossé, ou s'était terminée au corps à corps, les choses auraient été différentes.

En arrivant sur la menace par-derrière, la main gauche va contrôler la base de sa colonne vertébrale (au niveau de la ceinture pelvienne) et la main droite se placer bien à plat en travers de sa bouche et sous son nez.

- *Le contrôle de la colonne vertébrale est possible uniquement s'il n'est pas couché à plat. Vous n'aurez à le faire que s'il peut bouger librement les jambes.*
- *Placez-vous dans une position qui, s'il se retourne brusquement d'un côté ou de l'autre pour porter un coup de coude et toucher quelque chose, vous permettra de contrôler la rotation au niveau de l'épaule avant que le coude ne vous atteigne.*
- *Juste sous le nez se trouve une zone encore osseuse et non du cartilage. Elle offre une bonne prise, est extrêmement sensible à la douleur et permet d'appliquer un levier extraordinairement efficace sur tout le corps par l'intermédiaire de la colonne vertébrale.*
- *Tirez vers le haut et sur l'arrière avec la main droite, et dans le même temps poussez sur l'avant avec la main gauche.*
- *Utilisez la phalange inférieure de votre index pour maximiser la douleur sur l'os du nez.*
- *L'action agit sur la colonne vertébrale. Vous ne soulevez pas son visage, vous tendez et arquer sa colonne vertébrale. C'est la raison pour laquelle cela fonctionne sur des gens monstrueusement forts. (Dans de nombreuses techniques, au lieu de rechercher le cercle, recherchez la spirale. Si cela ne fait pas sens pour vous, cela viendra après quelques années de pratique.)*
- *Pousser vers l'avant sur le bas de la colonne vertébrale permet une double action (l'un des principes de base si vous voulez que ça marche) et le contraint dans une position où il ne pourra exercer sa force dans aucune direction si ce n'est en se laissant tomber au sol.*
- *En fonction de la position, mais en particulier si la menace est maintenant sur ses pieds ou ses genoux, vous pouvez*

« charger » légèrement la colonne vertébrale en la soulevant un peu vers le haut et vers la gauche avec votre main droite.

Faites très très attention à tout ça. Essayez de m'attraper et vous comprendrez mieux pourquoi.

Pour finir. Vous êtes probablement parvenu à contrôler sa colonne vertébrale, et il se retrouve le dos arqué sur l'arrière, ses mains ne touchant plus le sol. J'ai maintenu des gens dans cette position pour mieux avoir une petite conversation avec eux. Cela peut marcher et cela vous permet de garder un œil sur l'autre type.

À partir de là, vous pouvez le laisser tomber par terre, ce qui peut déclencher un nouveau combat au sol alors que vous tournez le dos à l'autre homme. Vous devez garder l'autre type dans votre champ de vision périphérique.

Si vous avez chargé sa colonne vertébrale, vous pouvez maintenant pivoter brusquement sur votre droite et projeter la menace au sol, face contre terre. C'est ce que j'ai fait avec le type dans l'exemple. Je suis parvenu à le faire tout en gardant un œil sur l'autre type.

Je peux imaginer des situations où les choses risquent à nouveau de s'envenimer et vous laisser en mauvaise posture. Mon expérience m'a démontré que si l'action est suffisamment rapide et efficace, personne ne veut en subir les conséquences et cette technique agit comme par magie. Nous avons étudié toutes les formes où il y a usage de la force et celle-ci plus particulièrement car tous les témoins disent : « Miller est arrivé et le gars s'est retrouvé par terre ». C'est arrivé trop vite pour que les témoins, et même les officiers expérimentés, puissent dire ce qui s'était passé et comment. C'est bien, mais cela a rendu les rapports quelque peu douteux.

CHAPITRE VII
L'APRÈS

Les balles en caoutchouc sont conçues pour faire très mal et rebondir, pas pour faire un trou de la taille d'un pouce dans la chair humaine.

La menace barricadée qui s'était fabriqué des armes et une armure leva les yeux et dit d'une voix totalement éteinte : « Eh bien, je suppose que maintenant il ne me reste plus qu'à vous poursuivre en justice. »

Aussitôt que l'opération prit fin, nous vîmes le capitaine marcher de long en large, accroché à son portable. « C'est le pire jour de ma vie » affirmait-il.

Lors du debriefing qui suivit l'opération, nous vérifiâmes les munitions et la brochure qui accompagnait les munitions comme nous l'avions fait avant l'opération. Elle indiquait clairement que les tirs à un mètre cinquante de la cible ne présentaient pas de danger et j'avais tiré à plus de cinq mètres. Je vérifiai une nouvelle fois sur le site de la société les données concernant les tirs à un mètre cinquante. Dans les semaines qui suivirent le site indiquait que l'arme ne devait pas être utilisée à courte distance.

Je n'avais pourtant pas rêvé. De temps en temps, une pensée qui paraissait sortir de nulle part me traversait : « Ho, j'ai tiré sur un homme. » Mais, ce n'était pas exactement ce que je ressentais... J'avais de toute évidence fait un trou dans le corps d'un homme avec une arme... mais ce n'était définitivement pas un tir intentionnel de la part d'un officier.

Des mois après l'incident, tous les gens impliqués furent blanchis par les Affaires internes à part moi. En fait, j'étais blanchi. Ils avaient juste omis de m'envoyer le courrier.

Des amis prirent temporairement leurs distances. Sur le coup, ce fut terrible et difficile, mais ils avaient juste du mal à faire face à une réalité intrusive. L'entraînement et les missions de peu d'importance pouvaient apparaître comme de simples passe-temps, comme de jouer à un jeu. Mais, pendant un temps, les hôpitaux et les armes à feu avaient rendu tout ça un peu trop réel...

Gagner, perdre ou s'en sortir, si vous devez vous défendre et que vous ne mourez pas, vous devrez faire face à ce qui viendra après. Cela peut être beaucoup ou peu, en fonction de vous et de votre préparation, de l'identité de la menace, du niveau de force que vous avez utilisé.

Il peut y avoir des répercussions médicales, des conséquences légales, des suites psychologiques, et quelquefois d'éventuelles représailles.

Tout ce que vous avez fait dans les six domaines dont nous avons discuté précédemment affectera votre manière de gérer les suites et quels types de suite vous aurez à gérer.

Si vous avez décidé que les scénarios d'entraînement qui respectent la loi ne font que dénaturer la pureté de votre art ancestral, vous risquez d'être confronté à des charges pour homicide et à la prison.

Si vous n'avez jamais résolu vos problèmes techniques et que vous vous êtes retrouvé tétanisé, vous risquez de vous réveiller à l'hôpital dans l'incapacité de voir ou de parler.

Si vous n'avez jamais pris le temps d'étudier la manière dont les criminels manipulent leurs couteaux, vous risquez de vous retrouver en dialyse deux fois par semaine jusqu'à ce que votre nom se retrouve en tête de liste des dons de reins.

Si vous avez dit quelque chose de stupide, vous risquez de vous retrouver avec une assignation au tribunal et un procès pour diffamation dont la compensation financière représentera plus d'argent que vous n'avez jamais eu l'occasion de voir.

1. Le médical

Dans l'idéal, votre technique de self-défense ne devra jamais être physique. Éviter la situation et partir en courant ou discuter pour s'en sortir – toutes ces alternatives participent d'un niveau de stratégie supérieur au fait de vaincre en se battant physiquement. Cependant, si cela devait prendre une tournure physique, cela ne pourrait pas laisser tous les protagonistes indemnes. Quelqu'un sera blessé. Peut-être tout le monde. Cela peut être grave.

Grave à quel point ? Vous pouvez être mort. Ou mourir seul sous la pluie. Ou finir invalide. Vous pouvez vous vider lentement de votre sang en souffrant énormément, fixant de gros cailloux blancs sur le sol que votre vision trouble ne vous permet pas d'identifier comme vos propres dents.

Trop poétique, ce dernier. C'est sale et ça fait mal et vous risquez de ne pas gagner. Même si vous parvenez à gagner d'une manière ou d'une autre, vous risquez de mourir.

Il peut y avoir potentiellement des conséquences médicales immédiates, à moyen et long termes à la violence.

a. Dès que vous êtes en sécurité

Immédiatement après vous êtes assuré que vous êtes bien en sécurité, vérifiez vos blessures. Regardez partout où vous pouvez poser votre regard et touchez ce que vous ne pouvez voir. Vérifiez si vous avez du sang sur les mains après chaque contact. Chercher les sources de douleur ou ce qui ne bouge pas comme d'habitude.

Puis inspectez tous ceux qui ont été impliqués. Puis inspectez la menace. Je recommande fortement les cours de secourisme pour tout le monde. Si ce n'est pas le cas, vous devez vérifier :

L'état de conscience. Si quelqu'un est conscient, son cœur bat et il respire. Si les secours n'arrivent que dans plusieurs minutes, effectuez un nouveau contrôle de l'état de conscience à intervalle régulier et informez le correspondant médical d'urgence de tout changement.

La respiration. La procédure d'urgence officielle préconise de dégager les voies respiratoires (les voies respiratoires, la respiration, la circulation), mais, vérifier, dégager plus ou moins les voies respiratoires sans endommager la colonne vertébrale demande une certaine expertise. Vous pouvez contrôler la respiration sans rien toucher.

La circulation. Si la personne ne respire plus, cherchez un pouls. Le pouls carotidien au niveau du cou est plus facile à percevoir que le pouls radial au poignet.

Beaucoup de sang.

Tout ce qui ne paraît pas normal (par exemple : les lèvres bleues ou les têtes avec de grosses entailles ou des bras ployés d'une drôle de manière ou des os transperçant la peau).

Ne déplacez jamais une personne blessée. À moins d'avoir été formé pour pratiquer un examen, ne touchez jamais une personne blessée.

Appelez immédiatement les services d'urgence (le 115) et annoncez au dispatcheur exactement ce que vous voyez. Si c'est vous qui êtes à l'origine des blessures, ne dites pas ce qui a causé les blessures ni ce que vous avez fait. Si votre interlocuteur vous presse de questions, dites que vous avez été attaqué (et ça a intérêt à être vrai sinon je ne veux pas que vous lisiez mon livre). Il s'agit d'une conversation enregistrée qui sera entendue au tribunal. Ne dites rien qui puisse par la suite être retenu contre vous. Cela dit, si la situation reste dangereuse, par exemple, vous avez fait fuir le violeur qui avait pénétré par effraction dans votre maison, mais vous ne savez pas où il se trouve à cet instant, assurez-vous que cette information arrive jusqu'au dispatcheur. Les officiers de police ont besoin de savoir si l'agresseur est toujours dans les parages, en particulier s'il est armé.

Effectuez en premier les premiers soins sur vous-même. Si vous perdez votre sang, vous ne pouvez être d'aucune aide pour les autres.

b. Des heures voire des mois

Si vous avez la moindre inquiétude, allez à l'hôpital et faites-vous examiner. Les commotions peuvent être trompeuses et avoir bien des saveurs différentes. Ma première commotion sérieuse me laissa à la fois une impression d'ivresse et de gueule de bois : j'avais la nausée et mal à la tête, oui, mais j'étais également heureux, comme étourdi et désinhibé. Pendant presque une semaine. Cela n'était pas bon signe, quelle qu'ait été la manière dont je me sentais.

Lors d'une commotion plus angoissante, de nombreuses années plus tard, j'ai perdu conscience pendant quelques secondes et je me suis évanoui à deux nouvelles reprises dans les deux heures qui ont suivi. Très mauvais. Une autre me laissa avec l'impression d'avoir un pic à glace planté dans mon oreille. (Ne plongez jamais après une commotion, même minime.)

Si vous êtes en sueur et que vous avez froid ou êtes agité, vous pouvez avoir une hémorragie interne. Il y a quelque chose d'extrêmement déconcertant dans le fait d'uriner ou de cracher du sang après que quelqu'un a tenté de vous étrangler.

Pendant que vous êtes en train d'être examiné, parlez au médecin ou à l'interne des risques de transmission de maladies par le sang. Les gens ont tendance à saigner au cours des bagarres et du sang peut vous éclabousser ou couler sur vous. Si un poing rencontre des dents, il peut y avoir contamination par le sang (et probablement une infection vraiment méchante) ; ou si vous frappez quelqu'un et que du sang vous éclabousse les yeux ou la bouche ou pénètre dans une plaie ouverte. Cela peut arriver de bien d'autres manières encore. Les menaces sont membres d'une sous-culture criminelle. Ils sont à hauts risques en matière de maladies du sang, en particulier l'hépatite. S'ils n'utilisent pas eux-mêmes de seringues pour se droguer, certains ou certaines de leurs partenaires sexuels potentiels ou de leurs victimes antérieures peuvent l'avoir fait. Vous devez en tenir compte.

Un test sanguin ne montrera pas immédiatement si vous avez été infecté. Cela peut prendre de deux à douze semaines pour un sang récemment infecté par le VIH pour atteindre un niveau où le virus pourra être détecté. Certains aspects de votre vie peuvent rester en suspens pendant quelque temps. Cela est très éprouvant pour les nerfs.

Si la menace a été arrêtée, vous pouvez demander que des tests soient effectués sur lui. Si la menace est contaminée, cela pourra être détecté. Les examens de sang sont des actes médicaux et la loi interdit de forcer quelqu'un à subir des tests sanguins sans son consentement… mais, beaucoup d'officiers de police savent trouver les bons arguments pour convaincre un homme qui vient d'être arrêté de subir un banal test sanguin. Sans consentement, ce sera à la discrétion du tribunal de décider, ce qui peut à la fois prendre du temps et ne pas aboutir à moins qu'il y ait nécessité absolue – et, de toute façon, les résultats ne seront pas nécessairement communiqués à la victime.

Un diagnostic précoce est important car il existe une médication antivirale qui permet d'éviter la contamination par le VIH si elle est prise assez tôt… mais elle a des effets secondaires particulièrement désagréables. Si vous n'en avez pas besoin, vous ne devriez pas la prendre. Si vous en avez besoin, vous devriez la commencer immédiatement. Le plus dur est de savoir.

Pendant les premières vingt-quatre heures (au minimum) après une bagarre, buvez beaucoup d'eau. L'eau aide à métaboliser les hormones du stress qui envahissent votre organisme. Évitez l'alcool pendant les quelques jours qui suivent. L'alcool interfère avec le sommeil profond et le sommeil est le moment où votre subconscient peut commencer à traiter ce qui s'est passé (comme toujours, la santé physique est liée à la santé mentale).

Les problèmes à moyen terme durent plus qu'une journée ou une semaine. Certaines blessures nécessiteront beaucoup de temps, de thérapies physiques et même d'interventions chirurgicales pour guérir.

Certaines autres ne guérissent jamais totalement mais n'affectent pas votre vie de manière dramatique. Ma jambe gauche restera définitivement un peu plus raide car le chirurgien a été obligé d'utiliser un morceau de tendon de mon propre jarret pour réparer mon tendon d'Achille. Mon épaule sort parfois de son logement, mais je peux la replacer. Mes épaules grincent et j'ai une petite douleur permanente au niveau de l'épaule droite. Mes mains s'engourdissent lorsque je lève les coudes au-dessus de mon épaule… Je ne me lamente pas. Ce n'est que la liste non-exhaustive du prix que j'ai eu à payer depuis mes vingt et trente ans pour atteindre la quarantaine. Beaucoup de ces blessures sont survenues pendant les entraînements, aussi. Si vous devez affronter du lourd, vous devez vous entraîner en conséquence.

Soyez prêt: l'un des effets secondaires parmi les plus communs et les plus intéressants d'une énorme poussée d'adrénaline est un désir presque frénétique de relation sexuelle. Le sexe qui suit le « Oh! MON DIEU! Je suis toujours vivant » peut-être particulièrement intense. Une autre possibilité est l'apparition de tremblements, juste après l'événement: ou une sensation léthargique confortable de chaleur intense. J'ai vu des gens qui avait fourni un effort héroïque s'évanouir, telle une marionnette à laquelle on aurait coupé les fils, juste à la fin. Un officier m'a demandé s'il était normal qu'il ait failli vomir et m'a dit qu'il aurait voulu pleurer. C'est parfaitement normal.

Si un médecin recommande une opération chirurgicale, cherchez toutes les informations disponibles sur l'opération qu'il recommande et voyez s'il n'y a pas d'autres alternatives. Parlez aux gens qui ont subi cette blessure et parlez aux gens qui connaissent le chirurgien. L'ami d'un ami de l'hôpital qui sait quel chirurgien est bon et lesquels sont… non-compétents… peut vous sauver de bien des complications. Si vous parlez à quelqu'un qui a subi la même opération, il peut vous donner une petite bribe d'information du genre: « J'ai été opéré il y a quatre ans et j'ai toujours aussi mal. » Écoutez ce qu'ont à dire de leur décision ceux qui ont choisi d'éviter l'opération: « J'ai évité l'opération du tendon d'Achille suite à une déchirure partielle en restant allongé pendant six mois, rétrospectivement, cela ne valait pas les six mois que j'ai perdus. » Et enfin, prenez toujours un deuxième avis avant de vous faire opérer. Le monde médical est le dernier endroit où vous voulez prendre la voie de la résistance modérée.

Effectuez des séances de kinésithérapie si cela vous a été recommandé. Cela fera mal. Très mal. Le travail du kinésithérapeute consiste à faire en sorte que vous récupériez malgré vos pleurs et vos cris. Il y a souvent un lourd tribut à payer pour retrouver toute sa mobilité. Vous payez ce tribut avec votre sueur et votre douleur. Il n'y aura aucun rabais. Si vous fuyez la douleur, vous n'obtiendrez pas de guérison.

c. Le long terme

Je n'ai pas la moindre qualification pour parler de tout ça. Le combat n'est pas juste une question de vie et de mort. Finir handicapé ou aveugle, ou équipé d'une poche intestinale pour le restant de ses jours fait également partie du jeu.

Je n'ai jamais été dans cette situation. J'espère ne jamais me retrouver dans cette situation. Il y a des gens qui y sont et qui continuent tant bien que mal à vivre leur vie, qui lisent *Le boiteux* de Mark Zupan – mais cela n'a rien à voir avec la vie qu'ils connaissaient. C'est en fait un saut de l'autre côté d'un autre miroir.

Si vous êtes dans cette situation ou si vous risquez de vous y retrouver dans le futur, j'aimerais pouvoir vous aider, mais tout ce que je pourrais écrire ne serait que conjecture.

2. Les conséquences légales

Si vous utilisez la force pour vous défendre, votre vie peut se trouver bouleversée légalement de deux manières possibles: pénale et civile. Un procès au pénal (police, procureur de la République, juge et jury, prison) déterminera si ce que vous avez fait était un crime, si et comment vous devriez être puni par la société. Le procès au civil (plaignant, avocats, juge et jury, accords et indemnisations) intervient si un individu ou un groupe pense que vous lui avez porté préjudice et que ce préjudice justifie des dédommagements financiers.

Toutes les expériences que j'ai pu avoir en matière de procès l'étaient « sous couvert de l'autorité » dans l'exercice de mes fonctions d'officier. Lorsque c'est votre travail, que vous êtes mandaté par la société, et que vous vous retrouvez impliqué dans ce type d'incident, les règles doivent être différentes. Les arbitres ne suivent pas les mêmes règles que les joueurs. Je vais tenter d'aborder ce sujet du point de vue du citoyen, enrichi d'une perspective de l'intérieur.

a. Le pénal

Des officiers de police arrivent sur place. Une ou plusieurs personnes sont blessées. D'autres ne souffrent que de quelques contusions. Il peut y avoir des témoins ou pas.

Lorsque des officiers de police sont dépêchés sur place, ils ne disposent pas toujours de beaucoup d'informations. Le peu d'informations qu'ils possèdent ne manquera pas d'influencer leur perception. Si l'appel indique « bagarre dans un bar », seuls deux policiers vont sur place et l'arme qu'ils choisiront d'utiliser sera probablement une bombe lacrymogène. Cela fonctionne sur les groupes. Si le dispatcher ajoute, « des armes impliquées », le nombre de policiers envoyés sur les lieux sera plus important et ils entreront armes au poing et seront beaucoup plus nerveux.

Le premier officier de police qui arrive sur les lieux ne sait pas exactement ce qui est arrivé ni le type de danger auquel ils vont être confrontés et aucun d'entre eux ne sait qui sont les bons et qui sont les méchants. La plupart d'entre eux ont assez de perspicacité pour se faire rapidement une idée de ce qu'ils voient, mais la plupart d'entre eux possèdent assez d'expérience pour savoir à quel point l'agression d'un prédateur peut être efficace. Si vous êtes le dernier homme debout, un parieur jurerait que c'est vous qui avez commencé. Votre premier contact avec la police vous place en vainqueur présumé coupable.

Cela dit, devriez-vous même être encore là ? Devriez-vous partir avant que la police arrive ? Dans l'idéal, vous devriez partir dès que vous pouvez le faire en toute sécurité parce que vous devez vous mettre en sécurité. Vous ne partez pas pour éviter l'imbroglio juridique. C'est ce que les criminels font.

Il est ici une vérité dérangeante : les criminels sont très perspicaces pour se sortir des mauvais plans. Cela fait partie des prérogatives de leur activité. Si vous deviez suivre le script du criminel, vous sortiriez de là, contacteriez quelques amis pour dire qu'ils vous ont vu dans un tout autre endroit de la ville à l'heure même de l'altercation, nieriez tout en bloc et en fait, ne parleriez jamais avec la police. C'est ce que ferait un criminel. Cela va de pair avec une autre vérité dérangeante, ou peut-être une pente glissante en matière d'éthique.

Si vous n'avez rien fait de mal, la stratégie du criminel pourra aussi faire l'affaire, si vous songez à l'utiliser. Même s'il s'agit d'un pur et parfait cas de légitime défense, il y a une part de chance dans le système judiciaire. Suivre le script du criminel minimise la part de chance. Mais cela augmente l'enjeu. Fuir la scène en se comportant comme un coupable est un argument de poids contre la légitime défense. Si cela échoue (et que vous et vos amis n'êtes pas vraiment enclins à mentir à la police comme ces gens pour lesquels c'est un mode de vie) vous risquez de tomber de haut.

C'est important car les policiers n'ont pas l'habitude d'avoir affaire à des innocents. Les criminels mentent et les manipulent souvent en jouant les innocents. Ils peuvent jouer les innocents de manière plus convaincante que vous qui *êtes* innocent. Tout ce que vous avez envie de dire ou de faire pour prouver votre innocence ressemblera exactement à ce que les dix derniers criminels auxquels les policiers ont été confrontés ont fait pour *jouer* les innocents.

Je vais vous conseiller de faire valoir certains droits, par exemple, ne parler qu'en présence d'un avocat. Non seulement c'est ce que ferait un criminel averti, ce qui donne l'impression que vous êtes coupable, les officiers joueront sur cette impression (« Oh, vous avez besoin de vous cacher derrière un avocat, hum ? Vous devez donc avoir fait quelque chose de mal. ») L'officier de police demeurera ensuite silencieux espérant que vous lâcherez le morceau en tentant de le faire revenir sur l'impression que vous avez fait quelque chose de mal. Résistez au besoin de faire ami-ami et restez calme jusqu'à l'arrivée de votre représentant légal.

Les officiers de police qui arrivent sur les lieux peuvent vous passer immédiatement les menottes. Ils peuvent menotter tout le monde. Cela ne signifie pas nécessairement que vous êtes en état d'arrestation, c'est une mesure de sécurité. Quand vous voyez des gens blessés et que vous ne savez pas comment cela leur est arrivé, il paraît tout à fait judicieux de priver de Moyens quiconque en serait à l'origine jusqu'à ce que les choses se calment et que vous avez une meilleure idée de ce qui s'est passé.

Ensuite les policiers poseront des questions. Ils vous interrogeront et interrogeront les témoins. Si vous êtes dans votre droit, si vous avez fait tout ce qui était en votre pouvoir pour éviter la situation, laissez les témoins raconter l'histoire.

Les droits dits « Miranda Rights » sont l'une de ces choses que tout le monde connaît aux États-Unis à travers la télévision et pourtant ce qu'ils en connaissent est le plus souvent erroné. Avez-vous le droit à la présence d'un avocat? Oui, si et seulement si vous êtes 1) en état d'arrestation et 2) interrogé. Si un officier de police vous pose des questions dans la rue ou si vous vous rendez volontairement au poste de police pour répondre à quelques questions, vous n'êtes pas en état d'arrestation. Les « Miranda Rights » ne s'appliquent pas. Si vous êtes en état d'arrestation et que personne ne vous pose de question, tout ce que vous choisirez de dire sera considéré comme une « déposition spontanée » et sera tout à fait recevable.

Nombreux sont les officiers de police qui lisent la carte des droits à seule fin de se couvrir, mais ils n'ont pas l'obligation de le faire et ces derniers ne s'appliquent pas à moins que la personne soit à la fois en état d'arrestation et interrogée au sujet du crime.

Les officiers de police vous demanderont ce qui s'est passé. La meilleure chose à faire est de dire que vous êtes toujours sous le choc et que ce que vous voulez pour l'instant c'est parler à (votre femme, à un référant quelconque, conseiller, pasteur) et ensuite d'appeler cette ou ces personnes en leur conseillant de faire venir votre avocat. Si vous êtes extrêmement confiant dans vos actions et dans le déroulement des événements, vous pouvez expliquer à l'officier de police ce qui s'est passé en vous assurant d'être cohérent par rapport à l'Intention, les Moyens, l'Opportunité, et l'Absence d'alternative et de pouvoir expliquer pourquoi ce que vous avez fait a été fait avec juste la force nécessaire pour que cela marche.

Il y a une raison pour laquelle je n'ai pas appelé ce choix un choix judicieux. C'est juste bon pour un professionnel. Vous serez submergé par vos hormones et vos émotions. En particulier si vous avez sérieusement blessé ou tué quelqu'un, vous aurez un énorme sentiment de culpabilité même si ce que vous avez fait était nécessaire. En fait, votre mémoire reviendra après vingt-quatre heures. Entre la mémoire défectueuse, la culpabilité et les effets secondaires de la Réponse au Stress de Survie, vous risquez de faire des dépositions hasardeuses voire même de vous incriminer vous-même. Vous pouvez dire à quel point vous êtes désolé. Vous pouvez laisser libre cours à une rage qui n'est qu'une simple réaction à la peur. Tout ce que vous pourriez dire pourra être utilisé par la police et le procureur général lors d'un procès à venir.

La meilleure chose à faire est de ne rien dire avant d'avoir parlé à un avocat, aux États-Unis ce sera de préférence à un procureur, ces derniers ayant une certaine expertise pour défendre les cas de légitime défense.

Ne polémiquez pas avec les officiers de police. S'ils donnent un ordre, exécutez-le. Présentez vos mains, laissez-vous passer les menottes. Votre niveau d'adrénaline finira par retomber, vous ressentirez une chaleur apaisante. Ils seront au premier stade de leur poussée d'adrénaline. N'obligez jamais un officier de police, en particulier un policier sous adrénaline, à prendre une décision rapide.

Si vous êtes arrêté, vous serez menotté, puis, soit conduit jusqu'à un poste de police pour être interrogé et ensuite placé en garde à vue et enfermé dans une cellule, soit conduit directement en prison. Si vous êtes arrêté, cessez de parler. À partir de ce moment-là, ne dites rien de ce qui s'est passé sans être légalement assisté. Trouvez un avocat compétent qui sait comment défendre des gens innocents. Les avocats commis d'office peuvent être compétents, mais ils sont souvent débordés par des cas que leurs priorités ont fait passer de la défense de clients privés à celle des entreprises. Si vous devez faire appel à un avocat commis d'office, vous devrez être capable de défendre vous-même votre cas avec force conviction. L'avocat est l'expert mais, il ou elle travaille pour vous. C'est vous, et non l'avocat, qui devrez affronter la prison.

Ce sera onéreux. Un expert estime que le coût total pour une défense réussie dans un procès pour *usage légal* d'une arme à feu est d'environ 50 000 $. Cela représente beaucoup d'argent, mais, vous devez comparer ce montant à ce que vous perdriez si vous deviez passer des années en prison ou si vous deviez indiquer « ancien détenu » sur vos demandes d'emploi.

Soit directement des lieux de l'incident ou après un interrogatoire au poste de police, vous serez conduit en prison pour incarcération. C'est ce qui arrive le plus souvent pour une charge mineure si vous ne possédez pas de casier judiciaire. Dans la tête de l'officier de police, il n'est pas envisageable qu'il n'y ait pas de casier judiciaire. Si vous n'en avez pas, vous serez emmené pour identification et vérification de vos empreintes digitales dans le système informatique d'identification des empreintes, pour s'assurer que vous n'avez pas d'antécédents criminels et que vous n'êtes pas recherché par un autre État sous un autre nom.

Ne mentez pas sur votre identité aux officiers de police ou lors de la procédure d'incarcération. C'est une charge additionnelle, éventuellement un délit, « fournir de fausses informations. » Cela risque également de vous créer des problèmes dans le futur, car dès lors que le système judiciaire est déclenché, le nom que vous leur donnez devient votre « véritable » nom. Il sortira comme un alias sur n'importe quel rapport ultérieur.

Cela rend également peu crédible le fait que vous vous présentiez comme un bon citoyen qui n'a fait que se défendre lorsque vous témoignerez au tribunal.

En prison, pour commencer, ils prendront vos biens personnels, argent et bijoux inclus. Même votre alliance. Inutile de rechigner. Les personnels pénitentiaires n'ont pas le choix. S'il advenait que vous soyez placé dans une cellule commune et qu'un déséquilibré s'acharne à vous arracher le doigt parce qu'il a vu quelque chose briller, les officiers peuvent être tenus pour responsables et recevoir un blâme. Leur peur d'être considéré comme responsables ne vous laisse aucun choix.

Vous serez délesté de votre ceinture et de vos lacets (pour décourager les suicides). Vous recevrez un reçu. Dans mon expérience, les officiers sont aussi polis avec vous que vous l'êtes avec eux. Si vous vous montrez indigné et exigeant, ils vous diront ce que vous devez faire et ils feront en sorte que vous le fassiez. Ce sera la même chose si vous vous montrez pleurnichard et difficile. Les personnels pénitentiaires sont autorisés à user de la force pour vous faire passer à travers le processus et ils ont tendance à être experts en la matière : Un agent pénitentiaire chargé des incarcérations sera confronté à plus de combats à mains nues en deux ans que la plupart des policiers de la route en vingt-cinq ans de service. Ne vous battez pas. Restez poli. Répondez à toutes les questions (« Avez-vous une arme ou de la drogue sur vous, monsieur ? Un objet tranchant ? Où êtes-vous né ? ») qui n'ont pas de lien avec votre affaire, ce qui est généralement le cas.

Si personne ne meurt, on fixera le montant de votre caution. (Le meurtre et la trahison sont deux exceptions à la règle de la caution et la plupart des cautions sont fixées statutairement, bien que les officiers de police puissent réclamer et les juges approuver une augmentation de la caution). La caution est la somme d'argent que vous devrez si vous ne vous présentez pas au tribunal. La garantie représente environ 10 % de la caution et c'est la somme que vous payerez pour sortir de préventive avant le procès imminent.

Vous pouvez également subir un entretien visant à évaluer votre caution personnelle qui déterminera si vous pouvez être « libéré sur parole », en d'autres termes, « s'il est possible de vous laisser sortir de prison sans avoir à payer de caution en promettant de vous présenter au tribunal. » La décision de libération sur parole se base sur la gravité du crime, votre historique criminel, vos liens avec la communauté (si vous vivez à l'endroit où vous avez été arrêté, si vous possédez un emploi stable, deux raisons qui ne sont pas incompatibles) et *votre attitude*. Ne soyez jamais grossier avec les personnes avec qui vous vous entretenez.

Si vous êtes une personne sans antécédent, il est plus que vraisemblable que vous serez « libéré sur parole » (libéré contre promesse de vous présenter au tribunal) à moins que la charge soit vraiment sérieuse, par exemple, à moins que quelqu'un ait perdu la vie ou que vous ayez utilisé une arme pouvant entraîner la mort. [38] Si vous n'êtes pas libéré et que vous ne pouvez pas payer la caution, vous serez déféré devant un juge pour comparution afin que vous soient présentées formellement les charges retenues contre vous. Il est très fréquent que les charges soient abandonnées lors de cette étape.

Si le processus juridique est engagé, le procureur (l'avocat général) prendra le temps nécessaire pour monter son dossier. Votre avocat travaillera à votre défense (si vous pouvez faire quelque chose pour l'aider, des recherches dans le cadre de la loi, trouver et fournir les contacts des témoins, cela pourra à la fois vous tenir occupé et vous faire gagner de l'argent). Il est plus que vraisemblable qu'un ou plusieurs autres arrangements vous seront proposés. Il s'agit ici d'arrangements pouvant aboutir à une réduction des charges et des peines minimes pour autant que vous plaidiez coupable.

Les arrangements sont dictés par des raisons économiques : les prisons sont surpeuplées et ont un coût élevé, la libération sur parole et la probation sont beaucoup moins onéreuses ; les procès prennent du temps ; les tribunaux sont débordés et manquent de temps et d'espace pour traiter tous les cas qui leur sont soumis ; la compétence du procureur est jugée en fonction du nombre de fermetures de dossiers, pas par rapport au nombre de procès gagnés au tribunal.

---

38. Rappel : Tout ce scénario jusqu'à la prison est l'affaire des officiers de police qui procèdent à l'arrestation sur la scène de crime. Si les témoins ou les circonstances confirment la légitime défense et/ou que les blessures sont sans gravité, ils différeront probablement l'arrestation en attendant les résultats de l'enquête ou ne procéderont à aucune arrestation. Vous aurez tout le temps d'appeler votre avocat.

De votre côté, l'arrangement répond à votre aversion pour les prises de risque. Votre innocence n'est pas assurée, elle n'est pas prouvée. Les procès portent en eux le risque potentiel d'encourir de très lourdes peines. Certains États ont des minima obligatoires pour certains crimes violents et si un cas de légitime défense est présenté au tribunal, il sera traité comme un crime impliquant un acte de violence de personne à personne.

C'est une réalité et une chose que nombre de pratiquants d'arts martiaux perdent de vue : *les adeptes des arts martiaux pratiquent et s'entraînent à des actes de violence entre eux. Leur hobby les pousse à pratiquer et à simuler des choses qui sont des crimes odieux à l'exception de circonstances très limitées.* Tout l'enjeu réside dans la prise de décision face aux risques encourus : « Mec, si ça va jusqu'au tribunal, vous risquez d'en prendre pour vingt ans. Mais c'est votre premier délit, et je peux vous avoir une réduction de peine, deux ans de prison et trois ans de probation. Si vous vous conduisez bien, vous pourriez être dehors en quatorze mois. » [39]

Discutez d'un arrangement avec votre procureur mais gardez des choses en réserve. Ce qui est important à savoir, c'est que, dès lors que vous plaidez coupable, votre délit sera porté sur votre casier judiciaire. Même si vous n'êtes pas condamné à la prison, chaque fois que vous serez contrôlé, votre délit ressortira. Certaines carrières vous seront fermées. Lorsque vous soupèserez les options, gardez à l'esprit que la prison n'est pas la seule sanction encourue pour un délit.

S'il y a eu arrestation, si les charges ne sont pas abandonnées, si le procureur estime que le cas peut être jugé et si vous refusez un arrangement, il y aura un procès.

Vous aurez le choix entre la présentation devant un juge ou un procès aux assises. Si dans votre cas, les faits tels qu'avérés démontrent clairement que vous êtes innocent, choisissez d'être présenté devant un juge. Écoutez votre avocat. (Je le dis et le répète. Les avocats sont des professionnels. La plus grande partie de ce que je connais du système judiciaire, je l'ai appris des criminels et le reste des officiers de police. Ma vision est légèrement déformée).

C'est ici et maintenant que votre préparation du chapitre I portera ses fruits. La manière dont vous vous en tirerez au tribunal dépendra de la légalité de la décision que vous aurez prise, des conditions de mise en œuvre de la décision (la plupart du temps, cela signifiera que vous vous êtes arrêté dès que vous avez été assuré d'être en sécurité sans rajouter de coups

39. *Une réduction de peine pour bonne conduite peut intervenir dès lors que vous n'avez pas cherché les ennuis pendant votre incarcération et que vous avez accepté le travail carcéral. En fonction des juridictions, cette réduction peut aller jusqu'à 50 % de la durée d'incarcération initialement prévue. Au cas où vous auriez été curieux de savoir comment des types condamnés à vingt ans de prison peuvent commettre un nouveau meurtre douze ans après le premier.*

supplémentaires pour donner une leçon ou pour « être tout à fait sûr »), et de la pertinence de vos explications. La chose la plus difficile est de pouvoir expliquer ce qui est arrivé de l'autre côté du miroir à des gens qui pensent que le monde dans lequel ils vivent est le seul monde qui existe.

C'est là tout le challenge, mais ce que vous devez expliquer c'est : comment vous avez pressenti que vous étiez en danger ; à quel point vous pensiez être en danger et pourquoi ; les choses que vous avez pensé faire et que vous n'avez pas tentées et pourquoi (c'est ici que vous expliquerez clairement que vous avez volontairement rejeté des niveaux de violence plus élevés que la force à laquelle vous avez eu recours, que la force que vous avez utilisée était pour vous le niveau de sécurité minimum) ; et, le plus important, pourquoi vous n'aviez pas d'autre option. Toujours expliquer pourquoi au jury. Ils ont besoin de connaître votre manière de penser, de comprendre que dans la même situation, ils auraient aussi su qu'il n'y avait pas d'autre choix.

À la barre, n'hésitez jamais à évoquer vos peurs. Pour votre défense, la peur est la justification première. Pour la plupart, les jurés peuvent ne jamais avoir eu à se défendre eux-mêmes, peuvent ne rien connaître à des formes de bagarre qu'ils n'ont pas eu l'occasion de découvrir à la télévision. Mais ils comprendront tous ce qu'est la peur.

Ce n'est pas juste parce que vous croyez, ou même que vous savez au plus profond de vous, que vous êtes innocent, que vous l'êtes. En pleine Parade de Domination, Bobby regarde fixement. L'autre type, Lyle, se dit : « Il cherche à me provoquer. » Aussi Lyle demande : « Qu'est-ce que tu regardes ? »

Bobby pense : « Qu'est-ce qu'il cherche l'abruti, la bagarre ? Il veut me provoquer ? »

Il passera rapidement sur les étapes suivantes de la Parade de Domination pour en arriver tout de suite aux choses sérieuses. Bobby pousse Lyle. Lyle lui envoie un coup de poing. Lyle est convaincu à cent pour cent qu'il est en train de se défendre parce que Bobby a porté en premier les mains sur lui. Bobby est convaincu à cent pour cent qu'il est en train de se défendre parce que Lyle lui a porté le premier coup.

Qui est innocent ? Ni l'un ni l'autre. Nous pouvons décider de porter le blâme plus sur l'un que sur l'autre, mais, aucun des deux n'est innocent. Les deux se sont laissé prendre au jeu.

Pas une simple Parade de Domination. Rappelez-vous le phénomène de la rationalisation criminelle ? Vous êtes susceptible également d'en user et d'en abuser avec tous les moyens dont vous disposez lorsque vous commettez une erreur mettant votre vie en jeu. Vous finirez par croire à vos rationalisations pour protéger votre identité, votre certitude de faire partie des gentils.

Vous n'êtes pas le meilleur juge de votre propre innocence.

b. Le civil

Le pire des pires des scénarios qui se termine aussi bien que possible pourrait être : un cambrioleur pénètre chez vous armé d'un fusil. Vos enfants sont à la maison. Il vous menace vous et vos enfants. Il vous demande de sortir argent et cartes de crédit de votre sac. Il ne sait pas que vous dissimulez un 38 à l'intérieur. Le cambrioleur se laisse distraire une seconde par l'aboiement d'un chien. Vous videz le revolver. Il tombe à terre toujours accroché à son fusil. Vous appelez le 115.

La police est impressionnée. On est dans un État qui applique la loi Castle et ils savent que l'homme était un dangereux délinquant, aussi il n'y aura pas d'inculpation. Ils vous donnent la carte d'un psychologue et disent qu'ils garderont contact avec vous. Cela prend des heures avant qu'ils en terminent avec les photos et les questions et qu'ils emportent le corps. Vous n'arriverez jamais à enlever l'énorme tache de sang marron sur votre tapis. Vous ne savez pas pourquoi une stupide tâche suffit à vous faire fondre en larmes.

Donc tout n'est pas au mieux. Une thérapie peut être une bonne idée et vous aider un peu pour les cauchemars. Réfléchissez un peu aux raisons qui poussent maintenant vos amis à vous éviter. Les émotions affluent par vagues.

Puis un homme se présente à votre porte ou sur votre lieu de travail, ou vous recevez une assignation officielle que vous devez signer. Cela peut survenir jusqu'à trois ans après la fusillade. La mère du cambrioleur vous poursuit en justice pour avoir infligé des blessures volontaires ayant entraîné de la souffrance et de graves dommages physiques à la menace ; un préjudice moral à la mère et l'absence de futurs revenus au cambrioleur.

Ne pas être inculpé, ou même, être jugé « non coupable » par un tribunal pénal ne vous prémunit pas d'être poursuivi devant une cour civile. L'inculpation au civil n'est pas une action menée par l'État, aussi n'est-elle pas soumise au risque d'une double peine.

• La lettre de menace

Quelquefois tout ce que vous recevez c'est une lettre, réclamant généralement une somme astronomique, et un numéro à appeler. Si vous appelez, l'avocat à l'autre bout de la ligne vous dira : « Nous pouvons nous mettre d'accord à hauteur de... » il proposera alors un montant beaucoup plus modeste. Si un criminel agissait ainsi, il serait tout simplement et purement accusé de chantage. Ayant instillé en vous la peur de perdre votre maison, vos économies et votre compte épargne retraite, il vous offre ensuite une manière beaucoup moins onéreuse de vous en tirer. Le plaignant (la mère de la menace dans notre exemple) et l'avocat se font tous les deux un peu d'argent en faisant simplement l'effort de vous écrire une lettre alarmante.

Quelquefois cela fait sens d'un point de vue économique. S'ils réclament 5 000 $ et que les poursuivre en justice risque de vous coûter plus cher, considérant la perte de temps de travail et le gaspillage d'argent en honoraires d'avocat, beaucoup de gens pensent que la meilleure chose à faire est de payer. Essayez une nouvelle fois de les convaincre de revoir leurs prétentions à la baisse, mais payez. Cependant, je continue à penser que ce n'est pas bien, c'est un moyen pour un criminel de continuer à victimiser l'autre depuis le fond de sa cellule ou de sa tombe. [40]

Vérifiez la police d'assurance de votre propriétaire afin de vous assurer qu'elle possède une clause couvrant les plaintes pour actes de légitime défense.

Même si vous envisagez de payer, parlez-en d'abord à votre avocat et à votre compagnie d'assurances. Cela peut être considéré comme une forme déguisée de chantage qui peut avoir des conséquences légales. Si vous vous décidez à payer, sans être couvert par un contrat ou une assurance adéquate, vous risquez de recevoir une autre lettre, peu de temps après, envoyée par un autre membre de la famille. C'est alors du ressort du procureur.

• La différence

Il existe quelques différences entre la procédure pénale et la procédure civile. Au civil, le citoyen est opposé au citoyen, et non l'État au citoyen. Les pères fondateurs avaient mis en évidence le grand déséquilibre de pouvoir entre le citoyen privé et l'État et décidé de renforcer les règles au tribunal pénal pour protéger le citoyen/accusé. Le champ de manœuvre est plus équilibré dans un tribunal civil et c'est au détriment du prévenu.

La charge de la preuve n'incombe pas entièrement au plaignant. Ce n'est pas une question de culpabilité ou d'innocence mais de responsabilité, et la charge de la preuve est d'un niveau nettement plus bas.

Dans un procès criminel (à l'exception des comparutions sur reconnaissance préalable de culpabilité), la charge de la preuve incombe au procureur. La défense peut choisir de ne pas convoquer de témoin, de ne pas

40. Certains détenus intentent des procès pour passer le temps. Comme l'un d'eux expliquait : « Cela me coûte rien, je n'ai rien d'autre à faire et quelquefois ils m'envoient même de l'argent. »

faire de contre-interrogatoire, et de simplement dire en fin de réquisitoire: « Vous n'avez apporté aucune preuve », et l'emporter.

Dans un procès civil, les deux parties doivent présenter leur version des faits et en proposer l'interprétation. Les faits sont importants, mais, l'émotion est également prise en compte (en particulier la « souffrance psychologique »). Je lutte vraiment contre l'envie impérieuse de dire qu'il est plus facile pour le plaignant de mentir au tribunal civil. Pas vraiment en fait, car le plaignant parle toujours sous serment, mais le plaignant peut d'une certaine manière présenter une opinion comme un fait, alors que le procureur ne sera jamais autorisé à le faire.

Le procureur ne pourra jamais simplement dire: « Cet homme était un dangereux délinquant. » Il devra présenter et apporter les preuves d'actes de violence spécifiques ou de dépravation et laisser le jury juger si la menace était vraiment un délinquant.

Devant un tribunal civil, un plaignant peut dire: « C'était un si bon garçon, il a eu des problèmes à un moment, c'est sûr, mais il tentait de remettre de l'ordre dans sa vie. Il était si attentionné, si gentil… » tout ça à propos d'un multi-récidiviste ou d'un violeur en série. Et cela tiendra, sans être réfuté à moins que le prévenu ne le réfute.

Coupable/non coupable est une décision binaire. Dans un tribunal pénal, il n'est pas question de coupable/non-coupable. Si un/une prévenu(e) est accusé(e) de huit crimes, il ou elle peut être reconnu(e) coupable de six crimes et non-coupable de deux, mais ne sera pas considéré(e) à 75 % coupable. Dans un procès au civil, une fois qu'il a été établi que des dommages ont été occasionnés (que quelqu'un a été tué, blessé ou a simplement perdu des journées de travail, que des dommages sont mesurables), le tribunal cherchera à montrer qui était responsable des dommages et à quelle hauteur. Voilà quelque chose que vous venez de lire, mais avec une légère nuance:

C'est un challenge, mais ce que vous devez expliquer c'est: Comment vous saviez que vous étiez en danger; à quel niveau de dangerosité vous pensiez être confronté et pourquoi; tout ce que vous avez tenté de faire d'autre et pourquoi cela n'a pas fonctionné; les choses auxquelles vous avez pensé mais que vous n'avez pas tentées et pourquoi (c'est à ce moment précis que vous devez évoquer le fait que vous avez rejeté l'idée d'user d'un niveau de force plus important que celui que vous avez utilisé, que la force que vous avez utilisée était ce que vous pensiez le niveau minimum requis pour vous assurer de votre sécurité); et le plus important: *Pourquoi la menace ne vous a laissé aucune autre option.*

Au tribunal civil, vous devez démontrer que la menace ne vous avait pas laissé d'autre choix que la force, qu'il avait refusé de s'en tenir là, et qu'il avait fait en sorte qu'un niveau de force inférieure n'aurait servi à rien.

Dans l'exemple de l'intrusion à domicile, la menace armée est entrée par effraction dans la maison, la propriétaire ne l'a pas tiré de force à l'intérieur. 100 % de la situation a été créée par la menace. La propriétaire ne pouvait pas laisser ses enfants seuls avec la menace, même si elle était capable de distancer un fusil. La menace avait choisi le moment où la famille se levait de table. Pénétrant sur les lieux du crime, plus grand, plus fort et armé d'un fusil, la menace ne lui avait laissé aucune chance d'utiliser des niveaux de force inférieurs – le frapper avec une chaise n'aurait pas permis de l'empêcher d'appuyer sur la gâchette. Pas plus que de l'affronter au corps à corps. Même en tirant dessus avec un revolver de poche, il n'était pas garanti qu'il soit touché et tombe au sol avant qu'il ne tire à son tour avec son fusil, c'était la seule option que la propriétaire avait eue.

Non seulement la menace avait créé la situation, mais elle avait écarté toutes les autres options *du fait de ses propres actions.* C'est ce que vous devez démontrer au tribunal.

La norme en termes de preuves dans les procédures judiciaires est « la preuve au-delà du doute raisonnable. » Dans l'idéal, il n'y a pas d'autre explication possible (à l'exception de la magie, des extraterrestres et des pouvoirs psychiques) que celle invoquée par l'accusé. Dans un procès au civil, il suffit au jury de trouver « plus vraisemblable que non », en d'autres termes à 51 %, que le prévenu est responsable. C'est un effet pervers du concept de « citoyen contre citoyen » dans ce type d'action en justice. Il est indispensable que vous adoptiez un système de défense agressif vous permettant de prouver sans contestation possible que la menace était coupable.

Un dernier mot sur la procédure légale dans son ensemble. Cela peut prendre des années avant que les choses soient réglées et cette attente peut être émotionnellement traumatisante. Vous vous demandez pendant trois ans si vous allez ou non être poursuivi en justice (après avoir tiré, je me suis demandé chaque matin, pendant 1 100 jours, si ce jour serait le jour où je recevrais mon assignation). Savoir que vous n'aviez pas eu d'autre choix que d'agir comme vous l'avez fait, mais, que vous risquez d'être inculpé malgré tout. Entendre quelqu'un, qui avait fait des choses vraiment horribles ou avait menacé de les faire, être décrit par sa famille ou ses amis comme quelqu'un de « gentil » et « d'attentionné ». Les dépenses en pure perte et l'éventualité d'un désastre financier complet. Tout ça est très dur et ajoute une énorme pression psychologique.

Ce qui rend les choses encore plus dures, c'est que tout ce que vous direz pendant ces trois années (mis à part à votre conjoint, votre avocat, votre guide spirituel, ou votre médecin) pourra être retenu contre vous au tribunal civil. Lorsque vous éprouverez un besoin irrépressible de parler, ce sera le moment où il sera légalement le moins opportun de le faire.

3. Les séquelles psychologiques

Il y a beaucoup de choses que vous avez apprises sur le monde et sur vous-même qui ne sont tout simplement pas vraies. La télévision vous a répété en boucle que si vous êtes le type bien tout finira par s'arranger. Vous avez probablement appris que le monde était un endroit relativement sûr parce que la plus grande partie l'est. Vous avez une idée de la manière dont vous affronterez l'adversité et le danger et la peur et la douleur.

Gagner ou perdre n'est généralement pas sans conséquence, qu'elles soient personnelles et/ou mentales. Lors de violents affrontements, les survivants peuvent avoir eu le dessus, être sortis vainqueurs après avoir pris les bonnes décisions. Ou ils peuvent être d'authentiques victimes qui doivent leur survie uniquement à la chance ou au désintérêt ou à l'inattention de leurs agresseurs. Quelquefois les « vainqueurs » et les victimes auront des problèmes différents, peut-être. Mais, il y aura des jours où les victimes auront l'impression d'être vainqueurs parce qu'ils sont en vie et les « vainqueurs » le sentiment d'être des victimes.

S'il advenait un jour que vous ayez besoin des informations contenues dans ce chapitre, n'hésitez pas à vous servir de ce qui pourra vous être utile. Si j'utilise le terme de victime ou de survivant ou tout autre terme et que vous avez le sentiment que vous n'entrez pas dans le cadre, mais que le reste semble approprié, servez-vous-en. Il est à vous. Vous êtes responsable de votre propre développement et de votre propre guérison. De la même manière que vous ne devez pas prendre les paroles d'un expert en self-défense pour argent comptant si votre propre expérience vous dicte autre chose. C'est encore plus vrai pour un étranger qui tenterait de vous bourrer le crâne. Vous avez la responsabilité de connaître votre propre cœur et votre propre esprit.

a. Se raconter des histoires

Beaucoup parmi les choses que vous prenez aujourd'hui pour acquises ne survivront pas à votre premier voyage de l'autre côté du miroir. S'il vous est arrivé ne serait-ce qu'une fois de faire le voyage, s'il vous est arrivé ne serait-ce qu'une fois d'être confronté à l'extrême violence, il semble que tout ce qui reste sont les doutes, les choses au sujet desquelles vous vous étiez trompé. Quelquefois, elles ne sont pas remplacées par de nouvelles vérités. D'une manière typiquement humaine, vous fabriquerez une nouvelle histoire en lieu et place des anciennes histoires. Elle pourra être plus vraie. Ou pas.

Je considère les humains comme des conteurs, mais aussi, comme des porteurs d'histoires. Chaque personne est une histoire; son identité est quelque chose que la personne a de tout temps façonné et raconté à l'intérieur d'elle.

Les histoires se nourrissent de drames et les drames se nourrissent de conflits. « Tout le monde s'est bien entendu du début à la fin » n'est pas une bonne histoire. Ce serait un film sacrément ennuyeux à regarder. Les histoires se doivent d'être plus passionnantes que la vie réelle. Dans une histoire, le personnage est défini par la manière dont l'individu réagit au conflit. Aussi, notre propre personnage, notre propre histoire, ceux-là mêmes que nous fabriquons dans notre tête, sont fortement influencés par le conflit. Que vous ayez peu eu l'occasion d'être confronté au conflit, ou juste à des conflits mineurs, cela n'a pas d'importance. Le personnage dans votre tête s'est battu contre des dinosaures et des chevaliers noirs depuis sa plus tendre enfance.

Lorsque nous « mangeons le bitume », le chevalier blanc ou le pacifiste moralement supérieur, tout droit sorti de notre imagination, succombe à la peine et à l'humiliation, mais nos corps réussissent généralement à guérir, en fin de compte. Le mal fait à l'illusion que nous avions de ce que nous sommes peut être irréversible.

Ce n'est qu'une partie du problème, car il peut y avoir des conséquences psychologiques même si tout s'est bien passé. « La différentiation » est une forme de gymnastique mentale, et même si la menace possède la capacité et l'expérience, et s'est complètement « différencié » de vous, il y a peu de chance que vous soyez capable également de complètement vous « différencier » de lui. Certains criminels peuvent quitter les lieux et ensuite dormir à poings fermés après avoir frappé, violé ou tué une proie. Si vous vous défendez et prenez la vie de quelqu'un, vous ne pourrez éviter de considérer la menace, aussi dépravée soit-elle, comme une personne. C'est une considération qu'il n'aura pas pour vous (s'il le faisait, il ne passerait pas sa vie à commettre des crimes violents). C'est l'une de ces choses qui choquent et qui peut être ressentie comme une faiblesse, même si c'est une force.

En ayant pleinement conscience de ce que vous avez fait et ce que cela signifie, vous pouvez apprendre et comprendre à un niveau dont le prédateur est littéralement incapable.

Bien que vous ayez étudié les arts martiaux pendant des années, il peut malgré tout vous arriver de vous faire tabasser, dévaliser, violer – et vous aurez l'impression d'avoir été trahi. Une partie de l'histoire fabriquée dans votre tête tourne autour de vos capacités à servir, sauver et protéger. Échouer est quelque chose de douloureux.

Mais étrangement, si vous avez étudié pendant des années et que vos techniques fonctionnent exactement comme elles sont supposées le faire, cela peut aussi se révéler traumatisant. Un homme, soudain confronté à un voyou armé d'un couteau, fit deux mouvements. Il fit exactement ce qu'il s'était entraîné à faire. Il brisa le bras de la menace et lui fit tellement de dommages internes que les médecins n'étaient pas certains que la menace survive malgré la chirurgie. Le pratiquant d'arts martiaux, qui n'avait fait que se défendre, était dévasté. Jamais au cours de ses années de pratique et de visualisation des adversaires, les conséquences dévastatrices des os brisés et des ruptures d'organes, les bruits secs et sonores et les petits cris poussifs n'étaient apparus dans l'histoire.

La chose sensée à faire bien sûr est d'abandonner l'histoire. Décidez de qui vous êtes lorsque le moment l'exige et découvrez qui vous êtes le reste du temps. Plus facile à dire qu'à faire.

Ce que vous êtes *réellement* est instable et changeant. Si ce n'était pas le cas, il ne serait pas question d'humeurs. Les gens ne changeraient pas ou l'âge aidant ne finirait pas par apprendre. La déshydratation ne serait pas source d'agitation, et la privation de sommeil ne nous rendrait pas irritables. Nous savons ces choses sur nous-mêmes et sur nos humeurs. N'est-il pas insensé de découvrir que nous avons des personnalités différentes lorsque notre corps a absorbé trop de caféine et qu'ensuite, nous espérons pouvoir compter sur notre bonne vieille personnalité dès que nous sommes terrifiés ?

b. Les changements

C'EST OK D'ÊTRE OK.

Quelqu'un devait le dire et, si vous êtes un survivant (que vous ayez survécu à un crime, à la guerre ou à une enfance malheureuse) vous avez besoin de l'entendre. Lorsque tout le monde autour de vous ne cesse de vous dire à quel point tout cela était tragique, à quel point vous devez être dévasté, et quelles terribles séquelles psychologiques vous allez devoir surmonter, vous vous mettez à *attendre* lesdites séquelles. Peu à peu, votre état commence à se détériorer. Comme c'est l'histoire que tout le monde vous raconte, vous commencez à vous la raconter vous-même.

Cela fera certainement mal. Le changement fait mal. Mais vous avez déjà surmonté de grands bouleversements par le passé. À moins de finir handicapé ou d'avoir subi des dommages cérébraux irréversibles, même un crime extrêmement violent n'a pas l'impact physique et neurologique de, disons, la puberté. La puberté implique un énorme changement physique, des bouleversements hormonaux, des changements de statut, et un reformatage complet de votre cerveau.

La puberté n'avait rien de dramatique, après tout, puisque vous vous étiez toujours préparé à grandir un jour. Vous avez toujours su que l'homme ou la femme que vous deviendrez était *supposé(e)* être différent(e) de l'enfant que vous étiez.

Survivre à la violence ne change pas un corps comme la puberté peut le faire. Les hormones sécrétées pendant l'agression finiront par être éliminées de votre système. La violence peut reformater certaines parties de votre cerveau pour éviter tremblement et hypervigilance. Que des changements mineurs par rapport à la puberté.

La force psychologique destructrice de la violence réside dans les dommages occasionnés à votre identité imaginaire fantasque, participant de votre construction mentale.

Aussi, je vous le dis maintenant si cela peut vous être utile, attendez-vous à être changé. Comme à la puberté. Peut-être moins, car vous êtes mieux préparé aujourd'hui. Vous serez changé et c'est tout à fait normal. Ne laissez personne vous dire que ce que vous ressentez n'est pas bien (ne refoulez pas toujours vos sentiments, en particulier la rage et la terreur qui vous font bafouiller, mais n'éprouvez jamais de honte à les ressentir). Tout le secret est là, vous êtes vivant. La personne qui vous donne des conseils et tous les autres pourraient bien, dans les mêmes circonstances, être blessés à mort, ou perdre la raison pour avoir suivi à la lettre leurs propres conseils condescendants, irréfléchis et malavisés. *Vous avez survécu.*

Vous avez survécu aux événements et vous survivrez aux conséquences. [41] Ne laissez jamais personne vous dire qu'il y a quelque chose de mal à se remettre.

Un jour, pendant un poste de nuit, j'apportai une tasse de bon café à l'un de mes adjoints et nous nous mîmes à parler. Je traversais des moments particulièrement durs, l'accumulation d'une masse d'événements importants qui ne se réglaient pas comme ils l'auraient dû. Il traversait des moments encore plus difficiles. Nous restâmes assis pendant des heures, à discuter,

41. *Parce que je le dis. Sérieusement. Reprenez votre souffle. Que ressentez-vous ? Vous êtes vivant. Cela signifie que vous avez gagné. Que vous avez survécu. La seule chose qui peut vous tuer maintenant c'est vous. Simplement ne vous détruisez pas. À quel point c'est dur.*

entourés de détenus endormis. C'était une discussion à cœur ouvert sur la perte et le changement et qui tournait autour de l'idée de suicide. Finalement, il déclara : « Sergent, personne ne se suicide pour ce qui lui est arrivé. Les gens se suicident à force de trop y penser. »

Depuis... nous avons cessé de ruminer les événements. L'un comme l'autre, nous n'avons jamais cessé de bouger depuis, toujours en action. Si je devais donner un seul conseil à un survivant ce serait celui-là : lorsque vous avez le choix entre agoniser en ressassant le passé ou vivre : vivez. Vivez la vie qui est la vôtre et vivez-la pleinement. Allez à la pêche. Dorlotez vos enfants. Entraînez-vous. Faites du vélo. Lisez, même.

Vous êtes toujours vous-même, la seule chose que vous avez perdue est une histoire qui n'a de toute manière jamais été vraie.

c. Les sentiments

Comme vous le savez déjà, il n'existe aucune manière de réagir à l'événement qui vous permette de vous sentir bien ou confortable. Si vous êtes plein d'enthousiasme (le plaisir de se battre est réel) pendant ou après, vous vous sentirez coupable et vous penserez qu'il y a quelque chose qui ne tourne pas rond chez vous. Si vous vous sentez coupable, vous vous réprimanderez vous-même d'être assez stupide pour vous sentir coupable alors que vous n'aviez pas le choix (ou pire encore, vous ferez en sorte de trouver des détails qui rendront ce sentiment de culpabilité « normal ».) Si vous ne ressentez rien, vous vous demanderez quel genre de monstre vous pouvez être.

Il n'existe pas de manière correcte de se sentir après un événement qui n'avait rien de « correct » par rapport à un schéma de référence normal. Faites simplement le point avec vous-même sur la manière dont vous vous sentez, et avec quelques amis proches. L'entourage en général n'a pas besoin de savoir que vous avez ressenti du plaisir à vous battre ou de la rage. Ce n'est pas leur affaire de toute façon. Faites le point sur vos sentiments et n'essayez pas de les justifier. C'est un tourbillon qui ne mène nulle part. Les émotions sont des réactions qui appartiennent à une très vieille partie de votre cerveau. Elles n'ont pas l'intention de s'expliquer au nouveau petit gars aux commandes, l'esprit conscient, et l'esprit conscient ne pourrait pas comprendre de toute façon. Quoi que vous ayez ressenti, c'est le déclencheur émotionnel qui vous a permis de vous en sortir vivant. Vous n'avez pas besoin d'autre justification.

d. Les questions

Tout le monde ne survit pas. Vous subirez un nouvel assaut de sentiments perturbateurs, en particulier de la culpabilité, si vous survivez et que quelqu'un d'autre n'a pas eu cette chance. Cela peut se révéler compliqué si la personne qui est morte était un proche ou quelqu'un que vous pensiez devoir protéger. C'est facile de sortir des platitudes : vivez au jour le jour, c'est la volonté de Dieu, ce sont des choses qui arrivent. Si cela peut vous réconforter, grand bien vous fasse.

Si vous lisez le chapitre sur le combat, vous en savez un petit peu plus sur la chance. Quelquefois des gens meurent. Cela arrive. Certains jours, ce n'est pas vous. Un jour, ce sera vous. (Chaque jour nous sommes immortels sauf le dernier. Pensez-y.) La question n'est pas pour moi dans le « pourquoi » mais dans l'interrogation « Comment vais-je faire avec ? » Je pourrais être enterré dans le sol gelé, je pourrais être le pauvre bâtard dans le sac transportant les cadavres, mais je ne le suis PAS. Que vais-je faire de ce cadeau ?

Vivre dans l'instant présent et se tourner vers l'avenir est presque toujours plus sain que de ressasser le passé, en dépérissant à force de « pourquoi. » L'univers se contrefiche du « pourquoi ». L'univers n'a pas besoin d'avoir un sens, encore moins pour le bénéfice d'un pauvre petit humain. Toute la question du « pourquoi » est une tentative pathétique de reprendre le contrôle (« Si seulement je savais pourquoi cela est arrivé, pourquoi à moi, pourquoi j'ai survécu, je pourrais être capable de… »)

C'est indispensable d'être familiarisé avec la dynamique en jeu et le véritable « pourquoi » est généralement très simple : le type avait besoin d'argent pour acheter sa drogue, il avait une longue habitude de ce type d'agression, il avait vu que sa victime ne connaissait pas bien la zone et qu'il avait probablement de l'argent sur lui, et il avait profité de l'instant où la victime avait laissé tomber sa garde.

C'est tout. Intention, Moyens et Opportunité. La quête de raisons plus profondes n'est qu'une question d'ego et d'amulettes. C'est vouloir que ce qui vous est arrivé soit en quelque sorte spécial et héroïque ; vouloir croire que tout ce qui est synonyme de vulnérabilité dans la vie (pas seulement le crime, mais même les accidents de voiture, le cancer, et…) ne s'applique *habituellement* pas à vous, que c'était *différent* ; et même plus, vouloir trouver ou inventer quelque chose de différent que vous pouvez utiliser comme d'un charme ou d'un grigri pour être sûr que cela ne vous arrivera jamais plus.

Il existe un outil que les professionnels utilisent pour traiter le passé immédiat, en particulier en cas d'échec, lorsque la prise de risques est élevée. C'est excessivement efficace et simple. Cela s'appelle le Débriefing Après-Action (DAA). Cela se fait généralement en groupe, mais vous pouvez le faire seul. C'est un autre de ces outils qui vous aidera dans chaque domaine de votre vie. Il y a trois étapes.

Rassemblez autant de gens impliqués que vous pouvez et demandez-leur de décrire ce qui s'est passé le plus précisément possible. De votre côté, muni d'un carnet, faites le déroulé dans votre tête et ordonnez les choses dans le temps. Soyez aussi détaillé et précis que possible. Si vous possédez quelques outils d'activation de la mémoire comme de faire défiler les événements à rebours ou de les visualiser à travers la méditation, utilisez-les pour mettre à jour le moindre détail. Lorsque je le fais en groupe, j'utilise un tableau blanc effaçable et je commence le déroulé dans le temps, en laissant chaque personne dire ce qu'elle a vu et en commençant avec celle qui a été impliquée la première. Il y aura des incohérences et des désaccords. Peu importe. La mémoire humaine est faillible.

Lorsque le déroulé dans le temps est complet, demandez ce qui s'est bien passé. C'est un ressort important : vous respirez toujours, c'est donc que quelque chose s'est bien passé. C'est le moment d'en parler. C'est à ce moment-là que vous mettrez le doigt sur vos techniques les plus efficaces. C'est à ce moment-là que vous découvrirez que vous n'êtes pas le dieu martial que vous avez toujours pensé pouvoir être en passant de l'autre côté du miroir, mais que vous n'êtes pas non plus une mauviette lorsqu'il s'agit d'user de la force ; une force qui a fait ses preuves lorsqu'il le fallait.

Ensuite vous demandez : si cela devait à nouveau arriver, qu'est-ce que vous pourriez améliorer ? Il n'est pas question ici de porter le blâme sur quelqu'un ni de le pointer du doigt. Il n'y a pas de place dans ce processus pour des « Je me suis fait avoir » ou « C'était entièrement la faute de Steve. » Jamais au cours du processus vous ne demandez à quiconque ce qu'il a fait de mal. *Qu'est-ce que vous pouvez faire de mieux ?* Il y a certains pièges à éviter ici – c'est facile de vouloir des choses ou des informations que vous n'avez pas eues. Cela ne conduit à rien à moins que vous trouviez un moyen d'obtenir lesdites informations la prochaine fois. « J'aurais aimé savoir qu'il avait un couteau » ne sert à rien car vous ne le saviez pas... cependant cela peut se révéler utile si vous poursuivez avec : « Peut-être que je devrais prendre quelques conseils qui me permettraient de comprendre comment dire que quelqu'un est armé. » L'autre piège consiste à en faire trop. Certaines choses, en fait beaucoup de choses, se sont plutôt bien passées. Si vous considérez le scénario et que vous pouvez honnêtement dire : « Ça s'est fini pour le mieux dans les circonstances données » vous avez tout compris. Essayez d'améliorer quelque chose qui a fonctionné est un problème très humain qui peut compliquer les choses jusqu'à les rendre inutiles.

Ces trois étapes, appliquées en toute chose, permettent une progression constante. Le processus est puissant. Utilisez-le ?

e. Le pouvoir de victimisation

La plupart des gens ne se sont jamais sentis totalement impuissants. L'un des aspects les plus dévastateurs lorsqu'on est une victime, en particulier pour les hommes, ce ne sont ni les blessures ni la défaite. C'est de se sentir totalement impuissant lorsque victime, nous voyons la fin approcher. La victime, vous, peut avoir fait tout ce qui était en son pouvoir et cela n'a pas suffi. Vous n'avez pas été assez fort ni assez convaincant. C'est naturel de demander secours lorsque tout est perdu et c'est pourquoi nous voyons des héros de guerre pleurer en appelant leurs mères au moment de mourir, et que des gens, qui ont survécu à la violence, gardent clairement en mémoire le fait d'avoir au dernier moment supplié leur agresseur ou Dieu de les laisser vivre encore un peu.

Bien que nous nous apparentions aux singes, nous sommes les animaux les plus adaptables que cette planète ait jamais connus. Nous sommes capables de trouver la force dans la faiblesse et le pouvoir dans l'adversité. Et nombreuses sont les victimes qui seront séduites par le pouvoir que leur confère leur statut de victimes.

La « carte de la victime » n'est pas seulement un puissant stratagème politique, c'est également un levier puissant dans les relations interpersonnelles. En présence de gens gentils et compatissants, une ancienne victime peut réussir à contrôler tout le groupe en exprimant simplement une forme de malaise. Elle peut dire : « Je ne peux pas venir avec vous, je ne sais pas pourquoi mais cela me rappelle… » et le groupe choisira un autre endroit.

Au début, le malaise est réel. Mais votre cerveau de singe, celui qui se tétanise pendant les bagarres et qui ne peut pas faire la distinction entre un danger mortel et une simple gêne, comprend aussi et sollicite le pouvoir social. Il notera que ce statut de victime lui donne un pouvoir social et il tentera de l'utiliser pour éviter toute forme d'inconfort.

Si cela ne vous gêne pas, ce n'est pas mon problème. Tout au long de l'histoire humaine, l'humanité a toujours cherché à s'assurer sécurité, bien-être et confort. Ce n'est pas mon rôle de vous dire qu'il y a quelque chose qui ne va pas avec une tactique efficace. Je pense, néanmoins, que les conséquences peuvent être involontaires. J'ai perdu des amis qui sont allés si loin sur cette voie que chaque conversation (même sur des sujets comme le temps et le sport) était devenue un champ de mines. À un certain moment, il n'était plus simplement question d'assurer son confort mais de contrôler les autres, de contrôler les amis. Les mécanismes de défense enveloppés dans les jeux de pouvoir.

C'est difficile, si ce n'est impossible, de s'accrocher au pouvoir de victimisation et dans le même temps de continuer à avancer. Le problème est que pour utiliser le pouvoir en votre possession, vous devez paraître, agir et penser comme une victime. De par mon expérience, cela finit par laisser de côté tous les autres aspects de votre vie. Cela peut valoir le coup. Vous seul pouvez décider. Dans *Méditations sur la violence*, vous trouverez quelques conseils pour interrompre ce cycle. Ce n'est pas facile et certainement pas confortable.

Le statut de victime est une excuse facile. Les gens ont tendance à pardonner et à comprendre lorsque quelqu'un, qui a traversé des événements terribles, « dérape » ou « craque » et, disons, bat sa femme. Cela n'est pas correct. Cela n'est pas acceptable à quelque niveau que ce soit. L'auteur des faits ne devrait pas agir ainsi, et ses pairs, les réseaux sociaux et la loi ne devraient pas se montrer compréhensifs et indulgents.

Le duo nature/éducation importe peu en fait. Les humains sont adaptables et cela pèse beaucoup plus que le pouvoir de la prédestination génétique ou de l'entraînement. Si les gens savent qu'ils ne peuvent pas échapper aux conséquences de leurs actes, ils s'abstiennent (un flic dans le rétroviseur prévient toute envie de conduite dangereuse).

S'ils savent qu'ils peuvent s'en tirer, certains ne manqueront pas de tenter le coup, en grande partie en fonction de la responsabilité qu'ils ressentent face à la communauté.

Ainsi, chez un individu, le duo nature/éducation est de loin secondaire par rapport à l'adaptabilité et à l'intérêt général, mais en tant que philosophie de responsabilité, il peut avoir des effets délétères sur une société. Les humains sont adaptables. Si vous leur dites qu'ils le sont et qu'ils risquent d'être tenus pour responsables, ils prendront en compte les risques et agiront comme si c'était vrai... et si vous leur dites qu'ils n'ont pas le choix de par leur génétique ou l'éducation qu'ils ont reçue, ils agiront comme si c'était tout aussi vrai, et feront ce que bon leur semble.

Il existe des exceptions, l'éducation reçue jusqu'à l'âge de huit ans ou plus est très difficile à modifier, mais, même les prédateurs les plus vicieux deviennent relativement civilisés en prison lorsqu'ils prennent conscience des limites que la surveillance impose à leur capacité de s'en tirer en cas de mauvaise conduite.

Si la réponse que vous développez au fait d'être une victime est la rage, vous devrez faire face à deux faits et en tirer les conséquences :

Fait n° 1 : vous avez voulu faire mal à quelqu'un que vous aimez, ou, à minima, à quelqu'un dont vous devriez prendre soin et que vous devriez protéger.

Fait n° 2 : Vous avez agi pour répondre à cette pulsion.

Tout le reste n'est que foutaise. Il n'y a pas d'horrible monstre tapi au fond de vous. Il n'y a que vous. Il n'y a pas de pulsion incontrôlable. Vos flash-back et vos trous de mémoire ne sont que des excuses pour faire ce que vous voulez en espérant vous dédouaner de votre responsabilité. (S'il vous arrivait d'avoir un trou de mémoire et de vous réveiller en découvrant que vous avez fait don de votre moelle osseuse et que vous avez donné tout votre argent à des œuvres de charité, je cesserais immédiatement de vous importuner avec tout ceci. Chacun des événements liés à un trou de mémoire ou à un flash-back dont j'ai entendu parler impliquait des actions dont la personne savait qu'elles étaient répréhensibles dans des circonstances normales.) Peut-être est-ce le troisième fait que vous devez prendre en compte : ce que vous avez fait, c'est vous qui l'avez fait.

Vous avez voulu faire du mal à quelqu'un que vous aimez ? À qui cela n'est-il jamais arrivé ? Les gens que nous aimons sont quelquefois les seules personnes assez proches pour vraiment nous faire du mal. Cette pulsion n'est pas quelque chose de nouveau. Si vous pensez que vous n'avez jamais ressenti que bienveillance et amour avant votre incident traumatique, votre mémoire vous joue des tours. Vous préférez ne pas vous souvenir pour mieux vous sentir différent, spécial et privilégié maintenant. Oui, privilégié. Vous voulez le bon droit de votre côté et de votre côté seulement pour pouvoir agir sans en assumer les conséquences.

Si je voulais me montrer charitable, je vous dirais que vous voulez redevenir un enfant et que d'agir de manière irresponsable est une façon de demander que quelqu'un d'autre soit responsable pour que vous vous sentiez dédouané. C'est probablement vrai, mais vous n'êtes pas un enfant. Vous êtes un adulte et être un adulte implique que vous vous contrôliez. C'est ce qui définit le mieux un adulte. Si vous incriminez l'incident (ou vos parents ou votre génétique ou la drogue ou le sucre raffiné ou je ne sais quoi) pour ce que vous avez fait, vous vous comportez comme un enfant.

Et c'est l'essence même du fait n° 2. Vous pouvez *ressentir* ce que bon vous semble mais vous êtes totalement, 100 % responsable, que vous ayez ou non agi sous l'impulsion de vos sentiments et comment. « Responsable » signifie que vous n'avez aucune excuse. Totalement responsable pourrait impliquer d'accepter volontairement la punition encourue sans se plaindre. Ça ne se voit pas souvent.

f. Les amis, la société et l'aliénation

Certains disent que vous serez incapable de revenir à une vie normale. Ce n'est pas totalement vrai. Vous êtes passé de l'autre côté du miroir. Si tout s'est bien passé, vous en êtes revenu. Vous aurez changé jusqu'à un certain point et votre manière d'appréhender le monde normal aura probablement beaucoup changé. La manière dont les autres vous voient peut aussi avoir changé. Cela peut s'avérer difficile.

Il y a trois raisons qui peuvent vous tenir à l'écart de la société après la violence.

S'il s'agissait d'un unique événement traumatisant (soit vous avez été victime de très mauvais traitements, soit vous avez pris une vie) vous aurez à mener la bataille contre votre propre esprit pendant que vos amis et les réseaux sociaux tenteront de découvrir ce qu'ils devraient faire ou dire. La violence est rare ici et maintenant. De la même manière que la victime n'a pas de plan pour y faire face, c'est également un nouveau territoire pour les amis qui veulent aider. Les gens qui aident peuvent faire des faux pas et rendre les choses pires... ou plus vraisemblablement, ils ont peur de le faire, aussi préfèrent-ils prendre de la distance.

Entre le pouvoir de victimisation et votre colère résiduelle, vous serez prompt à vous lâcher et tout particulièrement prompt à rendre les choses pires qu'elles ne sont. Le singe dans votre esprit possède des motivations puissantes pour se prouver à lui-même que vous gardez le contrôle et le pouvoir (le contrôle et le pouvoir sont la négation de la peur) et que vous êtes spécial.

Ainsi vos amis disent : « Est-ce que tu vas bien ? » Et vous attaquez : « Bien sûr que je ne vais pas bien ! »

Ou ils tentent de vous encourager : « Tu es fort. Tu arriveras à surmonter tout ça. » Et vous direz ou penserez : « Je ne le surmonterai jamais, vous ne pouvez absolument pas comprendre. »

Ou les amis ne disent rien et s'éloignent de vous. Peut-être parce qu'ils ne savent pas quoi dire, peut-être parce qu'ils ont déjà essayé et que vous les avez repoussés. Vous finissez par penser que vos amis ont peur ou qu'ils ont honte de vous, que vous êtes contaminé et que vous portez la marque de Caïn.

C'est une dynamique terrible qui doit être abordée à partir de deux perspectives.

Si vous êtes le survivant, lâchez un peu la bride à vos amis. Oui, vous êtes blessant et votre monde a été anéanti, mais vos amis eux aussi sont désorientés. Aidez-les. C'est l'une des clefs magiques pour guérir, aider les autres. Pour l'esprit de singe, c'est le besoin de se sentir spécial qui est satisfait et le fait de se connecter avec les autres. Pour la partie plus mûre de votre esprit, cela démontre que vous avez toujours de la valeur et que vous êtes toujours fort. Peut-être pas fort comme vous l'entendiez avant, mais d'une manière différente avec une nouvelle sagesse chèrement gagnée.

> L'une des raisons qui rend la violence si traumatisante à notre époque est qu'elle est devenue relativement rare. Si vous étiez né et aviez vécu à une époque où il n'y avait ni loi ni moyens de coercition, lorsque les bandes de hors-la-loi ou que les armées ennemies traversaient régulièrement votre village en emportant tout ce qu'ils voulaient, la mort violente et le viol vous auraient paru moins anormaux. Les enfants soldats d'Afrique qui semblent si tragiques à nos esprits modernes n'ont jamais été un fait isolé dans l'histoire de l'humanité. Les supports ont changé : les lances sont devenues des fusils, les chars sont devenus des merveilles de technologie. La situation est aussi ancienne que la violence tribale.

Si vous êtes l'ami, les deux règles sont 1) écouter et 2) ne pas juger.

N'oubliez jamais que vous parlez à un survivant et malgré votre imagination ou même votre expérience, il n'y a aucune garantie que ce que vous auriez fait dans la même situation vous aurait permis de survivre. Vous pouvez écouter, vous pouvez les aider à comprendre. Vous pouvez même leur faire connaître le processus de Débriefing Après Action pour les aider à comprendre. Mais si votre but est de les aider, vous ne jugez pas. [42] Vous n'avez pas autorité à juger un survivant.

Le survivant devrait être celui qui fait tous les frais de la conversation. Écoutez. Vous les aidez à analyser ce qui leur est arrivé. Laissez-les découvrir les tenants et aboutissants. Posez-leur des questions, n'essayez pas de leur donner des réponses.

Il existe un livre, *Aftermath : Violence and the Remaking of a Self*, écrit par Susan J. Brison, qui décrit son processus de guérison toujours en cours après une agression brutale [43]. Je ne le recommande pas aux survivants. Je pense que certains des choix faits par le docteur Brison pour surmonter ses séquelles ne firent que l'empêcher de reprendre le pouvoir sur elle-même, même si elle s'est convaincue qu'ils lui firent faire de grands pas dans la reconquête de ce pouvoir. Cela ressemble à un désaveu, et je m'en excuse.

---

42. *Et si certains tentent de vous juger ou de vous dire que ce que vous avez fait est bien ou mal, ils n'essaient pas de vous aider. Ils peuvent croire qu'ils le font, mais, ce qu'ils cherchent réellement est une amulette qui peut les protéger de ce qui vous est arrivé.*
43. *Brison, Suzan J.*

Le docteur Brison a survécu à quelque chose qui, à coup sûr, m'aurait tué et il n'y a aucune garantie que j'aurais pu même survivre aux séquelles (le taux de suicide parmi les survivants est fort). Elle a mon profond respect. Je ne suis pas toujours d'accord avec les gens que je respecte.

Je *recommande* vraiment fortement *Aftermath* aux personnes qui travaillent avec des survivants. C'est le compte-rendu personnel le plus intéressant qu'il m'a jamais été donné de lire sur la manière dont les gens réécrivent l'histoire de leur identité après une agression violente. Des informations précieuses sur le processus pour ceux qui vont aider à ce processus.

Si les survivants vous repoussent, n'hésitez pas à vous y référer. Mettez calmement l'accent sur ce qu'ils sont en train de faire : « J'essaie d'être là pour vous et vous me repoussez. Dites-moi comment je peux vous aider. » Ou, « Si ce n'est pas la bonne chose à dire, quelle est la bonne ? Qu'est-ce que vous voulez m'entendre dire ? » ou même, « Y a-t-il quelqu'un d'autre avec qui vous vous sentiriez plus en confiance que moi ? »

Le singe, dans leurs esprits, a été confronté à une dynamique de domination brutale. C'est quelque chose que nous savons tous être là bien que nous prétendions que non. Le pouvoir atavique qui vous pousse à prendre ce que vous voulez, à imposer votre volonté aux autres et à tuer est un fait de la nature. Nous nous accrochons à nos croyances d'hommes civilisés qui veulent que nous soyons en quelque sorte au-dessus de tout ça, que ce danger n'existe plus dans notre environnement. Le survivant vient juste de voir que ce n'est pas vrai et qu'il existe un autre monde juste sous la surface de notre monde civilisé, où le pouvoir et la violence sont synonymes de vie et de mort. Un monde terrifiant qui est potentiellement aussi près que l'esprit humain le plus proche. Ce monde terrifie le singe et le singe veut retrouver son pouvoir dans ce nouveau monde effrayant.

Votre travail en tant qu'ami est de vous reconnecter avec le survivant et avec le singe sur le niveau social civilisé. Montrez que toutes les relations n'ont pas à suivre une dynamique de pouvoir ou de prédateur/proie. Rappelez à la victime qu'il y a encore des choses comme l'amitié et la confiance. Ne niez pas le monde de l'autre, mais mettez-le en perspective. Il est réel, mais tenter d'utiliser les règles du monde derrière le miroir dans le monde civilisé est juste aussi aberrant que de vouloir garder un comportement civilisé lorsque vous êtes agressé.

Un seul événement traumatisant peut être beaucoup plus difficile à surmonter qu'une vie confrontée à la violence. La répétition des situations violentes fait progressivement reculer l'incertitude qui s'y rattache. Lors d'un seul événement, vous découvrez avant tout laquelle de vos croyances était erronée ; lors de confrontations répétées, vous apprenez de nouvelles choses qui viendront remplacer vos anciennes croyances. Vous finissez également par acquérir une certaine pratique de la transition entre les deux mondes. Si vous pratiquez cette transition avec un esprit ouvert, une stupéfiante capacité à s'adapter à de nouvelles situations pourra se développer, car vous découvrirez à quel point la vérité peut être situationnelle ou sociale. Vous êtes plus apte à apprendre plus rapidement les règles d'un nouveau groupe au lieu de dissimuler, d'adapter ou de rejeter vos anciennes règles.

Avec le temps, vous en venez également à vous protéger de vos amis. Certaines personnes ne supportent pas quelqu'un qui vit une vie par trop exposée à la violence. Les flics rendent les gens mal à l'aise. Certaines personnes, même quelquefois d'autres flics, sont très mal à l'aise avec des gens exposés à trop de violence et éprouvent une certaine gêne à ce sujet.

Le fait est que, si vous avez des problèmes ou des signes visibles de troubles lorsqu'il est question de dépasser la violence, les gens paisibles ont une vie facile, comparés à vous. Ils viennent vers vous comme vers quelque chose d'un peu brisé, d'endommagé. Cela leur donne une excuse pour éprouver de la pitié pour vous et en conséquence, se sentir supérieur à quelqu'un qui en d'autres circonstances leur aurait fait peur.

La peur est également réelle et cela vient du fait que : si vous avez réussi à faire face à la violence pendant longtemps, vous avez développé la capacité de switcher d'un comportement joyeux et souriant, ou d'une parfaite adaptation à la routine du monde ordinaire, à une violence extrême sans préparation préalable (comme dans la Parade de Domination ou la recherche de prises). Vous avez la capacité de « différencier » instantanément quelqu'un d'après son comportement. Peu importe combien de fois vous avez prouvé que cette « différenciation » est toujours basée sur le comportement de la menace, peu importe combien de fois vous avez prouvé votre capacité de contrôle et de discernement, cette capacité de « différentiation » est terrifiante. Cela fait remonter une peur superstitieuse, comparable à celle du loup-garou. Une menace prenant la forme d'un prédateur marchant parmi nous et ayant le même aspect que nous.

Dans les vieux films, même Lon Chaney, J.-R. a toujours éprouvé des remords et tenté de contrôler son côté animal. Ne serait-il pas encore plus effrayant si un loup-garou ne montrait aucune ambivalence, aucun regret ?

Les gens qui ont réussi à s'immerger dans ce monde écartent leurs amis. Ils ont tendance à se rapprocher de gens comme eux qui possèdent des capacités similaires, ont vécu des expériences similaires, et ont un sens de l'honneur similaire. [44] Cela signifie souvent qu'ils ont peu d'amis. Ce qui leur convient.

Cependant, c'est souvent une erreur. Un jour, un homme averti évoquait avec moi les conséquences de son choix de carrière, faire respecter la loi: « Peu importe ce que tout grand cœur peut vous dire, 3 % des gens dans le monde sont des salauds. Le problème est que si vous passez 80 % de votre temps avec ces 3 %, vous finissez par penser que 80 % du monde est constitué de salauds. »

C'est difficile pour des gens qui passent beaucoup de temps avec des criminels de maintenir des liens étroits avec des gens honnêtes. Pas seulement avec des gens comme eux, mais avec des gens ordinaires et gentils: les professeurs et les étudiants, les chauffeurs de taxi et les infirmières, et... vous savez bien, ceux qui permettent à la société de continuer à fonctionner.

Il a deux énormes obstacles qui surgissent après une longue exposition à la violence. L'un d'eux vient du fait que lorsqu'ils recherchent un métier, beaucoup de gens sont attirés vers ce dernier parce qu'il leur semble cool et amusant, même s'ils ne sont pas vraiment faits pour ça. Si cela vous empêche de dormir la nuit, si cela vous donne envie de boire, si vous appréhendez de sortir en patrouille... démissionnez. Si vous voulez vous investir dans des missions à hauts risques, vous devez également ne pas rechigner à vous entraîner pour devenir un élément sûr au sein d'un groupe d'intervention. Il y a peu de choses pires ou plus dangereuses qu'une recrue qui, après avoir tout fait pour être pris au sein d'un groupe d'intervention (comme le GIGN), arrête de s'entraîner une fois qu'il a intégré le groupe.

Le deuxième est une croyance totalement imaginaire qui veut que vous soyez tellement spécial que personne ne peut rivaliser avec vous. Faire face à la violence peut vraiment vous permettre de clarifier vos valeurs, cela peut bousculer vos croyances, et cela peut vous faire définitivement abandonner le concept de certitude. Être contraint de passer de sociétés violentes à des sociétés paisibles de types relativement différents et il devient clair que beaucoup de gens pensent savoir des choses qui sont tout sauf vraies.

44. *L'honneur est crucial. D'après ce que j'ai cru comprendre, ce n'est pas pour les criminels ni les politiciens corrompus que cette confrérie éprouve le plus profond mépris. Il est réservé aux gens comme eux qui ne sont pas respectueux de leur propre éthique interne. Ce qui met en évidence une autre chose qui ne manque pas d'effrayer les gens, ces loups-garous ne peuvent être contrôlés que par une force extrême ou par une éthique interne. Les standards extérieurs sont observés par pure politesse, faisant partie d'un code interne qui les pousse souvent à se montrer polis envers les gens qu'ils protègent en suivant leurs règles.*

Ce que je vais écrire ici n'est que pure spéculation. Vous voyez et entendez beaucoup de choses sur l'alcool et les professions à hauts risques, sur la manière dont les gens se tournent vers l'alcool pour faire face aux événements. Je pense que cette perception est extrêmement exagérée. Il existe un certain nombre de personnes qui boivent pour oublier ou pour atténuer leurs émotions, très souvent ceux-là mêmes qui pensaient que le boulot serait cool et qui se sentent dépassés mais qui sont trop égotistes pour démissionner.

À mon avis, les gros buveurs le font pour une raison différente. Parce qu'ils s'ennuient ferme. Lorsque vous en arrivez au point où il faut que quelqu'un vous tire dessus pour que vous ressentiez l'amorce d'une poussée d'adrénaline, vous ne pouvez que vous ennuyer ferme le reste du temps. L'alcool, comme le fait de passer son temps à dormir, ne sont que des moyens de tuer le temps en attendant que quelque chose d'intéressant survienne.

Vous vous replongez dans le monde pacifique et les intrigues de bureau qui semblent insurmontables à un ami vous paraissent ridicules comparées à une attaque au couteau. Se faire du souci pour les notes de son enfant semble fâcheusement déplacé à un auxiliaire médical qui a vu un bébé décapité dans un accident de voiture. Vous vous retrouvez à écouter avec un regard vide les gens qui vous parlent de leurs plus grands triomphes et procès.

Cela n'a en fait pas grande importance. Je ne peux pas parler au nom de tout le monde, mais c'est profondément réconfortant et une source de joie que de savoir que le monde est en grande partie suffisamment sûr pour que de petites choses prennent l'apparence de problèmes insurmontables. Là où le bât blesse véritablement, c'est lorsque vous en venez à croire que les gens ne sont pas capables d'affronter la vérité. Que les gens bien que vous côtoyez chaque jour risquent d'être perturbés et corrompus en entendant parler de votre monde. Là encore, ce sont des conneries et des conneries dangereuses. Les gens bien sont plus forts que ça.

Ce sentiment d'isolement est quelque chose que nous créons et nourrissons. Il est imaginaire.

Un jour, très peu de temps avant deux années très noires, mon agence m'envoya dans une école organiser une « session de gestion du risque ». C'était l'époque où grimper à la corde et vivre des aventures effrayantes en toute sécurité était considéré comme un moyen extraordinaire pour renforcer la cohésion de groupe. En fait, cela marche.

Je passais deux week-ends dans les bois jouant à moi seul une brute, un chef de groupe tactique, un détenu bagarreur, une brute de cow-boy et un pacificateur fou dans un groupe de vieux hippies et de jeunes tout droit sortis de l'université, dont la plupart sentaient le patchouli et ne mangeaient pas de viande. Cela ressemble à la recette d'une sitcom ou tout au moins à fournir les ingrédients de disputes violentes… Cela n'a pas été le cas. Ce qui ressort de ce type de pratique, c'est que vous devez partager et que vous ne pouvez pas rester à la surface des choses.

C'était chouette. Pour être franc avec vous, je me suis senti plus authentique que la plupart d'entre eux. Les choses que j'ai partagées tendaient à avoir un prix et portaient un nom. Là où ils s'attachaient aux sentiments, je tendais à me préoccuper des blessures et des dommages. (« Je ne sais pas si j'ai jamais été vraiment amoureux » ou « Je n'étais pas sûr de ne pas y perdre la vue. »)

Mais, nous écoutions tous et tous, nous en avons tiré des enseignements. Et personne n'était fragile au point de ne pas pouvoir entendre parler de la violence qui m'a construit. L'isolement dans lequel je me complaisais disparut très rapidement.

Non, les gens qui n'étaient pas là ne peuvent pas vraiment comprendre. Ils ne peuvent se référer à un schéma qui pourrait leur permettre de percevoir pleinement les implications de la violence que vous décrivez, mais ce n'est pas là le plus important. La parole et l'écoute sont les seules choses importantes. Dans la mesure du possible, faites confiance à vos amis. Ils peuvent entendre et vont vous écouter. Ils vous le diront s'ils ne veulent pas entendre. Vous n'avez pas besoin de comprendre l'autre pour prendre soin de lui.

Il y a un troisième élément auquel les anciens combattants doivent faire face – l'âge. Alors que nous vieillissons, nos corps deviennent de moins en moins fiables face à l'urgence. Lorsque notre identité dépend de notre capacité à survivre à des situations d'urgence, nous avons tendance à devenir stupides. Nous prétendons que nous sommes toujours aussi rapides (et que nous nous remettons aussi vite) que nous l'avons toujours été. Je n'ai pas de réponse dans ce cas, même pas de conseil vraiment pertinent.

Le troisième type de changement traumatisant et le plus rare vient d'une exposition prolongée et continue à l'état de victime. Comme dans le cas d'un esclave ou d'un captif ou d'un enfant abusé en continu (Jaycee Dugard, séquestrée pendant dix-huit ans en Californie ; ou Colleen Stan, le personnage du livre *Perfect Victim*) le survivant traverse une suite d'états différents.

Le traumatisme et la victimisation, bien sûr. Il y a aussi l'éventualité d'une absence totale de connexion avec le monde normal. Le survivant d'un événement unique reste toujours avant tout connecté au monde normal. Le professionnel balance régulièrement entre les deux côtés du miroir. Quelqu'un qui est demeuré captif pendant une longue période peut avoir effectivement oublié qu'il existe un monde normal et ne plus savoir comment ce dernier fonctionne.

Enfin, les ravisseurs peuvent avoir conditionné le captif et lui avoir enseigné de nombreux comportements de survie, construisant largement une personnalité totalement nouvelle chez la victime. Je rechigne à imaginer à quoi a pu ressembler leur reconstruction ou qu'est-ce qui a pu aider ou empêcher leur retour à la vie normale.

4. Les représailles

Si vous êtes contraint d'user de la force, après avoir assuré votre sécurité et retrouvé votre calme, vous devez évaluer votre niveau de sécurité. Certaines choses ne sont pas terminées lorsqu'elles semblent terminées. Même une Parade de Domination sans importance, au cours de laquelle vous en êtes venu aux mains, peut revenir vous hanter. Les prédateurs ont parfois des familles et appartiennent souvent à des gangs.

La première chose que vous devez vérifier c'est la quantité d'informations en votre possession et leur pertinence. Dans le cas d'une bagarre qui s'est déroulée dans votre bar habituel, vous savez déjà si Joe Bob est du genre vindicatif et s'il dissimule un fusil dans son camion. Ou vous ne savez pas. Vérifiez. Demandez à quelqu'un.

Si non…

Qui vous a attaqué ?

Combien de temps lui faudra-t-il pour lancer une nouvelle attaque ? Il appelle sur un portable ? Combien de temps faudra-t-il à ses comparses pour se rassembler et commencer les représailles ?

Était-il seul – soutiens et témoins ?

S'agissait-il d'un prédateur ? D'une Parade de Domination ?

Un prédateur, quel objectif ? Argent ? Viol ? Réputation ?

La menace avait-elle des connexions ? L'appartenance à un gang est évidente, mais qu'en est-il des politiciens locaux ou des proches appartenant aux forces de l'ordre ?

Une Parade de Domination, quelle réputation a-t-il ? Bon perdant ? Mauvais perdant ? Vindicatif et enclin aux représailles ?

La violence sociale implique généralement que cette information circule dans les réseaux sociaux et, par conséquent, les réseaux sociaux devraient être proches de l'endroit où la violence sociale s'est produite.

Si la menace a des liens avec la criminalité ou est déjà connue des services de police, la police ou le procureur peut fournir l'information.

Cette information sera une nouvelle fois consultable sur les réseaux sociaux et vraisemblablement dans quelques autres cercles.

La plupart du temps, les représailles ne sont pas un problème à moins que vous ayez joué une part active dans la violence générée par « une lutte de territoire ». Pour la plupart, les participants à une Parade de Domination redeviennent bons copains une fois que la prédominance a été établie et il arrive qu'ils ne gardent aucun souvenir de l'incident une fois redevenus sobres. La plupart des prédateurs sont des drogués qui cherchent de l'argent pour payer leurs doses et ont relativement peu d'amis. Les amis qu'ils peuvent avoir n'ont pas très envie de perdre du temps sur leur planning pour la vengeance. Les besoins d'un drogué s'élèvent à environ 800 $ par jour. Cela prend beaucoup de temps entre vol et revente pour espérer récolter cette somme.

À partir des informations que vous avez rassemblées, vous devrez faire une estimation du temps pendant lequel vous devrez rester sur vos gardes (les familles ont quelquefois la mémoire longue ; les gangs un peu moins, les représailles doivent être immédiates pour avoir l'effet désiré) et à quel point vous devrez vous montrer vigilant (éviter simplement certains endroits ? Ou porter une arme sur vous en permanence ? Vérifier sous votre voiture avant de monter dedans ? Ou déménager dans une autre ville ?).

Cependant, les représailles les plus courantes de nos jours et à notre époque consistent en une lettre de menace émanant d'un procureur ou d'un tribunal civil.

POSTFACE

Il est évident que de ces sept domaines aucun n'est superflu. Un manque de compréhension des implications judiciaires quand vous avez recours à la force peut vous coûter vos biens et votre liberté ; un point faible non-perçu peut vous coûter la vie à l'instant même où vous vous tétanisez. Comprendre la violence peut aider à éviter les problèmes ; une contre-attaque correctement conditionnée peut vous sauver la vie. Si vous ne franchissez pas le cap de la tétanisation, votre destin sera entre les mains de votre agresseur et vous vivrez ou mourrez en fonction de son humeur du moment. Une fois que la bagarre aura débuté, l'entraînement, quelle qu'en soit la forme, trouvera son utilité, mais, une certaine vulnérabilité ne pourra être évitée dès lors que l'entraînement n'aura pas pris en compte les éléments naturels du combat. Et par la suite, alors que tout devrait être terminé et que vous pourriez vous réjouir de vous en être tiré sain et sauf, vous risquez pourtant de devoir affronter la prison ou le suicide ou le suicide lent alors que vous tentez de vous automédicamenter avec force drogues et alcools.

Vaincre peut quelquefois paraître comme une évidence, mais il y a de nombreuses manières de perdre malgré une victoire apparente. Si vous avez suivi un entraînement dont l'objectif est de vous protéger, mais que vous n'êtes pas conscient de ses limites ou que vous avez été mal informé, votre entraînement peut se retourner contre vous pour des raisons que vous n'avez pas anticipées. Les arts martiaux agressifs qui préconisent un « coup de grâce après avoir contrôlé la menace » peuvent en fait être en train de vous conditionner à user d'une force excessive. Vous pouvez être en train de vous entraîner à être envoyé en prison.

Séparer ces sept aspects serait artificiel. Ils influent les uns sur les autres en profondeur. La manière dont vous avez bien intégré les lois relatives à l'usage de la force (chapitre I) dans votre entraînement au combat (chapitre VI) aura un impact considérable sur l'éventualité d'être arrêté ou poursuivi en justice (chapitre VII) et d'être innocenté. Ils sont tous liés. Découvrir les conséquences psychologiques de l'usage de la force peut vous éviter de vous tétaniser. Dépasser vos limites à l'entraînement pourra accroître votre efficacité au combat et minimiser les séquelles émotionnelles.

Comprendre la dynamique de la violence vous aide à prendre des décisions en adéquation avec les aspects légaux, vous aide à prévoir et à mettre en œuvre des moyens d'évitement, et même des plans de repli et peut vous aider à travailler sur certains de vos points faibles.

Tout est lié. L'essence de la self-défense n'est pas dissimulée dans une technique magique ou une capacité à se servir de la force. Elle repose dans la compréhension du problème et du contexte. Si vous avez passé des années à étudier la réponse martiale face à une attaque soudaine, consacrez un peu de temps à étudier cette question : à quoi ressemble une attaque, comment elle survient ?

Analysez le contexte, le où et le quand de la violence. Analysez les forces en présence, pas simplement la force physique mais les forces sociales et légales qui définissent la violence moderne.

S'il apparaît que ce livre n'a fait que complexifier à l'infini votre pratique de la self-défense, prenez un autre livre. Il vous a donné plus de moyens de vous en sortir indemne que jamais auparavant. Gardez les yeux ouverts et préservez-vous du danger.

GLOSSAIRE

Ce qui suit sont les termes utilisés dans ce livre qui peuvent avoir des significations spéciales et hors des standards. La menace, par exemple, est écrite avec une majuscule tout le long du livre lorsque le mot fait référence à quelqu'un qui présente un danger suffisant pour potentiellement justifier le recours à la self-défense.

Absence d'alternative. Dans un cas d'autodéfense, démontrer l'absence d'alternative consiste à fournir la preuve que d'autres options que la force physique n'auraient pas fonctionné. Les autres options se trouvent alors exclues.

Adrénaline. L'une des hormones neuronales qui contribuent à la Réponse au Stress de Survie.

Alevin. Un nouveau détenu dans une cellule ou dans une prison.

Aptitude. Quelque chose que vous êtes physiquement capable de faire.

Articulation. La capacité d'expliquer ce que vous avez fait et pourquoi.

Attaque éclair. Une attaque irrésistible.

Capacité. Votre capacité émotionnelle ou vos limites à vous servir de vos aptitudes.

Charme. L'utilisation des convenances sociales pour obtenir ce que l'on veut. Utilisé par les prédateurs pour entrer en contact avec les victimes et les conduire dans un endroit discret.

Cocktail chimique. Un autre terme pour parler du déferlement d'hormones du stress accompagnant la Réponse au Stress de Survie.

Civil. En terme légal, les procès et les disputes entre des citoyens privés et/ou des entités organisées en sociétés pour déterminer si des dommages ont été occasionnés et à qui incombe la responsabilité.

Conditionnement Opérant. Un système d'entraînement qui crée des réflexes artificiels.

Convulsions dues à la prise de Thorazine. Se référer à dyskinésie tardive.

Crise psychotique. Comportement irrationnel consécutif à une détresse émotionnelle sévère. Des choses incroyablement stupides peuvent être considérées comme de bonnes idées.

Croyances. Ces choses que vous tenez pour vraies, de manière consciente ou subconsciente.

Debriefing Après-Action. Processus qui permet de rassembler les informations fournies par tous les participants pour reconstituer la chronologie des événements et analyser les succès et les leçons à tirer de l'opération.

Delirium tremens. Le delirium tremens est un état éthylique dépassé. Cela a pour résultat de rendre la menace extrêmement dangereuse, souvent immunisée contre la douleur, incapable de communiquer ou de répondre aux tentatives de communication, violente et il s'accompagne d'une augmentation de la température corporelle.

Démonstration d'Affirmation de Statut (DAT). La violence sociale qui transgresse délibérément les règles afin d'établir une réputation de violence.

Déséquilibré mental (DM). Terme utilisé par les forces de l'ordre pour désigner quelqu'un se conduisant de manière étrange lorsqu'il est difficile de déterminer si son comportement est dû à l'usage de stupéfiants, à une maladie mentale ou à une détresse émotionnelle extrême.

Devoir d'Agir. Dans certains cas, un individu sera requis par la loi d'engager le combat avec la menace. Cela s'applique rarement aux civils.

Donner une Raclée Éducative (DRE). La violence sociale infligée pour imposer les règles et les normes sociales d'un groupe.

Dyskinésie tardive. Une série de symptômes associés à une utilisation à long terme d'anxiolytiques et autres psychotropes.

Escalade. Terme utilisé par Marc Mac Young pour parler de la part croissante prise par l'ego dans l'escalade d'un conflit. « Nous avons fait trop d'effort dans tout ça pour reculer maintenant. »

Éthique. Un code personnel. Une tentative de rendre explicite le code moral.

Exercice d'articulation. Un exercice permettant de développer l'intuition en expliquant les pressentiments et les ressentis d'une personne.

Hormones du stress. Un nombre d'hormones et de neurotransmetteurs affluant dans le système de l'homme confronté à un danger, adrénaline (épinéphrine), noradrénaline, et endorphines.

Intention. L'intention est l'une des trois choses qui légitiment la notion de menace. Les Intentions, les Moyens et l'Opportunité. L'Intention est le désir et/ou l'intention de faire du mal à vous ou à quelqu'un d'autre (cela inclut du mal à soi-même) ou de faire autre chose de mal.

Lâcher la bride. La capacité à rejeter la programmation sociale plutôt que d'utiliser la force et à faire ce qui doit être fait aussi impitoyablement que nécessaire.

Menace. Un individu qui a les Intentions, les Moyens et l'Opportunité de vous blesser ou de vous tuer, ou un tiers qui est engagé dans une action qui doit être stoppée.

Morale. Un sens vague de ce qui est bien ou mal.

Moyens. La capacité de la menace à faire du mal. Corpulence, poing, pieds ou objets sont des moyens.

Niveaux de force. Un continuum de différentes catégories de techniques, rangées dans l'ordre d'importance des dommages potentiels : présence, verbal, toucher, douleur, dommage, mortel.

Parade de Domination (PD). Rituel de domination des humains.

Parade de Domination de Groupe (PDG). La violence sociale utilisée pour définir les limites/l'appartenance ou pour faire allégeance à un groupe. Lorsque les membres d'un groupe se retournent en masse contre un étranger ou contre quelqu'un qui selon eux a trahi le groupe.

Pas plongeant. Pas plombé sur l'avant qui consiste à peser de tout son poids sur le pied qui avance. Correctement exécuté, un moyen d'accroître de manière considérable la vitesse et la puissance sans que le déplacement soit téléphoné.

Pénal. Dans un cas légal, le terme pénal fait référence aux procédures juridiques lancées contre un individu par l'État pour déterminer si un crime a été commis, si le suspect est coupable de ce crime et quel devra être la peine infligée.

Points faibles. Les hésitations subconscientes.

Posture. Une tendance naturelle de prévenir la violence en paraissant plus grand, imposant et/ou bruyant.

Prédateur. Quelqu'un ayant recours à la violence asociale.

Prédateur ordonné. Un prédateur dont la motivation première est l'acte de violence lui-même.

Prédateur ressource. Un prédateur qui utilise la violence pour atteindre un autre objectif.

Se Battre. 1) Application de la force entre deux personnes tentant de se blesser mutuellement ou de prendre le dessus l'une sur l'autre. 2) Une réaction de la RSS, l'une des réponses innées à la peur. 3) Lors d'une agression, le moment où la victime reprend suffisamment ses esprits après sa tétanisation pour se défendre.

S'Enfuir. Une réaction de la RSS, la tendance innée à courir sous l'effet de la panique.

Se Tétaniser. 1) L'état de tétanisation. 2) Une réaction de la RSS, la réponse innée qui vous fait rester totalement immobile sous l'effet de la peur. La plus courante des trois réponses qui consistent à se Battre, s'Enfuir, se Tétaniser.

Structure. Aligner votre corps de manière à créer une connexion d'os à os entre votre base et l'endroit où vous souhaitez appliquer la puissance. Supprimer les distorsions anatomiques qui vous font perdre en puissance.

Tétanisation. Le fait de ne plus pouvoir bouger du fait du stress.

Types de force. Pour éviter l'amalgame avec les niveaux de force, il existe d'autres distinctions appelées types. Les couteaux et les armes à feu sont tous les deux des armes mortelles et sont du même niveau, mais les premiers sont des armes de contact, et les autres des armes de portées différentes, leurs types dépendent donc de leur portée.

Réponse au Stress de Survie (RSS). La réaction de tout le corps à une peur intense ou au stress qui déclenche l'afflux d'hormones du stress et des symptômes physiques (rétrécissement du champ visuel, exclusion auditive, perte des capacités motrices fines et complexes, distorsion de la mémoire, etc.).

Valeurs. Une échelle de ce que vous tenez en plus haute estime que les autres (objets, personnes, croyances).

Violence asociale. La violence dirigée contre d'autres espèces (chasser ou massacrer) ou la violence exercée comme s'il s'agissait d'autres espèces.

Violence sociale. La violence dirigée au sein des espèces qui servent les besoins du groupe.

LECTURES COMPLÉMENTAIRES

Lisez tout ce que vous trouvez aussi souvent que vous le pouvez. Le monde est grand et recèle beaucoup de choses. Au cours d'une vie (ou de plusieurs), vous ne pourrez pas expérimenter tout ce que le monde peut vous offrir. Aussi, vivez – vivez à fond. Faites les choses qui vous effrayent. Rencontrez les gens qui sont des mystères pour vous. (Où les plombiers ont-ils appris leur métier ? Comment les maîtresses dans les jardins d'enfants parviennent-elles à contrôler une classe pleine de primates immatures ? Comment les *campesinos* d'Amérique du Sud voient-ils le monde et à quel point est-ce différent d'un *sarariman* japonais ?)

Lorsque vous ne pouvez pas faire ces choses vous-même, regardez dans les livres. Lisez ce qu'ont écrit ceux qui l'ont été ou l'ont fait. Vous allez être étonné.

Soyez circonspect quant aux romans – le monde qui y est décrit est toujours plus propre et plus sûr que le monde dans lequel nous vivons. Plus important encore, la plupart des auteurs n'ont jamais *été ou fait*, et leurs mondes ne sont que les produits de fantasmes plusieurs fois recyclés. C'est sûrement amusant, mais je trouve ça rarement utile.

Lisez la littérature non-romancée avec autant de circonspection. Tous les livres donnés ci-dessous peuvent prouver leur utilité. Je ne suis pas d'accord avec certains ni avec tous les auteurs sur tous les points. Ce n'est pas un souci. Je ne détiens pas la vérité, pas plus que le reste des auteurs. Si quelqu'un est sur le point de vous tuer, vous devez réagir correctement. Interrogez-vous sur tout. Faites-vous votre propre opinion.

Sur le singe qui sommeille en tout être humain

J'ai utilisé l'analogie avec le singe à de très nombreuses reprises. Une fois que vous avez appris à les voir, les petits jeux de pouvoir du primate sont partout. Ils sont pour la plupart pitoyables, mesquins et désagréables, mais le monde actif est « pitoyable. » Vous n'avez pas besoin de jouer. S'il est une chose qui peut aider les humains à interagir d'une manière plus judicieuse, plus efficace et plus consciente avec l'univers, c'est d'apprendre à voir quand ils se comportent comme des singes et à décider quand c'est ou non approprié. Les deux singes doivent jouer ensemble pour que le jeu fonctionne. Pour mieux comprendre tout ceci, lisez :

Conniff, Richard. *The Ape in the Corner Office: How to Make Friends, Win fights and Work Smarter by Understanding Human Nature*. Three Rivers Press, New York, 2005.

Morris, Desmond. *Manwatching: A Field Guide to Human Behavior*. Harry N Abrahams, Inc., New York, 1977.

Morris, Desmond. *The Naked Ape: A Zoologist's Study of the Human Animal*. Dell Publishing, New York, 1999.

Sur les aspects légaux

Tout d'abord, je vous conseille de prendre l'habitude de lire les articles de votre journal local et d'analyser les incidents violents qui y sont relatés. La plupart concerneront des policiers ayant fait usage de leurs armes et la plupart auront un vice caché. C'est bien – lire à travers les lignes pour démêler le vrai du faux est un art. Chercher les éléments : Intentions, Moyens et Opportunité (l'absence d'alternative n'est pas importante pour les officiers de police, ils sont payés pour ne pas s'enfuir). Quel danger présentait la menace ? Y a-t-il eu blessure ? Que se serait-il passé avec un niveau de force moindre ?

Cela vous offre un excellent moyen de pratiquer votre propre articulation. Un reporter avec un agenda offre un excellent moyen de pratiquer – comme le serait un avocat de la défense essayant d'influencer le jury. Apprenez à démêler les faits et à expliquer pourquoi certains faits sont sans importance. Voici trois suggestions pour étudier les aspects légaux.

La toute première chose à faire et la plus importante est de LIRE LA RÉGLEMENTATION EN VIGUEUR DANS VOTRE ÉTAT RELATIVE À L'USAGE DE LA FORCE ! Ne laissez pas ça à vos amis ou à vos instructeurs ou à des livres comme celui-ci. Lisez-les pour vous-même.

Brown, Carl, *The Law and Martial Arts*. Black Belt Communications, Valencia, Californie, 1998. (Ce livre n'est certainement plus d'actualité et ne possède pas la profondeur et la vision que je recherche, mais c'est le seul livre à ma connaissance qui traite de la loi américaine s'appliquant aux pratiquants d'arts martiaux.)

Truscott, Ted. *Canadian Law and Self-Defense*. Desktop Publishing Ltd., Victoria, BC, 2004. (Je ne sais pas si ce livre est facile à se procurer. Si vous vivez au Canada, lisez-le. La loi change rapidement, c'est vrai. Lisez-le par principe.)

Sur la dynamique de la violence et sur les criminels

Un jour, j'ai lu un livre sur les criminels. L'auteur avait fait la remarque étrange que le meurtre est souvent le premier délit. Cela ne cadrait pas avec ma propre expérience. Plus important encore, cela ne cadrait pas avec les exemples utilisés par l'auteur. À quoi je veux en venir : chacun de nous a son propre point de vue et un certain nombre de croyances (même moi). C'est très facile d'ignorer les faits qui ne collent pas avec nos croyances et de chercher activement des sources qui renforcent nos convictions. Nous le faisons tous. Dans chaque chapitre, et en particulier dans ce dernier, gardez votre esprit critique en alerte maximale. En particulier lorsque le livre a été écrit par un criminel. Lisez d'abord les livres écrits par d'honnêtes citoyens.

Allen, Bud et Bosta Diana. *Games Criminals Play*. Rae John Publishers, Roseville, CA, États-Unis d'Amérique, 1981.

Davis, Debra Anne. *Betrayed by the Angel.* Harvard Review nov/déc 2004.

Giduck, John. *Terror on Beslan : Russian Tragedy with Lessons for American Schools*. Archangel Group, Golden, CO, 2005.

Kane, Lawrence et Kris Wilder. *The Little Black Book of Violence*. YMAA Publication Center, Wolfeboro, NH, 2009.

Klinger, David. *Into the Kill Zone : A Cop's Eye View of Deadly Force.* Jossey-Bass, Hoboken, NJ, 2004.

McGuire, Christine et Norton Carla. *Perfect Victim*. Arbor House, New York, NY, 1988.

Miller, Rory. *Méditations sur la violence*. Budo Éditions, France, 2020.

Rhodes, Richard. *Why They Kill : The Discoveries of a Maverick Criminologist*. New Yord : Alfred A. Knopf, Inc., 1999.

Samenow, Stantonf. *Inside the Criminal Mind*. The Crown Publishing Group, New York, 2004.

Strong, Sanford. *Strong on Defense : Survival Rules for You and Your Family's Protection Against Crime*. Atria Books, New York, 1997.

Je vais vous conseiller un certain nombre de livres écrits par des criminels. Il en existe beaucoup d'autres, et tous valent d'être lus. Gardez un esprit très très critique. Ne tenez pas compte en lisant de ce que le criminel pense de lui-même ou de ce qu'il pense de ses victimes. En lisant, faites attention à la manière dont l'auteur manipule son lecteur (vous), décrivant des actions haineuses en en minimisant l'importance mais en ne lésinant pas sur les justifications, se présentant lui-même comme le héros ou la victime même au moment où il tue.

Dans certains cas, c'est allé plus loin, comme dans le cas de George Jackson, un minable petit voleur à main armée qui réussit à se réinventer en révolutionnaire et amena les gens à le trouver grandiose. Sa personnalité narcissique contraste avec les personnalités anti-sociales des autres... mais elle l'a conduit au même endroit. Utiliser les gens et les tuer ou les faire tuer.

Abbot, Jack. *In the Belly of the Beast.* Vintage Books, New York, 1982.

Jackson, George. *Soledad Brother: The Prison Letters of George Jackson.* Lawrence Hill Books, Chicago, 1994.

Shakur, Sanyika. *Monster: The Autobiography of an L.A. Gang Member.* Groove Press, New York, 2004.

Sur les gens

En fin de compte, tous les livres, qu'ils soient ou non des fictions, ont pour sujet central les gens. L'auteur est une personne, après tout, et c'est aussi le cas du lecteur. Les livres qui vont suivre sont quelques-uns de ceux que je conserve auprès de moi ou qui présentaient des outils qui m'ont prouvé leur utilité. Ils traitent des gens, des gens subissant du stress, et des communautés.

Brison, Susan. *Aftermath: Violence et the Remaking of a Self.* Princeton University Press, Princeton, NJ, 2003.

Brymer, M, A. Jacobs, C. Layne, R. Pynoos, J. Ruzek, A. Steinberg, E. Vernberg, et P. Watson (National Child Traumatic Stress Network and National Center fo PTSD): *Psychological First Aid: Field Operations Guide,* 2e édition, juillet 2006. Disponible sur: www.nctsn.org et www.ncptsd.va.gov.

Gonzales, Laurence. *Deep Survival: Who lives, Who dies and Why.* W.W. Norton and Company, Inc., New York, 2004.

Lisitzky, Gene. *Four Ways of Being Humain: An Introduction to Anthropology*. The Viking Press, New York, 1961. Probablement complètement obsolète, mais il a été pour moi l'introduction au courant de pensée qui veut que différentes cultures et différentes personnes voient, vraiment, vraiment le monde de manière différente. Et que la plus grande partie de mes convictions sur la vérité n'était en fait que des croyances.

Machiavel, Nicolas. *Le Prince*, 1532.

Payne, Ruby. *A Framework for Understanding Poverty*. aha! Process. Inc., Highlands, TX, 2005. *Framework* m'a été recommandé par un garçon pauvre qui s'était battu pour trouver sa place dans la classe moyenne à l'âge adulte. L'auteur a un point de vue très académique, mais ceux d'entre nous qui ont vécu dans les deux mondes, celui des riches et celui des pauvres, peuvent y trouver de nombreuses résonances.

Ripley, Amanda. *The Unthinkable*. Three Rivers Press, New York, 2009.

Shay, Jonathon. *Achilles in Vietnam: Combat Trauma and the Undoing of Character*. Simon and Schuster, New York, 1995.

Wiesel, Elie. *Night*. Hill and Wang, New York, 1958.

Zupan, Mark et Swanson Tim. *Gimp*. Harper Collins Publishers, New York, 2006. Deux idées lumineuses de Mark Zupan : « Mais voilà la conclusion : à un certain moment, la vie va vous donner un bon coup de pied dans les couilles. » Et « Quelquefois, la bagarre est tout ce que vous gagnez. »

Autres livres et ressources

À l'origine, je voulais conseiller des livres en respectant les têtes de chapitre. Mais cela n'a pas marché. Dans certains domaines, comme la contre-attaque, peu de choses ont été faites qui soient réalistes ou efficaces. Dans d'autres, comme pour se sortir de la tétanisation, il existe une forme de recherche académique mais peu de connaissances pratiques. Parler de vos amygdales en soirée peut paraître cool, mais penser à ces dernières n'est pas très utile lorsque l'on vous tape dessus.

Sur le marché, comme cela a été dit précédemment, tout est lié – les meilleurs livres, comme *The Professionnal's Guide to Ending Violence Quickly*, devrait entrer dans presque toutes les catégories. D'autres livres, majeurs dans leurs domaines, comme le *Warfighting* du US Marine Corps, ne mettent en lumière que certains aspects limités des choses. Toutes les informations de publication de ces deux ouvrages apparaissent dans la liste qui suit.

Adams, Ronald J., Mc Ternam, Thomas M. et Remsberg, Charles. *Street Survival : Tactics for Armed Survival.* Calibre Press, San Francisco, 1980.

Académie américaine des chirurgiens orthopédiques. *Emergency Care and Transportation of the Sick and Injured*, Neuvième édition. Jones et Bartlett, Sudbury, MA, 2009.

La Croix rouge américaine. *Advanced First Aid and Emergency Car of the Sick and Injured.* Croix rouge américaine, 1988.

Artwohl, Alexis et Christensen Loren W. *Deadly Force Encounters.* Paladin Press, Boulder, CO, 1997.

Artwohl, Alexis. « Perceptual and Memory Distortions in Officer-Involved Shootings. » *FBI Law Enforcement Bulletin*, octobre, 2002.

Artwohl, Alexis. *No Recall of Weapons Discharge.* FBI Law Enforcement Executive Forum, mai, 2003.

Balor, Paul. *Manual of the Mercenary Soldier.* Paladin Press, Boulder, CO, 1993. Peut paraître dépassé, mais ce livre contenait quelques conseils de premier ordre vous permettant de collecter des renseignements lorsque confronté à une culture différente.

Burrese, Alain. *Hard Won Wisdom from the School of Hard Knocks.* Paladin Press, Boulder, CO, 1996.

Caroline, Nancy. *Emergency Care in the Streets*, 6e édition, rev. et exp. par Nancy Caroline. Jones et Bartlett, Sudbury, MA, 1995.

Carroll, Lewis. *Through the Looking Glass, and What Alice Found There.* MacMillan and Co, Ltd., Londres, 1872.

De Becker, Gavin. *The Gift of Fear.* Little, Brown and Compagnie, Boston, 1997.

Elgin, Suzette. *The Gentle Art of Verbal Self-Defense*. Barnes et Noble, New York, 1988.
J'ai fait un commentaire dans les *Méditations sur la violence* vous invitant à lire les livres écrits par des gens qui pensent que leur art est le meilleur et qu'aucun autre art n'est nécessaire. Cette attitude peut ne pas être conforme, mais quelqu'un qui adopte cette attitude doit de toute évidence avoir porté son art à un très haut niveau. Suzette considère l'art de parler comme l'art martial ultime.

Grossman, Dave. *On killing: The Psychological Cost of Learning to Kill in War and Society*. Little Brown and compagnie, Boston, 1995.

Grossman, Dave et Christensen Loren. *On Combat: The Psychology and Physiology of Deadly Conflict in War and in Peace*, 3e édition. Warrior Science Publications, Millstadt, Illinois, 2008.

Mac Young, Marc. *À Professionnal's Guide to Ending Violence Quickly: How Bouncers, Bodyguards and Other Security Professionals Handle Ugly Situations*. Paladin Press, Boulder, CO, 1996.

Mac Young, Marc. *Street E and E: Evading, Escaping and Other Ways to Save Your Ass When Things Get Ugly*. Paladin Press, Boulder, CO, 1993.

Mac Young, Marc. *Violence, Blunders and Fractured Jaws*. Paladin Press, Boulder, CO, 1992.

Programmes du bureau de la Justice, Département américain de la Justice, Bureau de la Justice chargé des statistiques. *http://bjs.ojp.usdoj.gov*

Peyton Quinn. *Bouncer's Guide to Barroom Brawling*. Paladin Press, Boulder, CO, 1990.

Peyton Quinn, *Real fighting*. Paladin Press, Boulder, CO, 1996.

Remsberg, Charles. *The Tactical Edge: Surviving High-Risk Patrol*. Calibre Press, San Francisco, 1986.

Siddle, Bruce. *Sharpening the Warrior's Edge: The Psychology and Science of Training*. PPCT Research Publications, 1995.

Thompson, George J. et Jenkins Jerry B. *Verbal Judo: The Gentle Art of Persuasion*. Harper Collins Publishers, New York, 2004.

The United States Marine Corps. *Warfighting*. Bantam Doubleday Dell Publishing Group, New York, NY, 1994.

Et, pour finir, quelques personnes

Massad Ayoob (www.ayoob.com). Son institut consacré à la force mortelle et ses vidéos sur l'utilisation judicieuse de la force mortelle m'ont été chaudement recommandés par des personnes que je respecte. Ses livres et ses articles sont bien écrits et bien documentés.

Tony Blauer (www.tonyblauer.com). Pour autant que je le sache, Tony n'a pas encore écrit de livre, et je regarde rarement des vidéos d'entraînement. Il est, pourtant, la seule personne que je connaisse qui propose réellement des réponses conditionnées opérantes en cas d'attaques surprises. Il fait beaucoup plus encore, mais sa perspicacité lors de ce quart de seconde vital est inestimable et sans pareille.

Gordon Graham (www.gordongraham.com). Gordon est un ancien policier de haut rang, devenu aujourd'hui conférencier et consultant en gestion du risque… et la gestion du risque n'est autre que ce qu'implique la self-défense. L'homme sort la pensée de son carcan pour la renouveler (en utilisant une poupée par exemple – excusez-moi, un action-man – comme support). Il est drôle, intelligent et propose des idées qui peuvent fortuitement changer entièrement votre vision du monde. Il devrait écrire un livre.

www.budo.fr

Éditeur :
Budo Éditions
77123 Noisy-sur-École, France

Imprimeur :
MultiPrint
BULGARIE

Dépôt légal : 1er trimestre 2017